GRUNDLAGEN DER ROMANISTIK

Herausgegeben von Titus Heydenreich, Karl Hölz und Johannes Kramer

Begründet von Eberhard Leube † und Ludwig Schrader

Band 15

Einführung in die spanische Sprachwissenschaft

Ein Lehr- und Arbeitsbuch

von
Wolf Dietrich und Horst Geckeler †

5., durchgesehene Auflage

ERICH SCHMIDT VERLAG

Bibliografische Information der Deutschen Bibliothek:
Die Deutsche Bibliothek verzeichnet diese Publikation in der
Deutschen Nationalbibliografie; detaillierte bibliografische Daten
sind im Internet über http://dnb.ddb.de abrufbar.

Weitere Informationen zu diesem Titel finden Sie im Internet unter
ESV.info/3 503 07995 5

1. Auflage 1990
2. Auflage 1993
3. Auflage 2000
4. Auflage 2004
5. Auflage 2007

ISBN-13: 978 3 503 07995 7
ISBN-10: 3 503 07995 5

ISSN 0340-9686

Alle Rechte vorbehalten
© Erich Schmidt Verlag GmbH & Co., Berlin 2007
www.ESV.info

Dieses Papier erfüllt die Frankfurter Forderungen der Deutschen Bibliothek
und der Gesellschaft für das Buch bezüglich der Alterungsbeständigkeit
und entspricht sowohl den strengen Bestimmungen der US Norm
Ansi/Niso Z 39.48-1992 als auch der ISO-Norm 9706

Satz: Neufeld Media, Weißenburg i. Bay.
Druck und Buchbinderei: Druckhaus Berlin-Mitte, Berlin

Vorwort

Die Zahl der Spanischstudierenden ist in den letzten Jahren an den Universitäten erfreulich gestiegen, und sie scheint weiter zuzunehmen. Bei der daraus resultierenden Überfüllung der Lehrveranstaltungen stellt sich immer drängender die Frage, was für ein Text den Einführungsseminaren in die spanische Sprachwissenschaft zugrunde gelegt werden kann. Da die existierenden Einführungen einerseits entweder zu knapp oder zu umfänglich, andererseits auch zu einseitig (z. B. auf die Diachronie) ausgerichtet sind, haben wir uns entschlossen, eine Einführung in die spanische Sprachwissenschaft zu schreiben, die unseren Vorstellungen von einem soliden, ausgeglichen gewichteten und auch durchführbaren Lehr- und Lernprogramm für ein einführendes Proseminar entspricht. Was deshalb auf jeden Fall vermieden werden mußte, war, daß aus diesem Vorhaben eine Art Kompendium oder Handbuch zur Sprachwissenschaft des Spanischen entstünde.

Die Konzeption eines solchen einführenden Werkes stellt die Autoren vor die schwierige Frage der Auswahl der zu behandelnden Themen, denn eine Einführung hat sich notwendigerweise auf ausgewählte Stoffe zu beschränken. Eine solche Auswahl bietet der Kritik reichlich Angriffsfläche, denn die Verfasser sind gezwungen, Prioritäten zu setzen, d. h. bestimmte Stoffe auf Kosten anderer aufzunehmen, während die Kritiker die Gewichte vielleicht teilweise anders verteilen würden. Wir vertreten die Auffassung, daß die Synchronie und die Diachronie unverzichtbare Bestandteile der sprachwissenschaftlichen Ausbildung darstellen; diese Meinung spiegelt sich sehr deutlich im Aufbau des Bandes wider. Mit der Begrenzung der Themen, die durch die Ausrichtung auf eine Lehrveranstaltung im Umfange von zwei Semesterwochenstunden und durch die Vorgaben des Verlages bedingt ist, geht die Selbstbeschränkung auf wichtige, weiterführende Angaben von Literatur zwangsläufig einher.

Die Aufteilung der Kapitel auf die beiden Autoren ist die folgende: Für die Kapitel I.4., II, III.1.—3., und IV.3.—6. zeichnet W. Dietrich, für die Kapitel I.1.—3., III.4.—5., IV.1.—2., 7.—8. und 10. H. Geckeler verantwortlich. Kapitel IV.9. haben beide Autoren gemeinsam verfaßt. Die notwendigsten bibliographischen Hinweise zu den einzelnen Sachgebieten werden zu Beginn der jeweiligen Unterkapitel gegeben. Aufgaben wurden sparsam und nur da, wo sie für Anfänger sinnvoll erschienen, gestellt. Normalerweise wird der Seminarleiter entsprechend seinen Bedürfnissen den Stoff in Form von kleinen Referaten durchnehmen und gegebenenfalls mögliche weitere Aufgaben planen.

Zum Schluß möchten wir all denen danken, die zum Zustandekommen dieser „Einführung" in irgendeiner Weise beigetragen haben: den Kollegen und Mitarbeitern, mit denen wir Fragen der Strukturierung eines solchen Buches und Einzelfragen besprechen konnten, den Studierenden, die als Teilnehmer an unseren über die Jahre hinweg gehaltenen „Einführungen in die spanische Sprachwissenschaft" durch ihre Mitarbeit und ihr Interesse gezeigt haben, daß eine Konzeption wie die hier vorgeschlagene für eine solche Lehrveranstaltung sinnvoll und praktikabel ist, wenn es auch nicht immer gelingen mag und gelingen muß, den ganzen hier gebotenen Stoff in einem Semester zu behandeln. Die Notwendigkeit einer Vertiefung in weiterführenden Lehrveranstaltungen ist ohnehin evident. Wir danken den Herausgebern der „Grundlagen der Romanistik" für die Bereitschaft, unsere Einführung in die von ihnen betreute Reihe aufzunehmen, sowie dem Erich Schmidt Verlag, Berlin, für seine Geduld bei der Verwirklichung des Vorhabens.

Wir hoffen, daß unsere Einführung in die Linguistik der Weltsprache Spanisch gute Dienste im akademischen Unterricht leisten wird. Für konstruktive Kritik und Verbesserungsvorschläge sind wir stets dankbar.

Münster, im Herbst 1989   Wolf Dietrich und Horst Geckeler

Vorwort zur 5., durchgesehenen Auflage

Die rasch notwendig gewordene Neuauflage zeigt die anhaltend große Bedeutung des Spanischen als Weltsprache und damit auch der spanischen Sprachwissenschaft im Studienfach „Spanisch". Zur Aktualisierung wurden neuere Publikationen eingefügt, aus Platzgründen z. T. unter Verzicht auf bewährte ältere, z. T. aber auch überholte Literatur. An einigen Stellen wurde der Text im Zuge der Entwicklung der wissenschaftlichen Diskussion behutsam verändert. Außerdem wurden Fehler und Verschreibungen korrigiert. Für die sorgfältige Durchsicht danke ich Frau Astrid Treusch vom Erich Schmidt Verlag, für zahlreiche nützliche Hinweise meinen Mitarbeitern im Romanischen Seminar, Dr. Haralambos Symeonidis und Guido Kallfell M.A.

Münster, im Sommer 2006   Wolf Dietrich

Inhalt

	Seite
Vorwort	5
Bibliographische Grundinformation	11

I. Realia zur spanischen Sprache ... 13

1. Das Spanische und seine Stellung unter den romanischen Sprachen ... 13
   1.1. Die romanischen Sprachen und das Spanische ... 13
   1.2. Die Verbreitung der romanischen Sprachen ... 19
2. Die geographische Verbreitung der spanischen Sprache ... 22
3. Die Sprachen auf dem Territorium des heutigen Spanien ... 26
   3.1 Katalanisch ... 27
   3.2. Galicisch ... 28
   3.3. Portugiesisch ... 28
   3.4. Aranesisch ... 29
   3.5. Baskisch ... 29
   3.6. Arabisch und Zigeunerisch ... 30
4. Die dialektale Gliederung des Spanischen ... 30
   4.1. Dialekt und Sprache ... 31
   4.2. Die historischen nordspanischen Dialekte ... 33
      4.2.1. Kastilisch (mit Andalusisch und Judenspanisch) ... 33
      4.2.2. Navarro-Aragonesisch ... 38
      4.2.3. Asturisch-Leonesisch ... 39
      4.2.4. Galicisch (als Dialekt und Minderheitensprache) ... 40
   4.3. Die spanischen Dialekte gegenüber Katalanisch und Galicisch-Portugiesisch ... 41
   4.4. In Spanien verdrängte Dialektformen: Mozarabisch ... 42
   4.5. Spanische Sprachgeographie ... 43

II. Grundbegriffe der allgemeinen Sprachwissenschaft ... 46

1. Sprachwissenschaft und Sprachphilosophie ... 46
2. Vorüberlegungen ... 47

	Seite
3. Das sprachliche Zeichen (*el signo lingüístico*)	48
4. System, Norm und Rede	52
5. Synchronie und Diachronie	57
6. Syntagmatik und Paradigmatik	60
7. Funktionen der Sprache	61

III. Synchronie und Diachronie der spanischen Sprache (anhand ausgewählter Beispiele) ... 63

1. Phonetik und Phonologie ... 63
  - 1.1. Zwei Betrachtungsebenen: Phonetik und Phonologie ... 63
  - 1.2.1. Grundbegriffe der artikulatorischen Phonetik ... 64
  - 1.2.2. Phonetik der Silbe ... 68
  - 1.2.3. Suprasegmentale Elemente ... 70
  - 1.3. Grundlagen und Begriffe der Phonologie ... 71
  - 1.4. Synchrone spanische Phonologie ... 73
  - 1.5. Diachrone spanische Phonologie und Phonetik ... 76

2. Morphologie ... 78

3. Grammatik und Syntax ... 82
  - 3.1. Grammatik ... 82
    - 3.1.1. Begriff der Grammatik ... 82
    - 3.1.2. Exemplarische Beschreibung der spanischen Demonstrativa — synchron und diachron ... 84
  - 3.2. Syntax ... 85

4. Wortbildungslehre ... 88
  - 4.1. Allgemeines ... 88
  - 4.2. Die Verfahren der Wortbildung ... 90
  - 4.3. Spanische Wortbildung ... 92
    - 4.3.1. Beschreibung der heutigen Synchronie im Überblick (Auswahl) ... 92
    - 4.3.2. Diachronie ... 98

5. Lexikologie und Semantik, Lexikographie ... 100
  - 5.1.1. Lexikologie und Semantik — synchron ... 100
  - 5.1.2. Lexikologie und Semantik — diachron ... 109
  - 5.2.1. Lexikographie — synchron ... 113
  - 5.2.2. Lexikographie — diachron ... 118

Inhalt

Seite

IV. Etappen der spanischen Sprachgeschichte 119
1. Eroberung und Romanisierung der Pyrenäenhalbinsel 120
   1.1. Eroberung 121
   1.2. Romanisierung 124
2. Die sprachliche Grundlage: das sogenannte Vulgärlatein 127
   2.1. Was versteht man unter „Vulgärlatein"? 127
   2.2. Notwendigkeit der Annahme des Vulgärlateins für die romanische Sprachwissenschaft 128
   2.3. Zeitliche Abgrenzung des Vulgärlateins 129
   2.4. Die Frage nach der Einheitlichkeit des Vulgärlateins 131
   2.5. Die Quellen des Vulgärlateins 132
3. Substrate des Spanischen 138
   3.1. Der Begriff des Substrats, Superstrats und Adstrats 138
   3.2. Die Völker im vorrömischen Hispanien 140
   3.3. Die Substrateinflüsse der vorrömischen Sprachen 142
   3.4. Der baskische Einfluß 144
   3.5. Griechisch 145
4. Das germanische Superstrat 146
   4.1. Germanische Elemente im Vulgärlatein 146
   4.2. Das westgotische Superstrat in Spanien 147
5. Kulturadstrate 149
   5.1. Der arabische Einfluß 149
   5.2. Der occitanisch-französische Einfluß 153
   5.3. Der gelehrte lateinische Einfluß (Cultismos) 154
6. Die frühesten Sprachdenkmäler des Spanischen 155
   6.1. Die Glossen 155
   6.2. Die mozarabischen Jarchas 157
   6.3. Hinweise zum Altspanischen 159
7. Die Reconquista und der Aufstieg des Kastilischen 160
   7.1. Die Reconquista 160
   7.2. Der Aufstieg des Kastilischen 164
      7.2.1. Die Sprachensituation auf der Pyrenäenhalbinsel in der Frühphase der Reconquista 164
      7.2.2. Zur Entstehung des Kastilischen 166
      7.2.3. Das Kastilische — vom Dialekt zur Nationalsprache ... 166

Inhalt

	Seite
8. Mittelalterliches Spanisch/modernes Spanisch.	168
8.1. Phonischer Bereich	168
8.2. Grammatischer Bereich	170
9. Das Spanische in Amerika	171
9.1. Zum geschichtlichen Hintergrund	171
9.2. Zur Entstehung des amerikanischen Spanisch: Die Andalucismo-These	175
9.3. Grundzüge des amerikanischen Spanisch	178
9.3.1. Phonischer Bereich	179
9.3.2. Grammatisch-morphologischer Bereich	181
9.3.3. Lexikalischer Bereich	182
9.4. Das indianische Sub- und Adstrat des Spanischen in Amerika	183
10. Zum heutigen Spanisch	186
10.1. Phonischer Bereich	187
10.2. Grammatischer Bereich	188
10.3. Lexikalischer Bereich	190
Register	193

Bibliographische Grundinformation

A. Bibliographien

Bibliographie linguistique de l'année ... Utrecht/Bruxelles 1939—1949; Utrecht/Antwerpen 1950 ff. Seit 2000 Berlin (auch elektronisch unter www.blonline.nl).
Romanische Bibliographie. Tübingen 1961 ff. (als Supplement zur *ZRPh*, ab Bd. 1997/99 [2002] auch als CD).

In diesen Werken findet man auch ein Verzeichnis der Fachzeitschriften und der üblichen Abkürzungen der Zeitschriftentitel.

B. Handbücher der romanischen und spanischen Sprachwissenschaft

ALVAR, Manuel (dir.) (2000), *Introducción a la lingüística española*, Barcelona.
BLASCO FERRER, Eduardo (1996), *Linguistik für Romanisten. Grundbegriffe im Zusammenhang*, Berlin.
ERNST, Gerhard/GLESSGEN, Martin-Dietrich/SCHMITT, Christian/SCHWEICKARD, Wolfgang (Hrsg.) (2003—), *Romanische Sprachgeschichte. Ein internationales Handbuch zur Geschichte der romanischen Sprachen*. 3 Bde. (bisher I, 2003; II, 2006), Berlin—New York.
GAUGER, Hans-Martin/OESTERREICHER, Wulf/WINDISCH, Rudolf (1981), *Einführung in die romanische Sprachwissenschaft*, Darmstadt.
IORDAN, Iorgu (1962), *Einführung in die Geschichte und Methoden der romanischen Sprachwissenschaft*, hrsg. von Werner BAHNER, Berlin. Span. Übersetzung: *Manual de lingüística románica*. Reelab. parcial y notas de Manuel Alvar, Madrid 1967.
LAUSBERG, Heinrich (1956—1962), *Romanische Sprachwissenschaft*, Bde. 1—3, Berlin (und neuere Auflagen); span. Übersetzung: *Lingüística románica*, I: *Fonética*, II: *Morfología*, Madrid 1966.
LÜDTKE, Helmut (2005), *Der Ursprung der romanischen Sprachen. Eine Geschichte der sprachlichen Kommunikation*, Kiel.
MEYER-LÜBKE, Wilhelm (1890—1902), *Grammatik der romanischen Sprachwissenschaft*, 4 Bände, Leipzig; Nachdruck Darmstadt 1972.
PÖCKL Wolfgang/RAINER, Franz/PÖLL, Bernhard (^{3}2003), *Einführung in die romanische Sprachwissenschaft*, Tübingen (Romanistisches Arbeitsheft 33).
TAGLIAVINI, Carlo (^{2}1998), *Einführung in die romanische Philologie*, Tübingen/Basel.
VIDOS, Benedek Elemér (1968), *Handbuch der romanischen Sprachwissenschaft*, München. Span. Übers.: *Manual de lingüística románica*, Madrid 1963.

C. Terminologische Wörterbücher zur allgemeinen Sprachwissenschaft

BUSSMANN, Hadumod (^{3}2002), *Lexikon der Sprachwissenschaft*, Stuttgart.

DUBOIS, Jean, y otros (1979, ⁵1998), *Diccionario de lingüística*, Madrid.
KNOBLOCH, Johann (Hrsg.) (1961—) *Sprachwissenschaftliches Wörterbuch*, (bisher Bd. I, A—E, Bd. II, 2,—Fr ...), Heidelberg.
LÁZARO CARRETER, Fernando (³1971), *Diccionario de términos filológicos*, Madrid (mit deutschem, engl. und franz. Index).
SCHMÖE, Friederike/GLÜCK, Helmut (³2005, ed.), *Metzler Lexikon Sprache*, Stuttgart.
ALCARAZ VARÓ, Enrique/MARTÍNEZ LINARES, María Antonia (²2004), *Diccionario de lingüística moderna*, Barcelona.

D. Wichtige Fachzeitschriften

(Abkürzungen nach der *Bibliographie linguistique de l'année* ...)

ASNS	Archiv für das Studium der neueren Sprachen und Literaturen. Braunschweig, seit 1979 Berlin.
Hispania	Hispania. A Journal Devoted to the Teaching of Spanish and Portuguese. Ann Arbor, MI.
HR	Hispanic Review. Philadelphia, PA.
IbRom	Iberoromania. Zeitschrift für die iberoromanischen Sprachen und Literaturen in Europa und Amerika. Tübingen.
LEA	Lingüística Española Actual. Madrid.
NRFH	Nueva Revista de Filología Hispánica. México, D. F.
RF	Romanische Forschungen. Vierteljahresschrift für romanische Sprachen und Literaturen. Frankfurt a. M.
RFE	Revista de Filología Española. Madrid.
RJb	Romanistisches Jahrbuch. Hamburg.
RLiR	Revue de Linguistique Romane. Strasbourg.
RomPh	Romance Philology. Berkeley, CA.
RSEL	Revista Española de Lingüística. Organo de la Sociedad Española de Lingüística. Madrid.
Thesaurus	Thesaurus. Boletín del Instituto Caro y Cuervo. Bogotá.
VR(om)	Vox Romanica. Annales Helvetici explorandis linguis Romanicis destinati. Bern.
ZRPh	Zeitschrift für Romanische Philologie. Tübingen.

E. Enzyklopädien

ELH	ALVAR, Manuel u.a. (Hrsg.), *Enciclopedia lingüística hispánica*, tomo I: Madrid 1960; Suplemento al tomo I: Madrid 1962; tomo II: Madrid 1967.
LRL	HOLTUS, G. — METZELTIN, M. — SCHMITT, Chr. (Hrsg.), (1988–2005), *Lexikon der Romanistischen Linguistik*, Bd. I–VIII; (1992), Bd. VI, 1: *Aragonesisch/Navarresisch, Spanisch, Asturianisch/Leonesisch*, Tübingen. Siehe auch Bände II,1 (1996), II,2 (1995) und VII (1998).

I. Realia zur spanischen Sprache

1. Das Spanische und seine Stellung unter den romanischen Sprachen

1.1. Die romanischen Sprachen und das Spanische

Das Spanische gehört bekanntlich zur Gruppe der romanischen Sprachen (span. *lenguas románicas/romances*), und diese gehören ihrerseits in historisch-genealogischer Sicht der großen indogermanischen (indoeuropäischen) Sprachfamilie an; ungefähr die Hälfte der Bevölkerung unserer Erde spricht eine indogermanische Sprache.

Die folgende konventionelle Skizze soll einen schematischen Überblick über die bekanntesten und verbreitetsten Sprachgruppen (SG) und gegebenenfalls Sprachen des Indoeuropäischen vermitteln (wobei allerdings nur der Zweig, der die Filiation bis zu den romanischen Sprachen darstellt, ausgeführt wird)[1]:

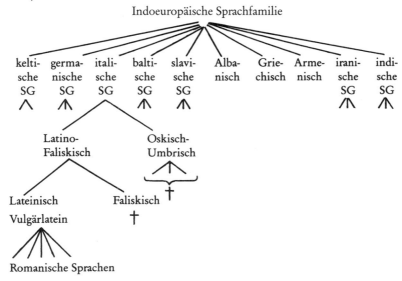

---

[1] Genauere Information findet man z. B. in MEIER-BRÜGGER, Michael ([8]2002), *Indogermanische Sprachwissenschaft*, unter Mitarbeit von Mattias Fritz u. Manfred Mayrhofer, Berlin.

I. Realia zur spanischen Sprache

Welches sind die romanischen Sprachen, und wie lassen sie sich einteilen?

In den Handbüchern der romanischen Philologie werden heute in der Regel zumindest 11 romanische Sprachen unterschieden, die oft aufgrund vorwiegend geographisch-arealer, aber auch historischer Kriterien, so z. B. von Tagliavini[2], wie folgt klassifiziert werden:

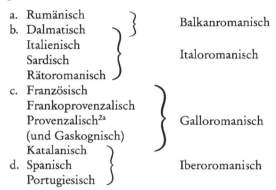

Bemerkungen zu diesem Schema:

1. Durch die doppelte Klammerung im Falle des Dalmatischen und des Katalanischen soll angedeutet werden, daß diese Sprachen eine Art Brücke („lenguapuente", so Badía Margarit in bezug auf das Katalanische) zwischen dem Balkanromanischen und dem Italoromanischen bzw. zwischen dem Galloromanischen und dem Iberoromanischen bilden.
2. Wir ziehen, um Verwechslungen zu vermeiden, die inzwischen üblich gewordene Bezeichnung „Okzitanisch" (Occitanisch) — vgl. Dantes „lingua oc", frz. „la langue d'oc" — dem in der Tradition der romanischen Philologie für die Benennung der betreffenden Sprache bzw. Dialektgruppe verwurzelten Terminus „Provenzalisch" vor, denn „Provenzalisch" kann in spezieller Bedeutung auch einfach nur den Dialekt der Provence bezeichnen. Oft wird „(Alt-)Provenzalisch" für die mittelalterliche Sprachstufe und Literatur gebraucht, „Okzitanisch" dagegen für die der neueren Zeit.
3. Zum Portugiesischen wird üblicherweise das Galicische gerechnet (*galego-português*); Galicien gehört jedoch politisch zu Spanien.
4. Die Aufteilung des *LRL* zeigt die heutige Auffassung von der Selbständigkeit des Sardischen und Korsischen (eigene Kap. in Bd. IV) und des Rätoromanischen (Bd. III) gegenüber dem Italoromanischen (Bd. IV).

[2] TAGLIAVINI ([2]1998: 279).
[2a] In modernerer Terminologie dafür Okzitanisch.

1. Das Spanische und seine Stellung unter den romanischen Sprachen

5. Schließlich müßten noch die Kreolsprachen mit romanischer Basis erwähnt werden, wenngleich diese keine romanischen Sprachen im eigentlichen Sinne darstellen (s. S. 25 f.).

Andere Autoren gehen in der Aufgliederung der romanischen Sprachen noch weiter: So unterscheidet z. B. Togeby[3] 15 romanische Sprachen, indem er drei der 11 bei Tagliavini aufgeführten romanischen Sprachen weiter aufteilt:

Sardisch; Rumänisch, Dalmatisch, Süditalienisch, Toskanisch; Norditalienisch, Friaulisch, Rätoromanisch, Französisch, Frankoprovenzalisch, Provenzalisch; Gaskognisch, Katalanisch, Spanisch, Portugiesisch.

Wenn man noch das Rätoromanische in das Bündnerromanische und in das Zentralladinische aufspaltet und das Galicische vom Portugiesischen abtrennt, dann sind wir bei 17 romanischen Sprachen. Hier ist dann wohl die Obergrenze dessen erreicht, was man noch sinnvollerweise als romanische „Sprachen" ansprechen kann. Die Schwierigkeit bei der Festlegung der Zahl der romanischen Sprachen hängt mit dem Problem der Abgrenzung zwischen „Sprache" und „Dialekt" zusammen, vgl. I.4.1.

Die vorwiegend geographisch begründete Klassifizierung der romanischen Sprachen in eine Ost- und eine Westromania (so im Grunde auch schon bei F. Diez [1794—1876], einem der Begründer der romanischen Philologie als Wissenschaft) wurde, wie man z. B. in der Gruppierung von Monteverdi[4] und auch von Tagliavini sieht, um eine Zentralromania, die der Italoromania (vgl. oben) entspricht, erweitert, wobei die Westromania dann die Gallo- und die Iberoromania einschließt und die Ostromania die Balkanromania umfaßt.

Unter Zugrundelegung sprachlicher, hier: phonischer Kriterien, nämlich 1. der Erhaltung bzw. Nichterhaltung des auslautenden [s] und 2. der Erhaltung bzw. Sonorisierung (und weiteren Abschwächung) der Verschlußlaute [p], [t] und [k] in intervokalischer Stellung in den verschiedenen romanischen Sprachen, stellte Walther von Wartburg bereits 1936 in einem Aufsatz und dann in seiner Monographie *Die Ausgliederung der romanischen Sprachräume* (Bern 1950) die Unterscheidung in Ost- und Westromania auf eine neue Basis. Ost- und Westromania werden nach Wartburg durch eine Linie, die vom Ligurischen Meer bei La Spezia quer über die Apenninenhalbinsel zum Adriatischen Meer bei Rimini (nach Lausberg: bei Pesaro) verläuft, abgegrenzt. Danach gehören „der ganze romanische Balkan sowie Mittel- und Süditalien"

---

[3] TOGEBY, Knud (1962), „Comment écrire une grammaire historique des langues romanes?", *SNPh* 34: 315—320; 318.
[4] MONTEVERDI, Angelo (1952), *Manuale di avviamento agli studi romanzi*, Milano: 80.

I. Realia zur spanischen Sprache

zur Ostromania, „Gallien, die Alpenländer, Oberitalien bis zur Linie Spezia-Rimini, Iberien" (Wartburg 1950: 32) zur Westromania; Sardinien nimmt eine Sonderstellung ein.

Beispiele zur Illustration der verwendeten Differenzierungskriterien:

		Ostromania	Westromania
-[s] (wichtig auch bei der Pluralbildung):			
	rum.	capre, membri	span. cabras, miembros
	ital.	(d. h. Standardital.) capre, membri	frz. (graph. Code) chèvres, membres (altfrz. chievres)
-[p]-:	rum.	săpun	span. jabón [β]
	ital.	sapone	frz. savon
-[t]-:	rum.	roată	span. rueda [δ]
	ital.	ruota	frz. roue, d. h. — [t] —> ø
-[k]- (nicht vor e oder i):			
	rum.	amică	span. amiga [γ]
	ital.	amica	frz. amie, d. h. — [k]ª —> [j] verschmilzt mit dem ‚haupttonigen' [i]
	rum.	foc(ul)	span. fuego [γ]
	ital.	fuoco	frz. feu, d. h. hier - [k] —> ø

Bemerkung:

Das Wartburgsche Kriterium der Erhaltung des auslautenden [s] trifft im Frz., was den phonischen Code angeht, allerdings voll nur für das Altfranzösische und höchstens ganz eingeschränkt für das Neufranzösische (nur im Falle der sog. Liaison) zu.[5] So muß aufgrund sprachlicher Fakten im Frz. — sowie übrigens auch im spanischsprachigen Raum (Südspanien und Hispanoamerika) und in der Toskana (vgl. die sog. „gorgia toscana") — präzisierend betont werden, dass die Wartburgsche Einteilung Westromania/Ostromania zwar auf die mittelalterlichen Entwicklungsphasen der romanischen Sprachen paßt, nicht mehr jedoch dem Sprachzustand aller romanischen Sprachen in der Neuzeit entspricht (Wartburg hat dies übrigens selbst bereits 1953 explizit anerkannt).[6]

---

[5] Vgl. dazu GECKELER, Horst (1976), „Sigmaphobie in der Romania? Versuch einer funktionellen Bestimmung", *ZRPh* 92: 265—291 und ders. (1978), „'Phonischer Code' und 'skripturaler Code' auch für die Beschreibung des Spanischen?" *Iberoromania* 8: 11—29.

[6] Zur Kritik: vgl. beispielsweise INEICHEN, Gustav (1985), „Cambiamento linguistico e classificazione romanza", in: *Linguistica storica e cambiamento linguistico*, Roma: 93—103.

1. Das Spanische und seine Stellung unter den romanischen Sprachen

In Anlehnung an die Wartburgsche Gliederung der Romania schlägt Lausberg[7] „auf Grund des Verwandtschafts-Grades" folgende Dreiteilung der Romania vor:

I. **Westromania** mit folgenden Teilräumen:
   A) Galloromania (Provenzalisch[7a], Frankoprovenzalisch, Französisch)
   B) Raetoromania
   C) Norditalien
   D) Iberoromania (Katalanisch, Spanisch, Portugiesisch)

II. **Ostromania** mit folgenden Teilräumen:
   A) Mittel- und Süditalien [einschließlich Toskana]
   B) Dalmatien
   C) Rumänien

III. **Sardinien**

Schließlich weisen wir noch auf die verschiedenartigen Konstellationen hin, die sich ergeben, wenn man eine Klassifizierung der romanischen Sprachen ausschließlich auf der Grundlage der Verteilung von Wortschatzelementen versucht. Nach Bartoli mit seiner „linguistica spaziale" hat vor allem Rohlfs diesen Ansatz auf besonders anschauliche Weise (mit viel Kartenmaterial) in folgenden Werken vertreten: ROHLFS, Gerhard (1954), *Die lexikalische Differenzierung der romanischen Sprachen. Versuch einer romanischen Wortgeographie*, München, und in erweiterter Form in: *Romanische Sprachgeographie. Geschichte und Grundlagen, Aspekte und Probleme, mit dem Versuch eines Sprachatlas der romanischen Sprachen*, München 1971; vgl. auch sein *Panorama delle lingue neolatine. Piccolo atlante linguistico pan-romanzo*, Tübingen 1986. So kann Rohlfs z. B. nachweisen, daß unter anderen möglichen immer wieder eine bestimmte Konstellation auftritt, in der sich nämlich eine innere Romania (Gallia, Italia) gegenüber einer Randromania (Iberia, Dacia) abhebt (entsprechend einer „Arealnorm" von Bartoli), wobei anzumerken ist, daß verschiedene der im folgenden Schema angeführten sprachlichen Fakten zur Illustration etwas vereinfacht dargestellt sind:

IBERIA	GALLIA	ITALIA	DACIA
lat. rogare	precare	precare	rogare
sp./port. rogar	frz. prier	it. pregare	rum. a ruga
lat. afflare	tropare	tropare	afflare
sp. hallar	frz. trouver	it. trovare	rum. a afla
port. achar			

[7] Lausberg (³1969:1, 39).
[7a] In modernerer Terminologie dafür Okzitanisch.

I. Realia zur spanischen Sprache

lat. fervere	bullire	bullire	fervere
sp. hervir	frz. bouillir	it. bollire	rum. a fierbe
port. ferver			
lat. humerus	spat(h)ula	spat(h)ula	humerus
sp. hombro	frz. épaule	it. spalla	rum. umǎr
port. ombro			
lat. magis	plus	plus	magis
sp. más	frz. plus	it. più	rum. mai
port. mais			
lat. formosus	bellus	bellus	formosus
sp. hermoso	frz. beau	it. bello	rum. frumos
port. formoso			
lat. mensa	tabula	tabula	mensa
sp./port. mensa	frz. table	it. tavola	rum. masǎ
lat. dies	diurnum	diurnum	dies
sp./port. día	frz. jour	it. giorno	rum. zi

Randromania innere Romania Randromania

Das einfachste, dafür aber aussageschwächste Verfahren, um Sprachen zu ordnen, ist die **geographische** (oder areale) Klassifikation: hier werden Sprachen ausschließlich nach dem Kriterium ihrer räumlichen Kontiguität zusammengefaßt, z. B. australische Sprachen, Sudansprachen (Auch die Einteilung Westromania/Ostromania — nicht diejenige auf der Grundlage der Wartburgschen Kriterien, vgl. oben — gehört dazu). Die **historisch-genealogische** Klassifikation beruht auf der genetischen Verwandtschaft zwischen Sprachen, d. h. aufgrund unserer historischen Kenntnis, daß sich aus einer (Ausgangs-)Sprache im Laufe der Zeit verschiedene Sprachen entwickelt haben, gruppieren wir diese zu einer Sprachfamilie zusammen — so bilden die romanischen Sprachen, die sich bekanntlich aus dem Latein entwickelt haben, eine Sprachfamilie. Klassifikationen, die auf **sprachstrukturellen** Fakten basieren, wird man schon als zur **Sprachtypologie** gehörig einstufen dürfen. Innerhalb der Sprachtypologie gibt es die **partielle** Typologie (d. h. Typologie „sprachlicher Teilsysteme", z. B. die phonische oder die morphologische Ebene betreffend) und die **integrale** Typologie (d. h. Typologie „sprachlicher Ganzsysteme") (Erklärung nach Haarmann[8]).[9]

---

[8] HAARMANN, Harald (1976), *Grundzüge der Sprachtypologie*, Stuttgart usw.: 7.
[9] Orientierend zur Sprachtypologie: INEICHEN, Gustav ([2]1991), *Allgemeine Sprachtypologie*, Darmstadt; COSERIU, Eugenio (1980), „Der Sinn der Sprachtypologie", *TCLC* 20: 157—170. Einen wissenschaftsgeschichtlichen Überblick über die Versuche zur Klassifizierung der romanischen Sprachen gibt MALKIEL, Yakov (1978), „The Classification of Romance Languages", *Romance Philology* 31: 467—500.

1. Das Spanische und seine Stellung unter den romanischen Sprachen

Über sprachtypologische Ansätze und Arbeiten zum Spanischen: s. GECKELER, Horst (1983), „Sprachtypologische Betrachtungen zum Spanischen", in: KREMER, Dieter (Hrsg.), *Aspekte der Hispania im 19. und 20. Jahrhundert*, Hamburg: 269—284; GECKELER, Horst (1987), „La place de l'espagnol dans la typologie des langues romanes (à propos de quelques études récentes relatives à la matière)", in: *Homenaje a Álvaro Galmés de Fuentes*, III, Oviedo — Madrid: 99—120.

Zu den verschiedenen Bezeichnungen der spanischen Sprache: s. ALONSO, Amado ([1]1943, [5]1979), *Castellano, español, idioma nacional. Historia espiritual de tres nombres*, Buenos Aires;

MONDÉJAR CUMPIÁN, José (1981), *„Castellano" y „Español" — dos nombres para una lengua*, Granada;

BERSCHIN, Helmut (1982), „Dos problemas de denominación: ¿Español o castellano? ¿Hispanoamérica o Latinoamérica?", in: PERL, Matthias (Hrsg.), *Estudios sobre el léxico del español de América*, Leipzig: 198—214.

1.2. Die Verbreitung der romanischen Sprachen

Als Übersichtsinformation führen wir noch die heute üblicherweise unterschiedenen 11 romanischen Sprachen in der Reihenfolge ihrer numerischen Wichtigkeit an, nach der Zahl ihrer muttersprachlichen Sprecher (wobei aus der Literatur häufig nicht klar hervorgeht, ob bei zweisprachigen Gebieten Muttersprache und Zweitsprache zusammengerechnet oder getrennt geführt werden) — in Klammern geben wir bei den „großen" romanischen Sprachen auch ihren Rang unter den meistgesprochenen Sprachen der Erde in römischen Ziffern an — und unterrichten gleichzeitig summarisch über die Hauptverbreitungsgebiete der einzelnen romanischen Sprachen. Wir müssen jedoch darauf hinweisen, daß die Angaben über die Zahl der Sprecher in den konsultierten einschlägigen Werken — wie übrigens nicht anders zu erwarten war — z. T. beträchtlich divergieren.

Sprache	Ungefähre Zahl der Sprecher	Hauptverbreitungsgebiete
1. Spanisch (III.)	370 Mio. (Millionen)	Siehe I.2.
2. Portugiesisch (VII.)	ca. 190 Mio.	Portugal, Azoren, Madeira, Brasilien, Angola, Mozambique
3. Französisch (XI.)	70—80 Mio. (die Frankophonie umfaßt mehr als 100 Mio.)	Frankreich, südl. Belgien, z. T. Luxemburg, Westschweiz, Monaco, z. T. Andorra, z. T. Kanada (v. a. Provinz Québec),

I. Realia zur spanischen Sprache

Sprache	Ungefähre Zahl der Sprecher	Hauptverbreitungsgebiete
		z. T. USA (vereinzelt in Neuenglandstaaten und Louisiana); Haiti, die frz. Antillen, Frz.-Guayana, Inseln im Indischen Ozean (in den letzteren Gebieten auch Kreolfranzösisch). — Die bedeutende Rolle des Frz. als Zweitsprache bzw. Verkehrssprache für große Teile Afrikas ist besonders hervorzuheben.
4. Italienisch (XII.)	63 Mio.	Italien, z. T. in der Schweiz (vor allem im Kanton Tessin)
5. Rumänisch	25 Mio.	Rumänien, Moldaurepublik, Dialekte in Nordgriechenland und Istrien
6. Katalanisch	7—10 Mio.[10]	Siehe I.3.
7. Okzitanisch	potentielle Sprecher: 6 Mio. aktive Sprecher: 200 000?	Südfrankreich: im Norden begrenzt durch eine Linie, die von der Gironde einen Bogen nördlich um das Massif Central macht und die Rhône zwischen Valence und Vienne schneidet und südlich von Grenoble zur ital. Grenze verläuft.
8. Sardisch	1—1,4 Mio.	Sardinien
9. Rätoromanisch:		
a. Bündnerromanisch	66 000 (Gesamtschweiz)	v. a. Kanton Graubünden (Schweiz)
b. Zentralladinisch	ca. 30 000	verschiedene Dolomitentäler, Comelico und Teile des Cadore (Italien)
c. Friaulisch	500 000—800 000	Region Friuli — Venezia Giulia (Italien)
10. Frankoprovenzalisch	60 000—200 000[11]	Südostfrankreich (mit dem Lyonnais, Savoyen, dem nördlichen Dauphiné mit Grenoble),

[10] Nach LÜDTKE, Jens (1984), *Katalanisch*, München: 16.
[11] Nach *LRL* V, 1:679.

1. Das Spanische und seine Stellung unter den romanischen Sprachen

Sprache	Ungefähre Zahl der Sprecher	Hauptverbreitungsgebiete
		Suisse Romande (ohne den Berner Jura) und Val d'Aosta
11. Dalmatisch	Ausgestorben im Jahre 1898	Dalmatinische Küste und vorgelagerte Inseln

Die numerischen Angaben zu den Sprecherzahlen haben wir hauptsächlich folgenden Arbeiten entnommen:

JANICH, Nina/GREULE, Albrecht (Hrsg.) (2002), *Sprachkulturen in Europa. Ein internationales Handbuch*. Tübingen.

SALVI, Sergio (1975), *Le lingue tagliate. Storia delle minoranze linguistiche in Italia*, Milano

Un milliard de Latins en l'an 2000 (1983), Paris.

SALA, Marius — VINTILĂ-RĂDULESCU, Ioana (1984), *Les langues du monde*, Bucureşti—Paris.

SALA, Marius (Hrsg.) (1989), *Enciclopedia limbilor romanice*, Bucureşti.

Über die geographische Ausdehnung der Sprachräume der romanischen Sprachen unterrichten im allgemeinen die Handbücher zur romanischen Sprachwissenschaft; einen guten Überblick über die Verteilung gibt HALL, Robert A., Jr. (1974), *External History of the Romance Languages*, New York/London/Amsterdam: 22—34.

Aufgaben

1. Vertiefen Sie Ihre Kenntnis von der Verbreitung der romanischen Sprachen und Dialekte in Europa und in der Welt, indem Sie die entsprechenden Karten in RENZI, Lorenzo (1980), *Einführung in die romanische Sprachwissenschaft*, Tübingen, Anhang Tafeln I und III: 1—4, sowie in PEI, Mario (1976), *The Story of Latin and the Romance Languages*, New York/San Francisco/London: 160—161, 214—215, 38—39, studieren.

2. Arbeiten Sie die typologische Kurzbeschreibung des Spanischen von Pottier in: MARTINET, André (Hrsg.) (1968), *Le langage*, Paris: 887—905, gründlich durch.

3. Resümieren Sie — evtl. im Rahmen einer Hausarbeit — die Beschreibung des Spanischen von John N. Green in: HARRIS, Martin — VINCENT, Nigel (Hrsg.) (1988), *The Romance Languages*, London—Sydney: 79—130.

I. Realia zur spanischen Sprache

2. Die geographische Verbreitung der spanischen Sprache

Wie wir gesehen haben, steht das Spanische aufgrund seiner ca. 310 Millionen Sprecher an dritter Stelle (nach dem Chinesischen und dem Englischen) in der Rangfolge der meistgesprochenen Sprachen der Welt; es ist also auch die romanische Sprache mit der höchsten Sprecherzahl.

Im folgenden geben wir eine geographisch angeordnete Übersicht über die Gebiete der Erde, in denen Spanisch als Muttersprache oder als Zweitsprache bei Bilinguismus gesprochen wird — mit Angabe der Sprecherzahlen, die in der Literatur z. T. jedoch stark schwanken und die deshalb gerundet angeführt werden.

Literatur

Lateinamerika-Ploetz. Die iberoamerikanische Welt (1978), Freiburg/Würzburg.
HAARMANN, Harald (2002), *Sprachenalmanach. Zahlen und Fakten zu allen Sprachen der Welt.* Frankfurt/New York.
Der Fischer Weltalmanach 2007 (2006), Frankfurt/M.
HAENSCH, Günther (1984), „Neues Wörterbuch des amerikanischen Spanisch und neues Wörterbuch des kolumbianischen Spanisch", *Hispanorama* 36: 167—176.
Hinzu kommen die üblichen Enzyklopädien und Nachschlagewerke.

2.1. Europa

Spanien (zum spanischen Staatsgebiet gehören auch die Balearen und die Kanarischen Inseln): ca. 39 Mio. Sprecher des Spanischen (als Muttersprache oder Zweitsprache). Spanisch ist offizielle Staatssprache, Kultur- und Verkehrssprache.

N. B.: Zu den anderen in Spanien gesprochenen Sprachen: s. I.3.; zu den Dialekten des Spanischen: s. I.4.

Andorra: Spanisch ist eine der Verkehrssprachen in diesem Staat (vgl. auch I.3.I.).

Gibraltar: Oft wird übersehen, daß auf Gibraltar, das durch den Spanischen Erbfolgekrieg seit 1704 bzw. 1713 der englischen Krone untersteht, neben dem Englischen als der offiziellen Sprache auch Spanisch existiert, jedoch nur als informelle gesprochene Sprache in Form eines Dialekts mit andalusischem Einschlag und mit vielen Anglizismen und italienischen Relikten, genannt „yanito": ca. 17 000—18 000 Muttersprachler, die aber im außerfamiliären Bereich das Englische verwenden.[12]

---

[12] Genaueres bei KRAMER, Johannes (1986), *English and Spanish in Gibraltar*, Hamburg.

2. Die geographische Verbreitung der spanischen Sprache

2.2. Südamerika (von N nach S)

Venezuela: 23,7 Mio.; Indianersprachen fallen kaum ins Gewicht.

Kolumbien: 41,5 Mio.; nicht einmal 2% sprechen Indianersprachen (z.B. Chibcha, Páez, Guahibo, Huitoto), vor allem in den weiten Llanos des Ostens.

Ecuador: ca. 12 Mio.; ca. 2 Mio. Quechua-Sprecher (zu den Indianersprachen: s. IV.9.4.).

Peru: 25,2 Mio.; ca. 5 Mio. Quechua-Sprecher. Beide sind regional auch offizielle Sprachen; ca. 0,3 Mio. Sprecher des Aimara.

Bolivien: ca. 8 Mio.; ca. 2,8 Mio. Quechua-Sprecher; ca. 2 Mio. Aimara-Sprecher. Alle indigenen Sprachen sind im Prinzip auch offizielle Sprachen.

Paraguay: ca. 5 Mio.; die offiziellen Sprachen sind Spanisch (v. a. für öffentliche Belange; im städtischen Leben) und Guaraní (in der privaten Sphäre; auf dem Lande); vielfach unausgewogene Zweisprachigkeit.

Argentinien: 36,6 Mio.

Uruguay: ca. 3 Mio.

Chile: ca. 15 Mio.; ca. 200 000 Mapuche-Sprecher.

Spanisch wird auch auf den Falklandinseln (Islas Malvinas) gesprochen, Amtssprache ist aber Englisch.

Resümee: In ganz Südamerika wird Spanisch als Amts-, Kultur- und Verkehrssprache gesprochen (daneben regional auch Indianersprachen), außer in Brasilien (Portugiesisch, aber mit einigen spanischen Sprachinseln), Guyana (Englisch), Surinam (Niederländisch) und Französisch-Guayana (Französisch).

2.3. Mittelamerika (von NW nach SO)

Guatemala: ca. 11 Mio.; zahlreiche Indianersprachen, die von etwa der Hälfte der Bevölkerung gesprochen werden.

Honduras: ca. 6 Mio.

El Salvador: ca. 6 Mio.

Nicaragua: ca. 4,5 Mio.

Costa Rica: ca. 3,4 Mio.

Panama: ca. 2,7 Mio.; daneben dient Englisch als Verkehrssprache, v. a. in der Kanalzone.

I. Realia zur spanischen Sprache

Resümee: In ganz Mittelamerika wird Spanisch gesprochen (und in den meisten Staaten auch noch begrenzt Indianersprachen), außer in Belize (ehemalig Britisch Honduras; Amtssprache: Englisch; aber etwa 30 % der Bevölkerung sprechen Spanisch.

2.4. Nordamerika

Mexiko: ca. 95 Mio. Spanischsprecher; dazu etwa 1,6 Mio., die nur eine Indianersprache sprechen (v. a. Nahuatl, Otomí, P'urhépecha/Taraskisch, Zapotekisch, Mixtekisch, Maya)

USA: 35,3 Mio. (inklusive des mit den USA assoziierten Puerto Rico mit ca. 3,8 Mio. Spanischsprechern). Neben den Südweststaaten mit alter spanischer Präsenz (Neu-Mexiko, Texas, Kalifornien, Arizona) wirkt sich vor allem der massive Zustrom von Mexikanern nach Neu-Mexiko und Texas, von Puertoricanern nach New York und von Kubanern nach Südflorida aus. Somit sind die USA das fünftgrößte spanischsprechende Land der Welt (nach Mexiko, Spanien, Argentinien und Kolumbien); etwa 10 % der gesamten US-Bevölkerung sprechen Spanisch.

2.5. Karibik

Kuba: ca. 11 Mio.

Dominikanische Republik: ca. 8 Mio.; an der Grenze zu Haiti wird auch eine französische Kreolsprache gesprochen.

Puerto Rico: s. USA.

Trinidad und Tobago: Offizielle Amtssprache ist Englisch, Spanisch ist eine der Verkehrssprachen.

2.6. Afrika

Marokko: Küstenstädte Ceuta und Melilla, sowie Peñón de Vélez de la Gomera, dazu die Alhucemas-Inseln und die Chafarinas-Inseln. Spanisch ist neben Französisch eine der Verkehrssprachen im nördlichen Marokko.

Westsahara (früher: Spanisch-Westafrika, davor: Spanisch-Sahara, davor: Río de Oro): Spanisch ist neben Arabisch Amtssprache.

Äquatorial-Guinea (mit den Inseln Fernando Póo und Annobón) (früher Spanisch-Guinea, davor: Río Muni; unabhängig seit 1968): Spanisch ist zwar Amtssprache, aber die Zahl der Spanischsprecher beträgt nur ca. 42 000.

2.7. Ostasien

Philippinen: Die beiden offiziellen Sprachen sind Englisch und Pilipino

2. Die geographische Verbreitung der spanischen Sprache

(Tagalog), des weiteren werden zahlreiche andere Sprachen der malayo-polynesischen Sprachfamilie gesprochen. Nachdem die im 16. Jh. begründete spanische Herrschaft 1898 endete, ging auch das früher in den oberen Gesellschaftsschichten vorhandene Prestige des Spanischen stark zurück. Das Erbe zeigt sich in zahlreichen Familiennamen (Marcos, Aquino, Ramos, Arroyo, Estrada usw. Es gibt heute keine muttersprachlichen Sprecher des Spanischen mehr. — Zum Chabacano siehe 2.8.2.

2.8. Noch zu erwähnen sind:

2.8.1. Das Judenspanische *(el judeo-español)*

Darunter versteht man das Spanisch der 1492 von den Reyes Católicos aus Spanien vertriebenen Juden, das in seiner Phonetik im wesentlichen den Lautstand des 15. Jh. beibehalten hat. Das Judenspanische erreichte nie ein zusammenhängendes Sprachgebiet. Nach der Judenverfolgung durch das Hitler-Regime gibt es heute Sephardengemeinden fast nur noch in Griechenland, in der Türkei, zahlreich in Israel, auch in Nordmarokko, in einigen westeuropäischen Hauptstädten, in den USA (v. a. in New York), in denen Judenspanisch gesprochen wird; sie sind jedoch durchweg zwei- bzw. mehrsprachig. Eine Sprecherzahl von 360 000 wird von einem Kenner wie Sephiha[13] als eine Zahl betrachtet, die über den prekären Zustand der Sprachkompetenz der Sprecher hinwegtäuscht (vgl. auch I.4.2.1.3.).

2.8.2. Spanische Kreolsprachen

Eine Kreolsprache ist eine Mischsprache besonderer Art (kolonialen Ursprungs), die im Gegensatz zu einer Pidginsprache als Muttersprache in einer Sprachgemeinschaft fungiert.

Im Vergleich etwa mit den französischen, portugiesischen und englischen Kreolsprachen sind nur wenige spanische Kreolsprachen bekannt, so z.B. Papiamento:

> El papiamento tiene en su base el criollo negro-portugués que traían los esclavos de África. En Curaçao esta lengua se mezcló con el español hablado en las Antillas y en las costas venezolanas. Por añadidura, cuenta con numerosas palabras holandesas.[14]

---

[13] SEPHIHA, Haïm Vidal (²1979), *L'agonie des Judeo-Espagnols*, Paris: 96. Siehe jetzt auch SYMEONIDIS, Haralambos (2002), *Das Judenspanische von Thessaloniki*, Bern usw.: Lang.
[14] ZAMORA VICENTE, Alonso (²1967), *Dialectología española*, Madrid: 442. Siehe auch MUNTEANU, Dan (1996), *El papiamento, lengua criolla hispánica*, Madrid.

I. Realia zur spanischen Sprache

— Papiamento wird heute auf den niederländischen Antillen in Curaçao, Aruba und Bonaire von ca. 185 000 Sprechern als Muttersprache gesprochen. Obwohl diese Kreolsprache in allen Schichten der Bevölkerung verwendet wird, ist Niederländisch noch immer die offizielle Sprache.
— Das Kreolische von San Basilio de Palenque (Nordkolumbien).[15] *Palenquero*
— Chabacano: In bestimmten Regionen auf den Philippinen gesprochen. Es handelt sich um eine Kreolsprache, die einen vorwiegend spanischen Wortschatz und eine nicht-spanische Morphologie und Syntax zeigt, deren Elemente nur in seltenen Fällen auf einheimische Sprachen wie Zamboagueño zurückgeführt werden können.[16]

2.9. Seine weltweite Verbreitung verdankt das Spanische der gewaltigen Expansion des spanischen Reiches zu Beginn der Neuzeit. Die Bedeutung des Spanischen als Weltsprache zeigt sich u. a. auch darin, daß es — außer in Spanien — in 18 Staaten Lateinamerikas offizielle Amtssprache und daneben noch in einigen weiteren Ländern Amts- oder Verkehrssprache ist und daß es eine der fünf Amtssprachen der UNO und Amts- bzw. Arbeitssprache verschiedener internationaler Organismen (z. B. UNESCO, OAS, EU) ist.

3. Die Sprachen auf dem Territorium des heutigen Spanien

Neben dem Spanischen als Staatssprache und seinen Dialekten (vgl. I.4.) werden auf dem Gebiet des heutigen Spanien noch vier romanische Sprachen und eine nicht-romanische, sogar nicht-indogermanische Sprache gesprochen (siehe auch Karte S. 34).

Literatur

Díez, Miguel/Morales, Francisco/Sabín, Ángel (²1980), *Las lenguas de España*, Madrid;
Alvar, Manuel (Hrsg.) (1986), *Lenguas peninsulares y proyección hispánica*, Madrid;
Ninyoles, Rafael (1977), *Cuatro idiomas para un Estado*, Madrid (soziolinguistisch orientiert);
Etxebarria Arostegui, Maitena (2002), *La diversidad de lenguas en España*, Madrid.
García Mouton, Pilar (³1999), *Lenguas y dialectos de España*, Madrid.
Janich, Nina/Greule, Albrecht (Hrsg.) (2002), *Sprachkulturen in Europa. Ein internationales Handbuch*, Tübingen.

---

[15] Vgl. dazu jetzt Moñino, Yves/Schwegler, Armin (2002, Hrsg.), *Palenque, Cartagena y Afro-Caribe: historia y lengua*, Tübingen.
[16] Vgl. Whinnom, Keith (1956), *Spanish Contact Vernaculars in the Philippine Islands*, Hongkong.

3. Die Sprachen auf dem Territorium des heutigen Spanien

3.1. Katalanisch

Literatur

Stellvertretend sei hier nur genannt:
LÜDTKE, Jens (1984), Katalanisch. *Eine einführende Sprachbeschreibung*, München (mit weiterführender Bibliographie).

Sprecherzahl: 7—9 Mio. (7—8 Mio. im geschlossenen Sprachgebiet), Zweisprachigkeit mit dem Spanischen.

Verbreitung der katalanischen Sprache (auch über Spanien hinaus):

— im ehemaligen Fürstentum Katalonien (Principat de Catalunya) Zentrum: Barcelona —, das den heutigen Provinzen Gerona, Barcelona, Lérida und Tarragona entspricht;

— in einem Streifen Aragoniens im Grenzgebiet mit Katalonien;

— im größten Teil des ehemaligen Königreichs Valencia: Provinzen Castellón de la Plana, Valencia, Alicante, sowie in einem kleinen Gebiet der Provinz Murcia;

— auf den Balearen (Mallorca, Menorca, Cabrera) mit den Pityusen (Ibiza, Formentera);

— in Frankreich im Département Pyrénées-Orientales (traditionelle Bezeichnung der Region: le Roussillon) mit Zentrum Perpignan;

— in Andorra: Dort ist das Katalanische sogar Staatssprache, Verkehrssprachen sind Spanisch und Französisch;

— auf Sardinien (Nordwestküste): Die Stadt Alghero (katal.: L'Alguer) und ihr Umland sind katalanischsprachig (ein Relikt der katalanisch-aragonesischen Herrschaft im Mittelmeerraum).

In Katalonien ist das Katalanische offizielle Sprache wie das Spanische. In katalanischer Sprache existiert eine reiche alte und moderne Literatur.

Innerhalb des Katalanischen werden die beiden großen Dialektgruppen des Westkatalanischen und des Ostkatalanischen (zu letzterem gehört Barcelona) unterschieden; vgl. LÜDTKE (1984: 115—123).

Die Zuordnung des Katalanischen zur Galloromania oder zur Iberoromania oder gar zu einer Pyrenäenromania ist bis heute umstritten; die Interpretation der Stellung des Katalanischen als „lengua-puente" (zuerst Badía Margarit, dann auch Baldinger u. a.) zwischen Gallo- und Iberoromania stellt eine vermittelnde Position dar; vgl. BALDINGER, Kurt (^{2}1972), *La formación de los dominios lingüísticos en la Península Ibérica*, Madrid: 125—160, 409—411 (Forschungsbericht).

I. Realia zur spanischen Sprache

3.2. Galicisch

Literatur

SCHNEIDER, Hans-Karl (1975), „Das Galicische" in: HAENSCH, Günther/HARTIG, Paul (Hrsg.) *Handbücher der Auslandskunde. Spanien*, Bd. II, Frankfurt ...: 68—76 (knapp orientierend); siehe jetzt Artikel 410—417 im *LRL*, Bd. VI,2 (1994), 1—129. BALDINGER (²1972: 161—230, 411—413) (Forschungsbericht).

Sprecherzahl: ca. 3,2 Mio., Zweisprachigkeit mit dem Spanischen.

Verbreitung des Galicischen:

In Galicien mit den spanischen Provinzen La Coruña, Lugo, Pontevedra und Orense sowie im Grenzgebiet mit den Provinzen Asturias, León und Zamora. Kolonien von Galicischsprechern auch in Hispanoamerika.

In Galicien ist das Galicische (*o galego*) offizielle Sprache wie das Spanische.

> Mit den ältesten portugiesischen Dialekten nördlich des Douro (span. Duero) trug das Galicische wesentlich zur Herausbildung der portugiesischen Sprache bei. Daher wird es auch heute vielfach in der Linguistik mit dem Portugiesischen unter dem Oberbegriff *gallego-portugués* zusammengefaßt. (SCHNEIDER 1975: 69)

Das *gallego-portugués* war im Mittelalter mehrere Jahrhunderte lang die Sprache einer reichen lyrischen Literatur höfischer Natur, die uns in verschiedenen „Cancioneiros" überliefert ist. Selbst am kastilischen Hof dichtete König Alfons der Weise (1221—1284) seine „Cantigas de Santa Maria" in *gallego-portugués*, während er seine Prosa auf Kastilisch schrieb.

Nach der Phase der galicisch-portugiesischen Einheit der Sprache kann man ab dem 15. Jh. vom Galicischen und vom Portugiesischen als von zwei unterschiedlichen Sprachen sprechen.

3.3. Portugiesisch

Von zahlenmäßig geringer Bedeutung sind die portugiesischen Sprachinseln auf spanischem Gebiet. Sie sind dort zu finden, wo die politische Grenze und die Sprachgrenze zwischen Spanien und Portugal nicht übereinstimmt, z. B. in den Provinzen Zamora, Salamanca, Cáceres und Badajoz.[17]

---

[17] Genaueres in: LAPESA (⁹1981: 485—487) und ZAMORA VICENTE, Alonso (²1967), *Dialectología española*, Madrid: 87.

3. Die Sprachen auf dem Territorium des heutigen Spanien

3.4. Aranesisch

Literatur

CLIMENT, Teresa (1986), *Realitat lingüística a la Val d'Aran*, Barcelona;
WINKELMANN, Otto (1989), *Untersuchungen zur Sprachvariation des Gaskognischen im Val d'Aran (Zentralpyrenäen)*, Tübingen.

Das Aranesische, das im Valle de Arán gesprochen wird, ist ein Unterdialekt des Gaskognischen, welches meist zum Okzitanischen gerechnet wird, aber unter den okzitanischen Dialekten eine Sonderstellung einnimmt.

Der Valle de Arán ist eine kleine Landschaft in den Zentralpyrenäen mit neun Gemeinden, die national-politisch zu Spanien, regional-politisch zu Katalonien (Provinz Lérida) gehört und deren Nordgrenze an Frankreich stößt; hier entspringt auch die Garonne. Die Einwohnerzahl wird mit 5808 (für 1981) angegeben: davon sprechen 58,5 % immer Aranesisch, 10,2 % gebrauchen es als Zweitsprache, 6,8 % sind seiner nicht mächtig. Außer dem Aranesischen werden — in dieser Reihenfolge — im Valle de Arán noch folgende Sprachen als Erstsprachen gesprochen: Spanisch (28,7 %), Katalanisch (8,6 %), Französisch (ca. 1 %). Diese Sprachen fungieren auch als Zweitsprachen. Der Valle de Arán bietet ein in Europa geradezu einmaliges Beispiel für Mehrsprachigkeit.

3.5. Baskisch

Das nicht-indoeuropäische Baskische fällt ganz aus dem europäischen Sprachenpanorama heraus.

Literatur

vgl. IV.3.4.

Sprecherzahl: ca. 0,7 Mio. in Spanien, Zweisprachigkeit mit dem Spanischen; 60 000 in Frankreich. Dazu kommen noch ca. 0,25 Mio. Auslandsbasken in Hispanoamerika.

Verbreitung des Baskischen (auch über Spanien hinaus):

In der östlichen Hälfte der Provinz Vizcaya (ohne Bilbao), in der ganzen Provinz Guipúzcoa (kulturelles Zentrum des Baskentums: San Sebastián — Donostia), in der Provinz Álava — obwohl zu den „provincias vascongadas" gezählt — nur noch in einigen Orten, sowie im Nordwesten von Navarra;

in Frankreich: im westlichen Teil des Départements Pyrénées-Atlantiques.

Im spanischen Baskenland (Euskadi) ist das Baskische (euskera) offizielle Sprache wie das Spanische.

I. Realia zur spanischen Sprache

3.6. Arabisch und Zigeunerisch

Meist wird übersehen, daß auf dem Territorium des heutigen Spanien, nämlich in den unter spanischer Hoheit stehenden Gebieten in Nordafrika (Marokko), auch Arabisch gesprochen wird, evtl. auch Berberisch. Schließlich weist G. KREMNITZ (*RJb* 28 [1977], S. 370, Anm. 10) auf die meist vergessenen ca. 300 000 Zigeuner in Spanien hin, die natürlich über kein geschlossenes Sprachgebiet verfügen. Zigeunerisch (romanó, caló), indogermanischen Ursprungs, ist eine selbständige mittelindische Sprache (HAARMANN 1975: 377).

Anregung

Unter Anleitung des Seminarleiters könnten zumindest ein kurzer katalanischer und ein kurzer galicischer Text gelesen, ins Spanische übersetzt und dabei auf Gemeinsamkeiten und Unterschiede zwischen diesen Sprachen hin betrachtet werden.

4. Die dialektale Gliederung des Spanischen

Literaturhinweise

ALVAR, Manuel (Hrsg.) (1996), *Manual de dialectología hispánica. El español de España*, Barcelona.
ALVAR, Manuel (1953), *El dialecto aragonés*, Madrid.
ALVAR, Manuel (1960), *Textos hispánicos dialectales*, Madrid.
COSERIU, Eugenio (1980), „<Historische Sprache> und <Dialekt>", in: J. GÖSCHEL, P. IVIĆ, K. KEHR (Hrsg.), *Dialekt und Dialektologie. Ergebnisse des Internationalen Symposions «Zur Theorie des Dialekts» (Marburg 1977)*, Wiesbaden: 106—122.
BUSSE, Winfried (Hrsg.), (1991), *Judenspanisch I*, (= *Neue Romania* 12).
GARCÍA DE DIEGO, Vicente (³1978), *Manual de dialectología española*, Madrid.
GALMÉS DE FUENTES, Álvaro (1983), *Dialectología mozárabe*, Madrid. (Krit. Rez. von Gerold HILTY, *RJb* 34 [1985], 309—313).
KUHN, Alwin (1935), „Der hocharagonesische Dialekt", *RLiR* 11:1—312.
LÖFFLER, Heinrich (1974), *Probleme der Dialektologie*, Darmstadt.
MENÉNDEZ PIDAL, Ramón (⁶1968), *Orígenes del español*, Madrid. 1. Aufl. 1926.
MENÉNDEZ PIDAL, Ramón (²1962), *El dialecto leonés*, Oviedo. (¹1906).
MESSNER, Dieter — MÜLLER, Hans-Joachim (1983), *Ibero-Romanisch. Einführung in Sprache und Literatur*, Darmstadt, 1—124.
METZELTIN, Michael (1973), *Einführung in die hispanistische Sprachwissenschaft*, Tübingen.
NOVO MIER, Lorenzo (1980), *El habla de Asturias, comparada con las otras lenguas vernáculas hispánicas (Estudio histórico lingüístico)*, Oviedo.
SALA, Marius (1970), *Estudios sobre el judeoespañol de Bucarest*, México.

4. Die dialektale Gliederung des Spanischen

WAGNER, Max Leopold (1914), *Beiträge zur Kenntnis des Judenspanischen von Konstantinopel*, Wien.

ZAMORA VICENTE, Alonso (²1967), *Dialectología española*, Madrid.

4.1. Dialekt und Sprache

4.1.1. Für den Linguisten sind Dialekte nicht etwas gegenüber einer Hoch- oder Nationalsprache prinzipiell Minderwertiges, sondern die primären Erscheinungsformen jeder historischen Sprache. Insofern bestehen für den Linguisten alle Sprachen aus zunächst gleichberechtigten regionalen Varietäten, die wir Dialekte nennen. Erst wenn sich in höher entwickelten Gemeinschaften ein Dialekt oder ein auf einem historischen Dialekt beruhender Kunstdialekt durch politisches oder literarisches Prestige zu einer überregionalen Gemeinsprache erhebt, entsteht eine Sprache. Das Verhältnis Sprache — Dialekt ist also nicht in erster Linie ein linguistisches, sondern eines, das durch Kriterien wie überregionale Verbreitung und Kodifizierung der Lautung, Orthographie, Morphologie, Syntax und Wortschatz bestimmt ist. Die Frage, zu welcher Sprache ein bestimmter Dialekt zu rechnen ist, muß unter linguistischen Gesichtspunkten u. U. anders beantwortet werden, als es manchmal in dem stark ideologisch befrachteten Sprachbewußtsein der Sprecher getan wird. In historisch schwierig gelagerten Fällen wie dem Galicischen oder dem Niederländischen gegenüber dem Niederdeutschen kommen unterschiedliche Bewertungen vor. Gleichwohl ist das Sprecherbewußtsein für die Konstituierung von Sprachen und die Zugehörigkeit von Dialekten zu bestimmten Sprachen von großer Wichtigkeit (vgl. hierzu COSERIU 1980: 106—111, 120—122).

4.1.2. Vom Gesichtspunkt der historischen Linguistik aus ist auch eine Staatssprache wie das Spanische (*español*) eine auf dem kastilischen Dialekt (dialecto *castellano*) beruhende regionale Ausbauvarietät. Als solche ist das Kastilische ein Dialekt wie das Asturisch-Leonesische (*astur-leonés*) und das Aragonesische (*aragonés*). Der Fall des Galicischen (*gallego*, galic. *galego*) ist komplizierter (s. u.). Die Dialekte haben für die Sprachwissenschaft grundsätzlich denselben Rang wie National- oder überregionale Verkehrssprachen. Auch sie müssen in allen ihren Bereichen (Phonetik, Phonologie, Morphologie, Grammatik, Syntax, Wortbildung, Wortschatz) und Funktionen synchron und diachron beschrieben werden (vgl. hierzu LÖFFLER 1974: 73—133), wenn auch die sprachliche Variation in allen Bereichen größer zu sein pflegt als in der vereinheitlichten Hochsprache. Coseriu (1980:116) unterscheidet zwischen primären, sekundären und tertiären Dialekten:

Die vor der Konstituierung einer Gemeinsprache schon existierenden Dialekte einer historischen Sprache können «primäre Dialekte» genannt werden (z. B. im Falle des Spanischen: Asturleonesisch, Kastilisch, Navarroaragonesisch). Durch die Differenzierung der Gemeinsprache selbst können «sekundäre Dialekte» entstehen (z. B. Andalusisch, Kanarisch), und durch die Differenzierung der exemplarischen Norm der Gemeinsprache «tertiäre Dialekte» (z. B. die andalusische Form des «exemplarischen» Spanisch).

4.1.3. Alle spanischen Dialekte sind Erben des in Hispanien verbreiteten Sprechlateins. Die Differenzierung dieses Lateins in verschiedene Dialekte, ein in einer lebendigen Sprache natürlicher Vorgang, beruht nach heutiger Kenntnis auf Unterschieden im Zeitpunkt, in der Art und Intensität der Romanisierung der verschiedenen Gegenden der Halbinsel (s. IV.1.), auf Unterschieden in der Beeinflussung des lokalen Lateins durch die jeweiligen einheimischen Sprachen (s. IV.3.2.) und auch auf dem die schon vorhandenen sprachlichen Differenzierungen verstärkenden Feudalsystem der Westgotenzeit und der anschließenden Epoche der maurischen Besetzung Spaniens und der Reconquista von Nordspanien aus. Nach dem Ende des weströmischen Reiches 476 war der Verkehr zwischen den einzelnen Fürstentümern in den schwer zugänglichen Tälern des kantabrischen Gebirges und der Pyrenäen weitgehend unterbunden, wodurch die sprachliche Kammerung weiter voranschritt. Die historischen Dialekte des Spanischen sind diejenigen primären Dialekte, die schon vor der Konstituierung der Gemeinsprache existierten und bei ihrer Entstehung funktionell und räumlich zurückgedrängt wurden. Geographisch sind sie alle am äußersten nördlichen Rand der Iberischen Halbinsel nebeneinander von West nach Ost angeordnet.

Demgegenüber stellte das Mozarabische eine Dialektgruppe im mittleren und südlichen Teil der Halbinsel dar, die durch das Kastilische im Zuge der Reconquista überlagert und damit ausgelöscht wurde. Als Fortsetzung des Lateins der römischen Provinzen Baetica, Tarraconensis und Lusitania, die früher und intensiver als der kantabrische Norden romanisiert wurden, bildet das Mozarabische eine Gruppe hispanischer Dialekte, die in mancher Hinsicht eine eigenständige Einheit gegenüber gewissen Charakteristika der Dialekte des Nordens zeigen, also sowohl gegenüber dem Katalanischen wie auch — in geringerem Maße — gegenüber dem Galicisch-Portugiesischen, besonders aber gegenüber dem Kastilischen. Mehr Gemeinsamkeiten bestehen mit dem Leonesischen und Aragonesischen. — Bei der folgenden Charakterisierung der einzelnen Dialekte wollen wir uns auf die traditionelle lautliche, besser lauthistorische Kennzeichnung beschränken und andere mögliche Kriterien, wie z. B. eine lexikalische Differenzierung, weitgehend außer acht lassen.

4. Die dialektale Gliederung des Spanischen

4.2. Die historischen nordspanischen Dialekte

4.2.1. Kastilisch (mit Andalusisch und Judenspanisch) („primär")

4.2.1.1. Das Ursprungsgebiet des Kastilischen liegt in der Montaña zwischen Santander und Burgos. Im Laufe der Reconquista wurde dieser Dialekt zur spanischen Sprache. Er wurde über den größten Teil der Iberischen Halbinsel (s. IV.7.) und später weiter auf die Kanarischen Inseln, nach Amerika und auf die Philippinen getragen.

Als Nationalsprache des spanischen Staates wird er seit dem 16. Jh. auch Spanisch genannt. Charakteristika des Kastilischen sind:

a) Betontes *é* und *ó* des Vulgärlateinischen zeigt Diphthongierung sowohl in offener als auch in geschlossener Silbe.[18] Beispiele: *venit > viene, quaerit > quiere, petra > piedra, perdit > pierde, septe > siete; rota > rueda, post > pues, *morit > muere, porta > puerta, forte > fuerte*. Die Diphthongierung tritt jedoch im allgemeinen nicht vor einem lat. palatalen Laut auf (*folia > hoja, nocte > *[noįte] > noche, speculu > *[espeklu] > *[espeʎo] > espejo, teneat > *teña > tenga*). Diese Beschränkungen trennen das Kast. vom Astur.-Leon. und Arag., die in jedem Fall diphthongieren; das Gal.-Port. wie das Kat. diphthongieren dagegen in all den genannten Fällen gar nicht.

b) Die romanischen Auslautvokale sind — mit Einschränkungen für *-e* — in der Regel erhalten (*casa > casa, forte > fuerte*, aber *ciuitate > ciudad, dixi > dije, dico > digo, maritu > marido*).

c) Betontes *á + -i-* wird zum Monophthong *e* weiterentwickelt (*primariu > *[primairo] > *[primeiro] > primero, operariu > obrero, basiat > besa, sapiat > *[saipa] > sepa*. In diesen Fällen haben die auf dem Latein der Baetica (vgl. IV.1.) beruhenden Dialekte Gal.-Port. und Astur.-Leones. die älteren Lautungen bewahrt (vgl. gal.-port. *primeiro, obreiro, saiba, beija*, leones. *primeiro, beisa*), jedoch stimmt das Kast. mit dem Katal. bzw. der dem Katal. zugrundeliegenden tarraconensischen Latinität überein (vgl. kat. *primer, obrer, besa*; siehe dazu auch IV.1.).

d) Lat. *au* wird unter dem Einfluß der tarraconensischen Latinität (vgl. IV.1.) wie auch im Kat. und Arag. zu *o* monophthongiert (*auru > oro*, kat. *or, causa > kat. kast. cosa, paucu > poco*, kat. *poc*). Die auf dem Latein der

---

[18] Zum Begriff und zur Beschreibung der Silbe s. III.1.2.2.1.

I. Realia zur spanischen Sprache

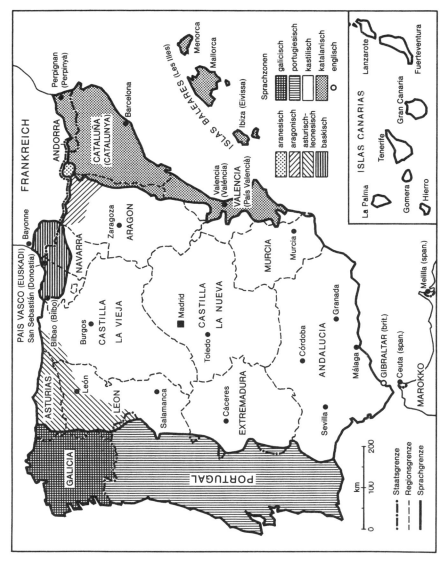

Die sprachliche Gliederung der Iberischen Halbinsel
(adaptiert nach H. BERSCHIN u. a., *Die spanische Sprache*, München 1987, S. 41)

4. Die dialektale Gliederung des Spanischen

Baetica beruhenden Dialekte haben dagegen den Diphthong in irgendeiner Form bewahrt (gal.-port., westasturisch *ouro, cousa, coisa, pouco*).

e) Anlautendes *f-* vor Vokal wird während des Mittelalters durch *h-* ersetzt (*facere > hazer > hacer, factu > hecho, farina > harina, fabulare > hablar, filiu > hijo, filu > hilo, formica > hormiga, faba > haba*; aber *frigidu > frío*; ebenso *fuente, fuera, fiero*, wohl weil [we], seltener [je] als konsonantisch anlautend empfunden wurden; aber *hierro < ferru*). Gegen Ende des 16. Jh. wird dieses *h-* stumm, bleibt aber in der Orthographie (siehe hierzu auch IV.3.4.).

f) Die anlautenden lat. Nexus *pl-, kl-, fl-* werden zu [ʎ] palatalisiert (*plorare > llorar, *plicare > llegar, pluvia > lluvia, clamare > llamar, clave > llave, flamma > llama*). Hier hat das Aragonesische wie das Katalanische die lat. Nexus bewahrt, während das Leonesische wie das Galicische sie zu [č] entwickelt und das Portugiesische [č] > [š] weitergeführt hat.

g) Der Nexus *-kt-* wird über *[çt] und *[jt] zu [č] palatalisiert (*nocte > noche, factu > hecho, lacte > leche, directu > derecho*), ähnlich *-(u)lt- >* [(u)it] > [č] (*multu > mucho, auscultare > escuchar, cultellu > cuchillo*; siehe hierzu auch IV.3.3.2.). Auch hier zeigt das Kastilische gegenüber allen anderen Dialekten, die auch bei der Grundlage *-kt-* eher bei dem Entwicklungsstand [jt] verharren, eine eigene, progressive Lösung.

h) Der lat. Nexus *-mb-* wird teilweise zu *-m-* vereinfacht (*palumba > paloma*, vgl. kat. *coloma*, aber navarres. *palomba*, astur. *pallombu*, gal.-port. *pomba*; *lumbu > lomo*, aber gal.-port., astur. *lombo*; *plumbu > plomo*, aber gal.-port., astur. *chumbo*). Auch hier hat das Kast. Einflüsse des Lateins der Tarraconensis erhalten.

i) Die vlat. Nexus *-kʲ-, -gl-*, bei denen *-k-* und *-g-* sehr palatal ausgesprochen wurden, entwickelten sich wie der Nexus *-lj-* über *[ʎ] und *[j] zu [ž][19], während alle übrigen Dialekte und iberoromanischen Sprachen bei dem Stand [ʎ] blieben. In der späteren Entwicklung des Kast. wurde [ž] letztlich zu [x], die Orthographie blieb bei ‹j› bzw. ‹g› (*filiu > hijo, muliére > asp. muger > mujer, vetulu > veclu > viejo, ovic(u)la > oveja, apic(u)la > abeja, teg(u)la > teja, acuc(u)la > aguja, oc(u)lu > ojo*).

j) Ein gemeinsamer Zug der drei spanischen Dialekte Kast., Astur.-Leon. und Arag. gegenüber dem Kat. und dem Gal.-Port. ist die im Kast. im 16. Jh. erfolgte Entsonorisierung ursprünglich stimmhafter Reibelaute und

---

[19] Hierbei ist an frühen „yeísmo" (siehe 4.2.1.2.b zum Andalusischen) zu denken, der [ʎ] zu [j] verschiebt und dieses durch „rehilamiento" (siehe ebenfalls zum Andalusischen) zu [ž] weiterentwickelt.

I. Realia zur spanischen Sprache

Affrikaten, so — vereinfacht dargestellt — kast. *casa* ['kaza] > ['kasa], *vecino* [be'dzino] > [be'tsino] > [be'θino], *mujer* [mu'žer] > [mu'šer] > [mu'xer], *hijo* ['hižo] > ['išo] > ['ixo] (vgl. IV.8.1.).

4.2.1.2. Das Andalusische („sekundär")

Das Andalusische (*el andaluz*) ist als ein Unterdialekt des Kastilischen anzusehen, weil es den oben angeführten Kriterien entspricht. Das im Zuge der Reconquista nach Süden getragene Kastilisch ist jedoch gewissen nivellierenden Tendenzen, wohl auch durch die Berührung mit dem Mozarabischen, ausgesetzt gewesen und zeigt insofern lautliche Vereinfachungen, deren Verbreitung jedoch nicht mit der politisch abgegrenzten Region Andalusien übereinstimmt. Das Andalusische ist somit gegenüber der spanischen Gemeinsprache als ein sekundärer Dialekt anzusehen.

a) Die altkast. Phoneme /s/ und /ts/ fallen zu einem Phonem zusammen, und zwar entweder zu /s/ oder zu /θ/. Im ersten Fall handelt es sich um den sog. „Seseo", der in einem nördlichen Streifen des andalusischen Sprachgebiets zu finden ist, vgl. *quince* /'kinse/, *corazón* /kora'son/, *cielo* /'sielo/, im zweiten Fall um den „Ceceo" (vor allem in der Unterschicht in einem südlichen Gebiet zwischen Huelva und Almería), vgl. *quince* /'kinθe/, *pasar* /pa'θar/.[20]

b) Die kast. Phoneme /ʎ/ und /j/ sind zu /j/ zusammengefallen (yeísmo): *caballo* [ka'βaʎo] > [ka'βajo], *yo me llamo Inés* [jomejamoi'nes]. Dabei neigt das im Kast. palatale /j/ zu einer eher präpalatalen, sich [ž] nähernden Realisierung. Dieses Phänomen wird in der span. Phonetik „rehilamiento" genannt (vgl. auch IV.9.3.1.).

c) Anlautendes *h-* < *f-* ist nicht verstummt, sondern wird im größten Teil Andalusiens (außer im nordöstl. Teil) als [h] ausgesprochen. Damit einher geht die Realisierung von /x/ als [h], so daß wir neben [ha'rina], ['humo] auch *caja* als ['kaha], *bajar* als [ba'har] finden.

d) Silbenauslautendes *s* wird ebenfalls als [h] realisiert oder schwindet ganz, wobei es im allgemeinen zu einer Öffnung des vorausgehenden Vokals kommt (*libros* ['liβroh], ['liβrǫ]; *tú comes* [tu'komeh], [tu'komę]; *los ríos* [loh'r̄ioh], [lǫ'r̄iǫ]; *este* ['ehte], ['ęte]; *estas casas* [ehtah'kasah], [ętä'kasä].[21]

---

[20] Zur Verbreitung des seseo in Amerika siehe Kap. IV.9.3.1.
[21] Hierbei bezeichnet [ä] ein sehr offenes palatales *a*; vgl. hierzu auch GECKELER, Horst (1976), „Sigmaphobie in der Romania? Versuch einer funktionellen Bestimmung", ZRPh 92: 265—291, bes. 266—270.

4. Die dialektale Gliederung des Spanischen

e) Die Phoneme /l/ und /r/ werden im Silbenauslaut neutralisiert und durch einen Laut ersetzt, der die artikulatorischen Gemeinsamkeiten beider Phoneme ohne deren spezifische Merkmale enthält. Für unsere Ohren klingt er deshalb häufig nach [l], wo die kastilische Lautung [r] ist (*cuerpo* ['kwelpo], *suerte* ['swelte], und umgekehrt (*algunos* [ar'ɣunoh], *falta* ['farta]).

Übergangsmundarten der Extremadura (*extremeño*) und Murcias (*murciano*) lassen wir hier unberücksichtigt, ebenso das Kanarische (*canario*).

4.2.1.3. Das Judenspanische

Zum Judenspanischen oder Sephardischen (*judeoespañol, sefardí*) vgl. I.2.8.1. Sprachlich ist das Judenspanische vor allem durch seinen archaischen Lautstand charakterisiert, der im wesentlichen das Kastilische aus der Zeit vor der Vertreibung bewahrt hat, allerdings mit gewissen Modifizierungen.

a) Bewahrt hat das Judenspanische die später im Kast. aufgegebene Unterscheidung zwischen /s/ und /z/ ([pa'sar], [pa'sjon] — ['meza], ['kaza], [er'mozo]), nicht jedoch die zwischen /ts/ und /dz/, die beide zu /s/ bzw. /z/ vereinfacht wurden ([se'niza], ['siŋko], ['braso], [de'zir], [(f)a'zer], [vi'zino], vgl. KOHRING 1980:284).

b) Die altspan. Unterscheidung zwischen stimmhaften und stimmlosen Reibelauten bzw. Affrikaten hat das Judenspanische auch im Falle von /š/ und /dž/, später /ž/, bewahrt, so z. B. in
jsp. ['bašo] — asp. *baxo* ['bašo] — nsp. *bajo* ['baxo]
jsp. [ša'βon] asp. *xabón* [ša'bon] — nsp. *jabón* [xa'βon]
jsp. ['džoβen] — asp. *joven* ['džoβen] — nsp. *joven* ['xoβen]
jsp. [mu'žer] — asp. *muger* [mu'žer] — nsp. *mujer* [mu'xer].

c) Anlautendes *f-* ist teils erhalten ([fa'βlar] für *hablar*), teils geschwunden ([a'βlar], ['ižo] für *hijo*, [er'mozo] für *hermoso*); eine Neuerung oder ein Vulgarismus ist [hwe] für *fue*, ['hwente] für *fuente* (vgl. die gleichen Lautungen im vulgären Spanisch der Halbinsel, nicht nur in Andalusien).

d) Ein nichtkastilischer Zug des Judenspanischen ist der Erhalt von *-mb-*, der eventuell als leonesische Beeinflussung zu interpretieren ist (*lombo, palomba, lamber*).

e) Eine populäre Neuerung oder ein Hinweis auf eine südliche, mozarabisch beeinflußte Sprachform ist der durchgehende „yeísmo" des Judenspanischen (['jaβe] *llave*, [ja'mar] *llamar*, [je'ɣar] *llegar*, [ka'βajo] *caballo*, bis hin zum Schwund des [j], z. B. [ku'čio] *cuchillo*).

37

I. Realia zur spanischen Sprache

4.2.2 Navarro-Aragonesisch („primär")

Das Aragonesische (*el aragonés*) ist als lebendiger Dialekt heute fast auf sein Ursprungsgebiet beschränkt. Es wird nur noch — und auch dort z. T. stark kastilisiert — in einem Rückzugsgebiet in einigen Pyrenäentälern im Norden und Nordosten der Provinz Huesca gesprochen. Das Aragonesische ist über die heutigen Restformen hinaus vor allem von großem sprachhistorischen Interesse. Am Beginn der Reconquista verbreitete sich das Aragonesische von seinem kleinen Ursprungsgebiet westwärts nach Navarra, weswegen historisch vom Navarro-Aragonesischen gesprochen wird, mit gewissen Besonderheiten des Navarresischen. Über Navarra hinaus dehnte sich das Aragonesische bis in die Rioja aus, die äußerste südliche Ausdehnung erstreckte sich bis Teruel und Segorbe, fast auf der Höhe von Valencia. Wegen früher Kastilisierung — die Rioja im 12.–13. Jh., Navarra im 15. Jh., Zaragoza im 16. Jh. — konnte sich eine bedeutende aragonesische Literatur nicht entwickeln, obwohl das Aragonesische in der Frühzeit, vor dem Erstarken des Kastilischen, bei der Entstehung erster volkssprachlicher Texte, aber auch später in zahlreichen Urkunden und Gesetzesbüchern (sog. Fueros), eine wichtige Rolle spielte.

Sprachliche Charakteristika des Aragonesischen sind

a) die Diphthongierung von vlat. *ę, ǫ* in jeder Stellung, also auch vor Palatal (*teneat* > **-teña* > *tienga* 'tenga'; *folia* > *fuella* 'hoja'; *nocte* > *nueyt* 'noche'; *hodie* > *huey* 'hoy'; *octo* > *ueito* 'ocho'), sowie z. B. bei *es* > *ias/yas* 'du bist'.

b) Die romanischen Auslautvokale, vor allem *-e*, teilweise auch *-o*, zeigen vielfach Schwund (*part, cort, siguient, grant, conseill, chen* — kast. *gente, nuet* — kast. *noche*). Dieser im Katalanischen noch viel ausgeprägtere Zug ist erwartungsgemäß im östl. Aragonesischen stärker vertreten als im übrigen Gebiet. Gerade dieses Merkmal des Arag. ist in den frühen span. Texten häufig.

c) Betontes *á* + *-i-* bleibt teils als Diphthong erhalten, teils wird es weiterentwickelt wie im Kastilischen (*factu* > *fayt, feito*; *primariu* > *primero*), zeigt also uneinheitliche Lösungen.

d) Die Wortbetonung ist oft auf der zweitletzten Silbe (span. *grave*), wo sie im Kast. auf der drittletzten liegt (*palabra esdrújula*), so z. B. *médico, estómago, cántaro, estabámos, teniámos*.

e) Gelegentlich sind, vor allem in den pyrenäischen Zonen, intervokalisches *-p-, -t-, -k-* erhalten, ein an sich ostromanischer Zug der hier im Aragonesischen viele Fragen aufgeworfen hat (Beispiel *apic(u)la* > *apella*). GARCÍA DE

4. Die dialektale Gliederung des Spanischen

DIEGO (³1978:256) erklärt die Erscheinung nicht als eine phonetische, sondern eine funktionelle, z. B. Pluralbildungen wie *paretes* (statt *paredes*), die von der Singularform *paret* mit -t ausgehen.

f) Anlautendes *f-* bleibt erhalten (*faba, filo, fillo* 'hijo', *fablar, fuir* 'huir', *fongo* 'hongo').

g) Die Nexus *pl-, kl-, fl-* bleiben erhalten (*plorar, plegar* 'llegar', *plever* 'llover', *clamar, clau* 'llave', *flama*).

h) Die Nexus *-kt-* und *-(u)lt-* werden nur bis zur Stufe *-jt-* palatalisiert (*factu* > *feito; lacte* > *lei(t); directu* > *dreito; suspecta* > *sospeita* 'sospecha'; *strictu* > *estreito* 'estrecho'; *multu* > *muito; auscultare* > *ascuitar; cultellu* > *cuitiello*.

i) Der Nexus *-mb-* wird im Arag. wie im Kast. zu *-m-* reduziert (*paloma, lomo*), nicht jedoch in Navarra und in der Rioja (*palomba*).

j) Die vlat. Nexus *-kl-, -gl-* wurden durch palatale Aussprache von *-k-* und *-g-* zu palatalem [ʎ] entwickelt (*veclu* > *viello* 'viejo', *oculu* > *güello* 'ojo', *acuc(u)la* > *agulla* 'aguja'.

4.2.3. Asturisch-Leonesisch („primär")

Das Asturisch-Leonesische (*el astur(o)-leonés*) hat sein Zentrum in Asturien, dem Ausgangspunkt der Reconquista (siehe IV.7.). Schon im 9. Jh. wurde es über León hinaus bis an den Duero verbreitet und reichte im 13. Jh. bis Badajoz. Durch die Vormacht Kastiliens wurde jedoch seine weitere Ausbreitung verhindert, und eine leonesische Literatursprache konnte sich nicht herausbilden. Als Mundartengruppe ist aber das Asturisch-Leonesische bis heute, besonders im Norden (Prov. Asturias, Santander, León) lebendig. Die einzelnen lokalen Mundarten werden *bables* genannt. In Asturien gibt es Versuche zur Ausbildung einer vereinheitlichten „llingua asturiana". Leonesisch wird auch noch in einer nordöstl. Randzone Portugals bei Miranda do Douro, Rionor und Guadramil gesprochen.

Das Asturisch-Leonesische ist insgesamt durch folgende ausgewählte Charakteristika gegenüber den anderen Dialekten und Sprachen gekennzeichnet:

a) Diphthongierung von vlat. *ę, ǫ* in jeder Stellung, also auch vor Palatal (*teneo* > **teño* > *tiengo, folia* > *fueya, nocte* > *nueche, porta* > *puarta/ puorta/puörta, et* > *ya, erat* > *yara* '(él) era'.

b) Die unbetonten Auslautvokale bleiben erhalten, jedoch werden *-e* und *-o* häufig zu *-i, -u* geschlossen (*tsubu* 'lobo', *pilu* 'pelo'), ebenso *-as, -ais, -an* > *-es, -eis, -en* (*les cases, cantabeis* 'cantabais', *canten* 'cantan').

c) Auslautendes *-i, -u* führt dann häufig zu Umlautungen[22] (*pelu* > *pilu, palu* > *pelu* 'palo', *tsobu* > *tsubu* 'lobo', aber *tsobos*; *tseite* > *tsitsi* 'leche'; *apertu* > *abirtu*, aber *aperta* > *abierta*.

d) Betontes *á* + *-i-* bleiben als Diphthong zumindest im westl. Astur. als *éi* erhalten (*vaqueiru*, aber *vaquiera* 'vaquera', *cordeiro*, aber *cordiera*, *primeiro, mandei* 'mandé'). Das Gal.-Port. zeigt die gleiche Entwicklung durchgängig (*cordeiro* und *cordeira*).

e) Anlautendes *f-* bleibt zumindest im westl. Astur.-Leon. erhalten (*farina, fiyo* 'hijo', *fame* 'hambre', *fueya* 'hoja').

f) Anlautendes *l-* und *n-* werden palatalisiert (*llado* 'lado', *lluz* 'luz', *llobo* 'lobo', *llingua/yingua* 'lengua'; *ñueso* 'nuestro'). Im westl. Astur. wird [ʎ] weiter zu [ts] affriziert (*tseite* 'leche', *tsubu* 'lobo', *batse* 'valle', *aketsa* 'aquella').

g) Anlautendes *pl-, kl-, fl-* werden im westl. Astur. und Leon. wie im Gal. zu [č] (*chover* 'llover', *chamar* 'llamar', *chama* 'llama', *churar* 'lorar', *flagrare* > *cheirar* 'riechen'), im östl. Asturischen wie im Kastilischen zu [ʎ], im Zentralasturischen auch zu [j].

h) Die Nexus *-kt-* und *-(u)lt-* werden im westl. Astur.-Leon. wie im Gal.-Port., Arag. und Kat. zu *-it-* (*nueite* 'noche', *lacte* > *tseite, tructa* > *truita* 'trucha', *muitu* 'mucho', *escuitar*).

i) Der Nexus *-mb-* bleibt erhalten (*palomba, chumbo* 'plomo').

j) Die lat. Nexus *-kl-, -gl-, -lj-* bleiben im Westen als [ʎ] erhalten (*muller* 'mujer', *fillo* 'hijo') und werden sonst zu [j] entwickelt (*muyer, fiyo, aguya* 'aguja', *güeyo* 'ojo', *vieyo*).

4.2.4. Galicisch (als Dialekt und Minderheitensprache)

Das Galicische (*gallego*, siehe auch I.3.2.) ist, historisch gesehen, als nordwestlicher Dialekt der Iberischen Halbinsel im Zuge der Reconquista nach Süden getragen worden und hat sich dort durch die Unabhängigkeit Portugals im Jahre 1147 und sprachlich unter dem Einfluß des Mozarabischen zum Portugiesischen entwickelt und so von seinem nördl. Ursprungsgebiet getrennt. Das Galicische, das im Einflußbereich des Spanischen verblieb, wurde in der späteren Zeit teilweise kastilisiert. So stellt sich heute die Frage, ob das Galicische zu den span. Dialekten zu zählen ist oder als eine Minderheitensprache

---

[22] Unter **Umlaut** (*metafonía, metafonesis*) versteht man die Fernassimilation eines geschlossenen Auslautvokals (*-i, -u*) auf den Tonvokal, der dann um eine Stufe geschlossen wird.

4. Die dialektale Gliederung des Spanischen

mit starker Anlehnung an das Portugiesische zu betrachten ist. Linguistisch ist das Gal. kein span. Dialekt, allerdings ebensowenig ein portugiesischer; vielmehr ist das Port. eine historische Form des Galicischen.[23] Als Abgrenzung zu den span. Dialekten seien hier einige Charakteristika des Galicischen genannt:

a) Keine Diphthongierung von *é, ó* (*porta, roda, sete* 'siete').
b) Intervokalisches *-l-* und *-n-* schwinden (*salire > sair, palu > pau* 'palo', *colore > cor, luna > lua, corona > coroa*).
c) Entstehung von Nasalvokalen und -diphthongen im Altgal. und Port. (*lana > lã, germana > irmã* 'hermana', *cane > cão*), die jedoch im Neugal. wieder entnasaliert werden (*lá, irmá, can*).[24]
d) Die Nexus *pl-, kl-, fl- >* [č] (siehe I.4.2.3.g).
e) Die Nexus *-kt-, -(u)lt- > -it-* (*nocte > noite, factu > feito, lacte > leite*, siehe auch I.4.2.3.h).
f) Der Nexus *-mb-* bleibt erhalten (*pomba* 'paloma', *lombo* 'lomo').
g) Die Nexus *-kl-, -gl-, -lj-* entwickeln sich zu [ʎ] (*muller, fillo, ollo, vello, agulla*, siehe auch I.4.2.3.j).
h) Wie im Katalanischen, aber im Gegensatz zu den span. Dialekten ist die Unterscheidung zwischen den stimmhaften und stimmlosen intervokalischen Reibelauten /s/ — /z/ und /š/ — /ž/ im Port. bewahrt worden (*casa — passar, baixo* 'bajo' — *anjo* 'ángel'). Im Neugal. wurde sie schon seit dem 13. Jh. aufgegeben (*casa, pasar* mit [s], *baixo, anxo* 'angel' mit [ʃ]).

4.3. Die spanischen Dialekte gegenüber Katalanisch und Galicisch-Portugiesisch

Die Diphthongierung und die Entsonorisierung von /z/, /dz/ und /ž/ trennen die span. Dialekte vom Kat. und Gal.-Port. Innerhalb der span. Dialekte weist aber das Kastilische die meisten Neuerungen auf (*ái > é; f- > h-; pl-, kl-, fl-* > [ʎ]; *-kt-, -(u)lt-* > [č]; *-mb-* > *-m-, -kl-, -gl-, -lj-* > [ž] > [š] >[x]) und stellt sich somit als der markanteste und progressivste span. Dialekt dar. Als Endglied der von der röm. Provinz Tarraconensis ausgehenden recht späten

---

[23] Eine abgewogene Darstellung der Probleme des Gal. gibt Coseriu, Eugenio (1987), „El gallego y sus problemas", *LEA* 9: 127—138.
[24] Allerdings in intervokalischer Position in der Tonsilbe auch im Portugiesischen (siehe hierzu Leif Sletsjøe (1959), *Le développement de l et n en ancien portugais*, Paris).

Romanisierung hat er weniger traditionelle Merkmale als die anderen Dialekte und Sprachen der Halbinsel mitbekommen. Gerade der eigenständige Charakter dürfte aber für eine Vorrangstellung günstig gewesen sein.

4.4. In Spanien verdrängte Dialektformen: Mozarabisch

Wie schon unter 4.1.3. erwähnt, stellt das Mozarabische (*mozárabe*) eine historische iberoromanische Dialektgruppe in dem Bereich der Halbinsel dar, der sich jahrhundertelang unter maurischer Herrschaft befand. Die romanische Sprache wurde von den Mauren *al-adžamiyya* 'Fremdsprache' genannt, woraus sich der span. Begriff *aljamía* für das Mozarabische bzw. das mozarabische Schrifttum herleitet. Die unter den Mauren lebenden romanisch sprechenden Christen wurden arabisch *mustá'rab* 'die sich wie Araber benehmen' genannt, davon *mozárabe*. Die Erforschung des Mozarabischen steht wegen der arabischen Schrift, in der die Texte abgefaßt sind und die besonders für die Darstellung der Vokale und Diphthonge ungeeignet ist, vor großen Problemen. Das Mozarabische war keine einheitliche Sprache, sondern regional verschieden. Außerdem gab es wohl unterschiedliche Schreibtraditionen. Wegen der Verfolgung der Mozaraber ab 1099 ist die Textüberlieferung bruchstückhaft. Die neuesten Erkenntnisse zur sprachlichen Charakterisierung des Mozarabischen zeigt Galmés de Fuentes (1983), hier in bezug auf die Quellen aus Toledo:

a) Die Diphthongierung von *é*, *ǫ́* ist uneinheitlich notiert (*fuʷero, duʷeña, biyecho* 'viejo' neben *fonte/fuʷente/fuʷante/fuʷonte, nora/nuʷera*) *ferro/fyerro, soqro* 'suegro'). Damit ist die Diphthongierung zumindest für Toledo (aber auch für Sevilla) als gesichert anzunehmen und die traditionelle Meinung, das Mozarabische habe wie das Kat. und das Gal.-Port. keine Diphthongierung gekannt und sei daher ein Brückenglied zwischen diesen beiden Sprachen, hinfällig.

b) Die Auslautvokale sind wohl generell erhalten, jedoch durch arab. Einfluß häufig nicht notiert worden. So findet man z. B. *qaballel, šemtayr* 'sendero', *febrayr, beštit* 'vestido' neben *qarboneyro, çapatayro, ižkerdo* 'izquierdo'.

c) *á* + -*i*- erscheint ebenfalls uneinheitlich (*qarbonero/qarboneyro*); *au* bleibt jedoch durchgängig erhalten.

d) *f*- bleibt (*fornayro, fidalgo, ferro/fyerro, filyas* 'hijas').

e) *pl*-, *kl*-, *fl*- sind wie im Arag. und Kat. erhalten.

4. Die dialektale Gliederung des Spanischen

f) Intervokalisches -*p*-, -*t*-, -*k*- ist sicherlich sonorisiert. Häufige Schreibungen mit den stimmlosen Plosiven, die zu Spekulationen Anlaß gaben, gehen nach Galmés de Fuentes wohl auf arabischen Einfluß zurück und entsprechen keiner lautlichen Realität.

g) Der Nexus -*mb*- ist erhalten (*qolomba*).

h) Die Nexus -*kt*-, -(*u*)*lt*- werden teils zu -*i̯t*- (*eleyto* < *electu*), teils aber auch zu [č], und zwar auch in Córdoba, wo sicher kein kast. Einfluß geherrscht hat (*lechuga, lecheyro* 'lechero').

i) Die Nexus -*kl*-, -*lj*- werden zu einem [dʲ] bzw. [ᵈj] ähnlichen Laut (GALMÉS DE FUENTES 1983: 300f.) und zeigen damit entgegen der bisherigen wissenschaftlichen Meinung eine Entwicklung, die das Mozarabische in diesem Punkt näher zum Kastilischen als zu den übrigen span. Dialekten und zum Kat. bzw. Gal.-Port. stellt (*filiu* > *fidʲu/fiᵈju*, vgl. altkast. *fijo* ['hidʒo/ 'fidʒo]).

Wenn auch immer noch kein abschließendes Urteil über das Mozarabische möglich ist, so ist nach den bisherigen Erkenntnissen doch zu sagen, daß es nicht als Gegenpol zu den span. Dialekten und nur in Verbindung mit dem Katalanischen bzw. Portugiesischen zu sehen ist. Es ist eine Dialektgruppe eigener Art, die als Fortsetzung des Lateins der Baetica, also Südspaniens, ein wichtiges historisches Bindeglied für die Erklärung der sprachlichen Gliederung der Halbinsel darstellt.

4.5. Spanische Sprachgeographie

Literaturhinweise

ADDU = THUN, Harald/ELIZAINCÍN, Adolfo (2000–), *Atlas lingüístico diatópico y diastrático del Uruguay,* Kiel.
ALCL = ALVAR, Manuel (1999), *Atlas lingüístico de Castilla y León,* 3 Bde., Valladolid.
ALEA = Manuel ALVAR, Antonio LLORENTE MALDONADO DE GUEVARA, Gregorio SALVADOR (1961–1973), *Atlas lingüístico y etnográfico de Andalucia,* 6 Bde., Granada.
ALEANR = M. ALVAR et al. (1979–1980), *Atlas lingüístico y etnográfico de Aragón, Navarra y Rioja,* 12 Bde., Zaragoza-Madrid.
ALEC = Luis FLÓREZ (1981–1983), *Atlas lingüístico-etnográfico de Colombia,* 6 Bde., Bogotá
ALMEX = Lope Blanch, Juan M. (1990–), *Atlas lingüístico de México,* México.
ALPI = *Atlas lingüístico de la Península Ibérica, I, Fonética.* Madrid 1962.
COSERIU, Eugenio (1975), *Die Sprachgeographie,* Tübingen.
RADTKE, Edgar/THUN, Harald (1996), *Neue Wege der romanischen Geolinguistik,* Kiel.
ROHLFS, Gerhard (1971), *Romanische Sprachgeographie,* München

I. Realia zur spanischen Sprache

Die Sprachgeographie (*geografía lingüística*) ist als Zweig der Sprachwissenschaft vor etwa 100 Jahren im Rahmen der Entwicklung der Mundartforschung entstanden.[25] Das Ziel ist einerseits eine mundartliche Datensammlung, bei der ein bestimmtes Gebiet durch ein Netz von Punkten abgedeckt, an jedem Punkt mindestens ein Sprecher (Sujet) nach einem Fragenkatalog (*questionnaire, cuestionario*) nach seinen für den betreffenden Ort gültigen Entsprechungen befragt und die Ergebnisse für jeden Punkt in Karten eingetragen werden. Für jede Frage des Katalogs wird in der Regel eine Karte angelegt. Alle Orte mit gleicher Lösung (z. B. lat. *ŏ* ist diphthongiert, das Ergebnis ist also z. B. *puerta/puarta/puorta*, nicht *porta*) können durch eine Isoglosse (Linie gleicher sprachlicher Erscheinung) umfaßt werden. Das weitere Ziel der kartographischen Erfassung dialektologischer Daten ist ihre sprachhistorische Interpretation, denn aus der Verteilung bestimmter lautlicher, morphologischer oder lexikalischer Erscheinungen können Rückschlüsse auf die Sprachgeschichte gezogen werden. So läßt sich z. B. erkennen, daß Flußtäler und Ebenen im allgemeinen die Ausbreitung von Neuerungen, die von sprachlichen Zentren ausgehen, begünstigen oder daß Phänomene, die sich nur in Randgebieten und/oder unzugänglichen Berglandschaften finden, meistens die älteren, eben zurückgedrängten Lautungen oder Formen gegenüber den weiter verbreiteten, neueren sind. Zu den technischen und theoretischen Problemen der Datenerhebung siehe auch ALVAR ([2]1973).

Nach einem Ausgangspunkt in Deutschland hat sich die Sprachgeographie vor allem zu Beginn des 20. Jh. in Frankreich entwickelt. J. Gilliéron hat nicht nur den ALF (Atlas Linguistique de la France) erstellt, sondern auch viel zur Theorie und Methode der Sprachgeographie geleistet. Dies hatte seine Fortsetzung in der Erarbeitung des Italienischen Sprachatlasses durch deutsche und Schweizer Romanisten in den zwanziger und dreißiger Jahren. Hierbei trat auch verstärkt ein Interesse an der Dokumentation der noch erhaltenen bäuerlichen Sachkultur in Erscheinung, das als die „Wörter und Sachen" genannte Richtung bekannt wurde (vgl. die Beziehungen zur onomasiologischen Forschung unter III.5.). Viele Sprachatlanten, auch spanische, tragen daher im Titel auch die Qualifizierung „etnográfico". Nach einer ersten Phase der Nationalatlanten ist man heute eher an kleinräumigen, engmaschigeren Regionalatlanten interessiert.

---

[25] Zur Geschichte der romanischen Sprachgeographie siehe neben ROHLFS (1971) besonders Iorgu IORDAN (1962), 171—322. Span. Übers. 1967, 251—503, mit Angaben zur span. Sprachgeographie, S. 475—483.

4. Die dialektale Gliederung des Spanischen

Der die gesamte Iberische Halbinsel außer dem Baskenland umfassende ALPI ist ein Torso, der nicht vervollständigt wird. Statt dessen sind regionale Atlanten zu Andalusien (ALEA) sowie Aragón, Navarra und der Rioja (ALEANR) und Kastilien und León (ALCL) erschienen. Im hispanoamerikanischen Bereich entstehen verschiedene neuere Sprachatlanten. Zum einen werden gegenüber den früher vorherrschenden sprachhistorischen Interessen (Nachweis der Bewahrung alter Sprachzustände gegenüber Innovationen in anderen Gebieten) bei den heutigen Projekten vor allem soziolinguistische Kriterien einbezogen. Dies zeigt sich in der Erhebung von Sprachdaten bei mehreren Personen pro Untersuchungsort (Differenzierung nach Alter, Geschlecht und Bildungsgrad, Unterscheidung verschiedener Äußerungsstile, wie spontane versus suggerierte Antwort auf direkte Befragung, Gewinnung der Antwort durch Vorlegen eines Bildes, freies Gespräch über ein gegebenes Thema, Lektüre von Texten). Es werden also neben den traditionellen diatopischen auch diastratische und diaphasische Parameter mitberücksichtigt.

Während die Sprachatlanten Kolumbiens (ALEC) und Mexikos (ALMex) noch ganz auf das Spanische beschränkt waren und die einheimischen Sprachen ausklammerten, bezieht der ADDU schon den spanisch-portugiesischen Sprachkontakt in Uruguay ein. Der im Entstehen begriffene ALGR (= DIETRICH, Wolf/THUN, Harald, *Atlas Lingüístico Guaraní-Románico*) stellt dagegen den Sprachkontakt Guaraní-Spanisch in Paraguay und Nordost-Argentinien sowie Guaraní-Portugiesisch in Grenzzonen zu Brasilien dar. Erschienen ist THUN, Harald (2002), *Atlas Lingüístico Guaraní-Románico-Sociología* (ALGR-S), 2 Bände, Kiel, der, auf Paraguay beschränkt, die soziolinguistischen Daten u. a. zu den Sprachkenntnissen, Sprachverwendungen und Sprachbewertungen der Sprecher abbildet.

Siehe auch WINKELMANN, Otto (Hrsg.) (1993), *Stand und Perspektiven der romanischen Sprachgeographie*, Wilhelmsfeld.

Aufgaben

1. Untersuchen Sie anhand der Karte 427 (*hormiga*) des ALEANR den Verlauf der Dialektgrenze zwischen Kastilisch und Aragonesisch.
2. Stellen Sie im ALEC die Bezeichnung für 'Wasserlauf' fest und arbeiten Sie die Unterschiede in der Verbreitung und der Bedeutung der Worttypen im Vergleich zu Spanien heraus.

II. Grundbegriffe der allgemeinen Sprachwissenschaft

Literaturhinweise

COSERIU, Eugenio (1952), *Sistema, norma y habla*, Montevideo. Nachdruck in: E. COSERIU (1962), *Teoría del lenguaje y lingüística general. Cinco estudios*. Madrid: 11–113. Dt. Übers. „System, Norm und Rede", in: E. COSERIU (1975), *Sprachtheorie und allgemeine Sprachwissenschaft*, 5 Studien, München, 11–101.

COSERIU, Eugenio (1958), *Sincronía, diacronía e historia. El problema del cambio lingüístico*. Montevideo. Nachdruck Madrid 1973. Dt.: *Synchronie, Diachronie und Geschichte. Das Problem des Sprachwandels*. München 1974.

COSERIU, Eugenio (1981/1988), *Lecciones de lingüística general*, Madrid 1981. Dt.: *Einführung in die Allgemeine Sprachwissenschaft*, Tübingen ²1992 (UTB 1322).

MARCOS MARÍN, Francisco (1975), *Lingüística y lengua española*, Madrid.

MARTINET, André (⁴1996), *Eléments de linguistique générale*, Paris. Dt.: *Grundzüge der allgemeinen Sprachwissenschaft*, Stuttgart 1963.

PELZ, Heidrun (⁵2000), *Linguistik: eine Einführung*, Hamburg.

DE SAUSSURE, Ferdinand (1916), *Cours de linguistique générale*, Genève; édition critique préparée par Tullio de Mauro, Paris 1972. Span. *Curso de lingüística general*, Buenos Aires 1945, ⁴1965.

SZEMERÉNYI, Oswald (1971), *Richtungen der modernen Sprachwissenschaft, I, Von Saussure bis Bloomfield, 1916–1950*, Heidelberg.

1. Sprachwissenschaft und Sprachphilosophie

Seit der uns aus der Antike überlieferten Beschäftigung des Menschen mit Problemen der Sprache hat es Beobachtungen nicht nur zu bestimmten historischen Einzelsprachen (Griechisch, Lateinisch, Spanisch, Englisch, Russisch usw.) gegeben, sondern auch die menschliche Sprache im allgemeinen betreffende Fragestellungen und Erkenntnisse. Wenn diese ganz grundsätzlicher Natur sind, z. B. nach dem Wesen der Sprache, dem Ursprung der Sprache, dem Verhältnis von Sprache und Erkenntnis, von Sprache und Denken usw. fragen, so handelt es sich um eine philosophische Haltung zum Gegenstand Sprache, und wir sprechen von Sprachphilosophie.[1] Setzen die Fragestellun-

---

[1] Vgl. COSERIU, Eugenio (2003), *Geschichte der Sprachphilosophie von den Anfängen bis Rousseau*, neu bearbeitet und erweitert von Jörn Albrecht, Tübingen und Basel.

1. Sprachwissenschaft und Sprachphilosophie

gen jedoch die Existenz der Sprache beim Menschen schon voraus und beziehen sie sich nicht mehr auf das Was, sondern das Wie der Sprache (wie sind die Sprachen im allgemeinen strukturiert und wie kann man sie beschreiben?), so sprechen wir von sprachwissenschaftlichen Fragestellungen und weisen sie dem Bereich der allgemeinen Sprachwissenschaft (oder allgemeinen Linguistik) zu. Hier geht es u. a. um die Erarbeitung einer Theorie der Sprache und der methodischen Mittel, die eine möglichst adäquate Beschreibung aller Sprachen erlauben. Möglichst adäquat ist eine Beschreibung des Funktionierens oder Werdens einer Sprache, wenn sie weitestgehend den Fakten, d. h. dem tatsächlichen Sprachgebrauch der Sprecher und der ihnen intuitiv bewußten Regelhaftigkeit entspricht. Da eine Sprache niemals als solche und im ganzen beobachtet werden kann, sondern immer nur aus dem sprachlichen Verhalten der Sprecher auf die gemeinsame Grundlage aller Sprecher einer Sprachgemeinschaft rückgeschlossen werden kann, sind immer nur Annäherungen an das Sprachwissen der Sprecher möglich. Aufgabe der Sprachtheorie ist es nun, diese Annäherungen optimal zu gestalten. Aus den vielfältigen Möglichkeiten, dieser Aufgabe gerecht zu werden, erklären sich die unterschiedlichen linguistischen Ansätze, Richtungen und Schulen, die jeweils andere theoretische Prämissen haben.

2. Vorüberlegungen

2.1. Da es im Rahmen einer Einführung in die Sprachwissenschaft des Spanischen, aber auch einer ersten Einführung in die Sprachwissenschaft überhaupt, nicht möglich ist und auch nicht sinnvoll sein kann, einen Überblick über die wichtigsten sprachwissenschaftlichen Richtungen zu geben, sollen hier exemplarisch die Grundbegriffe des europäischen sprachwissenschaftlichen Strukturalismus und ihre Weiterentwicklung durch Eugenio Coseriu dargestellt werden. Gerade die Einarbeitung in eine Richtung und die Erlernung des sinnvollen selbständigen Umgangs mit ihr scheint uns fruchtbarer als der notwendigerweise pauschale Überblick über ganz unterschiedliche theoretische Haltungen gegenüber dem Phänomen Sprache, der dem Anfänger kaum ein eigenes sprachwissenschaftliches Arbeiten erlauben wird.

2.2. Sprachwissenschaftliche Theorie und Methodenbildung bestehen wie in anderen Wissenschaften aus einer genaueren terminologischen Erfassung des Gegenstandes, als dies im unwissenschaftlichen Sprachgebrauch üblich und notwendig ist. Die Schwierigkeit einer linguistischen Terminologie besteht u. a. darin, daß uns der Gegenstand Sprache nicht fremd ist, daß wir mit sprachlichen Mitteln über Sprache sprechen müssen und es nur unter Anstrengungen gelingt, neben uns selbst zu treten und uns beim Sprechen objektiv zu beobachten. Wir sind immer, auch als wissenschaftliche Beobachter, selbst Sprachteilnehmer und haben unser intuitives und richtiges Wissen von unserer Sprache, sei es der Muttersprache oder einer erlernten. Die methodischen Begriffe der Sprachwissenschaft sind daher im wesentlichen unterscheidende, d. h. es werden terminologisch definierte Begriffe und damit Sachverhalte und Betrachtungsweisen unterschieden. Einige grundlegende sind in dem 1916 postum veröffentlichten *Cours de linguistique générale* des Schweizer Sprachwissenschaftlers Ferdinand de Saussure (1857—1913) zusammengefaßt worden. Er hat die ihnen zugrunde liegenden Einsichten nicht als erster gewonnen, aber er hat sie zum ersten Mal im Zusammenhang prägnant formuliert, und von dort sind sie für die folgende Sprachwissenschaft des 20. Jh. fruchtbar geworden.

3. Das sprachliche Zeichen (*el signo lingüístico*)

3.1. Wenn wir uns fragen, in welche minimalen Einheiten sich eine sprachliche Äußerung zerlegen läßt, so erkennen wir unterhalb des Textes den Satz (*la oración*), darunter das Satzglied (*la frase*), das Syntagma (*el sintagma*, siehe III.3.2.1.), das Wort und als kleinste, nicht mehr (oder noch nicht) bedeutungstragende Einheit den Laut (siehe III.1.1.). Jedoch ist das Wort für die Sprachwissenschaftler nicht immer ein klar umrissener Begriff: Haben auch Elemente wie z. B. die Präposition *en* oder der Artikel *la* Wortstatus? Warum ist *caballito* 'Pferdchen' ein Wort, sind aber *pequeño caballo* zwei Wörter? Kann es richtig sein, daß die Orthographie entscheidet und *he cantado* 'ich habe gesungen' zwei Wörter sind und *canté* 'ich sang' nur eines ist? Die Sprachwissenschaftler sprechen daher statt von Wörtern lieber von kleinsten bedeutungstragenden Zeichen und nennen diese mit dem französischen Linguisten André Martinet (MARTINET 1960, Kap. 4.3) „Moneme" (span. *monemas*, von griech. *mónos* 'einzig, allein') oder in der anglo-amerikanischen Tradition „Morpheme" (span. *morfemas*, von griech. *morphe* 'Form', also etwa 'Formelemente'). Moneme oder Morpheme, die kleinsten bedeutungstragenden Elemente jeder Sprache, beziehen sich entweder auf die außersprachliche Wirklichkeit und klassifizieren sie — je nach Sprache unterschiedlich — (z. B. in *casa, flor, hielo, helado, caliente, escribir, colorado, rojo* oder *Haus, Blume, Blüte, Eis, heiß, warm, schreiben, rot*). Diese Moneme nennen wir Lexeme. Oder sie beziehen sich auf die Sprache selbst und stellen Relationen zwischen oder Bestimmungen von Lexemen dar. Sie werden nach Martinet Morpheme

3. Das sprachliche Zeichen (el signo lingüístico)

genannt (vgl. III.2.1.). Gemeinsam ist beiden, daß sie Bedeutung tragen, lexikalische bzw. grammatische, denn es gibt kein sprachliches Zeichen ohne Bedeutung.

3.2. Dieser wichtigen Erkenntnis de Saussures geht voraus, daß sprachliche bedeutungstragende Elemente Zeichen sind. Sie stehen für etwas, besser noch, sie enthalten eine Bedeutung, mittels derer sie auf etwas verweisen können: die Lexeme auf einen außersprachlichen Sachverhalt, Morpheme auf eine innersprachliche Beziehung (z. B. Objekt, Tempus oder Person). Als Zeichen sind sie nicht die Sache selbst, die sie bezeichnen, sondern sie verweisen auf sie mittels ihrer Bedeutung. Das Wort *casa* ist nicht selbst ein Haus, sondern bietet die Möglichkeit, auf eines zu verweisen, es zu benennen. Im Gegensatz zu anderen Zeichensystemen (z. B. Signalen, wie Verkehrszeichen oder Lichtzeichen) sind die sprachlichen Zeichen unabhängig von der Situation, in der sie geäußert werden, sie können sich auch auf Nicht-Anwesendes, auf Vergangenes, Zukünftiges oder rein hypothetische Sachverhalte beziehen. Nach de Saussure ist die Sprache Teil einer umfassenderen Zeichenlehre, der sog. Semiologie (heute dafür eher Semiotik).

3.3. Jedes sprachliche Zeichen besteht nun nach de Saussure unbedingt aus zwei Seiten, einem Lautkörper, dem materiellen Repräsentanten („Lautbild", *image acoustique*, span. *imagen acústica*, in der Terminologie de Saussures, z. B. k-á-s-a), und einer damit untrennbar verbundenen Bedeutung 'Haus', („concept", span. *concepto*, in der ursprünglichen Terminologie F. de Saussures). Beide Seiten sind wie die Vorder- und Rückseite eines Blattes Papier, keine existiert ohne die andere. Ein „Lautbild" /kása/ ohne Bedeutung wäre kein spanisches Wort, und ohne existierende lautliche Darstellung wäre die Bedeutung 'Haus' im Spanischen kein sprachliches Zeichen, da nicht einem anderen Sprachteilnehmer vermittelbar. Eigennamen sind daher keine sprachlichen Zeichen, denn sie haben keine Bedeutung. Sie gehören zwar zur sprachlichen Tradition, sie vermitteln Assoziationen, aber sie sind Lautkörper besonderer Art. Sie verweisen direkt auf einen Gegenstand (Person, Ort, Fluß, Berg usw.), was sprachliche Zeichen nie tun. Sprachliche Zeichen sind keine Etiketten für festgelegte Gegenstände, sondern abstrakte Potenzen, die

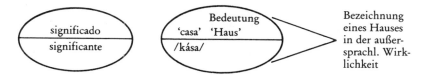

zur Bezeichnung von etwas bereitstehen, aber selbst nie die Namen dieser Gegenstände sind.

Bei de Saussure fehlt aber dem abstrakten sprachlichen Zeichen die Verbindung zur außersprachlichen Wirklichkeit. Es ist nur eine Größe der 'langue', nicht der 'parole' (vgl. 4.1.). Das sog. semiotische Dreieck von Ogden und Richards[2] erweitert die Zweiheit von Inhalt und Ausdruck um den „Referenten" (engl. *referent*), die bezeichnete außersprachliche (konkrete oder abstrakte oder nur vorgestellte) Sache. Der einmalige Charakter der menschlichen Sprache besteht darin, daß die sprachlichen Zeichen immer wieder für andere Gegenstände gebraucht werden können und daher mit endlichen Mitteln unendliche Mengen von Situationen bewältigt werden können. Viele objektiv unterschiedliche Gegenstände können mittels des Zeichens < Stuhl > als Stühle identifiziert werden, Gegenstände unterschiedlicher Größe, Farbe, Beschaffenheit, Polsterung usw. Wenn sie der Bedeutung 'Stuhl' entsprechen, und sei es, daß sie ironisch zu solchen gezählt werden (z. B. Hocker oder Sessel oder andere Sitzgelegenheiten), so können sie mit dem Zeichen < Stuhl > benannt und durch die dem Zeichen innewohnende Bedeutung beschrieben und mitgeteilt werden.

Die Lehre vom sprachlichen Zeichen und seinen zwei Seiten ist deshalb Grundlage der sprachlichen Bedeutungslehre (Semantik).[3]

3.4. Bekanntlich herrscht in der Linguistik kein einheitlicher Terminologiegebrauch. Dies ist bei der Beschreibung sprachlicher Bedeutungen besonders mißlich, weil Grundlage vieler tiefgreifender Mißverständnisse. Häufig wird nämlich nicht zwischen innersprachlicher Bedeutung (Saussures „signifié", *significado*) und dem außersprachlich gemeinten Referenten unterschieden. Es dürfte aber einleuchten, daß eine Sache bzw. ein Sachverhalt nicht notwendigerweise immer mit demselben sprachlichen Zeichen bezeichnet werden muß. So kann man für einen Stuhl auch Möbel oder Sitzgelegenheit sagen, d. h. einen Oberbegriff oder allgemeineren Begriff, also ein Zeichen mit

---

[2] OGDEN, Charles K. — RICHARDS, Ivor A. ([1]1923), *The Meaning of Meaning*, London, passim.
[3] In der Terminologie de Saussures heißt die lautliche Seite „signifiant" (span. *significante*), die inhaltliche Seite „signifié" (*significado*). Im Deutschen bieten sich die später von Louis Hjelmslev, dem Begründer der Kopenhagener Schule des Strukturalismus, eingeführten Begriffe „Ausdruck" und „Inhalt" an. Für Inhalt kann man auch „Bedeutung" sagen. Nicht empfehlenswert sind die deutschen Übersetzungen „Bezeichnung" und „Bezeichnetes" (s. 3.4.).

3. Das sprachliche Zeichen (el signo lingüístico)

allgemeinerer, weiterer Bedeutung benutzen. Ein mit einer bestimmten Flüssigkeitsmenge gefülltes Glas kann als halb voll oder als halb leer bezeichnet werden. Jedes sprachliche Zeichen hat seine eigene, von anderen Zeichen grundsätzlich verschiedene Bedeutung, und deshalb bedeutet jeder dieser Ausdrücke etwas anderes, beschreibt sprachlich einen anderen Aspekt derselben außersprachlichen Gegebenheit. Die Bedeutungen der sprachlichen Zeichen und die bezeichneten Sachen oder Ideen sind — außer bei definierten Fachtermini — nicht kongruent, sondern wir erschließen uns die Welt, wir interpretieren und begreifen sie erst mittels der verschiedenen sprachlichen Bedeutungen.

3.5. Die sprachlichen Bedeutungen sind recht abstrakte Einheiten, die der Beobachtung und Beschreibung die größten Schwierigkeiten machen, weil wir sie konkret immer nur im Zusammenhang mit der Bezeichnung konkreter Verwendungsweisen, also in Anwendung auf die verschiedensten Sachen und Sachverhalte, fassen können, niemals in ihrem ganzen Bedeutungsumfang bzw. in ihrer Allgemeinheit als potentielle Bezeichnungsmöglichkeiten. Immerhin hat auch hier de Saussure eine wichtige Entdeckung gemacht: Die Bedeutung der Wörter ist durch deren Platz im System der Wörter mit ähnlicher Bedeutung bestimmt. Die so gegenseitig abgegrenzte Bedeutung der sprachlichen Zeichen nennt de Saussure „valeur" (span. *valor*) und unterscheidet sie vom „signifié". Wir müssen jedoch heute die sprachlichen Bedeutungen als die durch die jeweilige „valeur" bestimmten Inhalte der Zeichen auffassen.

Coseriu schlägt vor[4], terminologisch zwischen „Bedeutung" (sprachlich), „Bezeichnung" (Verweis auf die außersprachliche Wirklichkeit) und „Sinn" (auf der Ebene der Texte) zu unterscheiden. Eine Frage, wie „Ist es nicht ein bißchen kühl hier?", also ein Text, kann den Sinn haben, den Angesprochenen zu ermuntern, das Fenster zu schließen. Eine solche Frage hätte aber als Text keine „Bedeutung", wohl dagegen das einzelne sprachliche Zeichen, z. B. *kühl*. Hingegen hat z. B. eine bestimmte Temperatur (außersprachliche Erscheinung) weder Sinn noch Bedeutung, sie kann aber mit dem Zeichen *kühl* und seiner Bedeutung bezeichnet werden.

3.6. Zwei weitere Charakteristika des sprachlichen Zeichens nach de Saussure sollen noch besprochen werden: Zum einen ist das sprachliche Zeichen,

---

[4] COSERIU, Eugenio, „Significado y designación a la luz de la semántica estructural", in E. COSERIU, *Principios de semántica estrustural*, Madrid ²1981, 185—209; ders., „Bedeutung, Bezeichnung und sprachliche Kategorien", in ders., *Formen und Funktionen. Studien zur Grammatik*, Tübingen 1987, 177—198.

genauer der „significante", im Gegensatz zu den Zeichenträgern manch anderer Zeichensysteme linear, d. h. seine Bestandteile und es selber können im Verbund mit anderen Zeichen immer nur in linearer Abfolge „gesendet" werden. Es können nicht zwei Zeichen zugleich, wie z. B. Lichtzeichen oder Tonzeichen, abgegeben werden. Auch ist die Reihenfolge der Elemente festgelegt und kann nicht verändert werden, ohne die sprachlichen Zeichen zu zerstören oder die Aussage inhaltlich zu verändern.

Besonders wichtig ist auch der sogenannte „arbiträre" Charakter des sprachlichen Zeichens, der besagt, daß das Verhältnis zwischen „significante" und „significado" in dem Sinne willkürlich ist, daß es nicht natürlich determiniert ist. Ein bestimmter sprachlicher Inhalt muß nicht notwendig mit einem bestimmten Ausdruck verbunden sein. Nur so ist möglich, daß (annähernd) gleiche Vorstellungen in verschiedenen Sprachen z. T. ganz anders lauten, d. h. durch andere „significantes" repräsentiert werden, aber (zufällig) gleiche oder ähnliche Lautungen ganz andere Bedeutungen haben können. Dies berührt nicht die Tatsache, daß in einer Sprachgemeinschaft historisch gewordene Zeichen verbindlich sind und nicht willkürlich geändert werden können. Eingeschränkt arbiträr im Saussureschen Sinne sind lautmalende Wörter (Onomatopoetika, span. *palabras onomatopéyicas*), bei denen ein Geräusch, Tierlaut usw. mit sprachlichen Mitteln konventionell nachgeahmt wird. In jeder Sprache sind dabei die Konventionen etwas verschieden, z. B. *Kikeriki*, span. *quiquiriquí*, argentin. Span. *cocorocó*, frz. *coquerico, cocorico*; *Wauwau*, span. *guau-guau*, frz. *oua! oua!*

4. System, Norm und Rede

4.1. Eine grundlegende methodische Unterscheidung in der strukturellen Sprachwissenschaft ist diejenige, die in der Formulierung von de Saussure zwischen „langue" und „parole" (span. „lengua" und „habla", dt. „Sprache" und „Rede") gemacht wird. Die Unterscheidung als solche ist schon vor de Saussure mehrfach während des 19. Jh. anzutreffen. Bei de Saussure geht den Ebenen der „langue" und der „parole" der Begriff des „langage" (span. „lenguaje") voraus, der die Sprachlichkeit bzw. Sprachfähigkeit des Menschen vor einer Berücksichtigung der jeweiligen historischen Einzelsprachen meint. Bei der Beschreibung einer Einzelsprache meint „Sprache" („langue/lengua") das Reservoir an sprachlichen Elementen, das es einem Sprecher ermöglicht, in der betreffenden Sprache zu sprechen. Die „Sprache" ist bei de Saussure die kollektive Fähigkeit der Sprecher, mit ihrer Sprache umzugehen. Sie ist daher virtuell. Die aktuellen, d. h. tatsächlichen Äußerungen in einer Sprache sind

4. System, Norm und Rede

„Rede" („parole/habla"), d. h. Realisierungen der „Sprache". Konkret ist Sprache nur als Rede faßbar; die „Sprache" ist demgegenüber eine Abstraktion, die aber aus den Redeakten gewonnen wird. Insofern als die Sprachwissenschaftler die allgemeinen Möglichkeiten und Gesetzmäßigkeiten einer Sprache, also „Sprache" und nicht „Rede" beschreiben wollen, sind sie gehalten, aus der Beobachtung des konkreten Sprechens (Rede) auf das zugrundeliegende Sprachsystem (Sprache) zu schließen und es in der Weise aufzudecken und zu beschreiben, daß es nicht nur bereits gemachte Äußerungen erklärt, sondern auch die Möglichkeiten für noch nicht Gesagtes eröffnet (vgl. COSERIU 1988: 252—254).

4.2.1. Die Wichtigkeit der Unterscheidung zwischen Sprache und Rede ergibt sich aus folgenden Beispielen, in denen das span. Imperfekt konkret, d. h. auf der Ebene der Rede, ganz verschiedene Arten von Handlungen ausdrückt:

(1) Cada día se levantaba a las siete de la mañana (Gewohnheit)

(2) La quería mucho (Dauer, unabgeschlossene Handlung)

(3) Cuando entró en el despacho, el jefe ya le esperaba (Gleichzeitigkeit mit der inzidierenden Handlung; Hintergrund)

(4) Llegó a Madrid, donde vivía su tía (Begleitumstand zur Handlung im Hauptsatz; Hintergrund dazu)

(5) Me dijo que no sabía nada del asunto (indirekte Rede)

(6) Si tenía dinero, te lo daba (irreale Hypothese der Gegenwart, umgangssprachl.)

(7) Quería pedirle un favor (höflicher Ausdruck mit Bezug zur Gegenwart).

Wir gehen davon aus, daß allen diesen verschiedenen Verwendungsweisen (Redebedeutungen) ein einheitliches Konzept, nämlich eine Funktion 'Imperfekt' zugrundeliegt, da sie ja alle durch das gleiche sprachliche Zeichen ausgedrückt werden. Den verschiedenen festzustellenden Redebedeutungen muß also auf der höheren Ebene der „Sprache" eine einheitliche, sicherlich sehr abstrakte Sprachbedeutung entsprechen.[5] Mit Hilfe der oben getroffenen Unterscheidung zwischen Bezeichnung und Bedeutung können wir sagen, daß wir in der Rede konkrete Bezeichnungen (Redebedeutungen) antreffen, deren Zusammenhang hier jedoch nicht erkannt werden kann. Auf der Ebe-

---

[5] Vgl. COSERIU, Eugenio (1976), *Das romanische Verbalsystem*, hrsg. und bearb. von Hansbert Bertsch, Tübingen, Kap. 7.

ne der Sprache stellen wir dagegen die zugrundeliegenden Bedeutungen fest. Das Imperfekt bedeutet also weder 'Gewohnheit' noch 'Gleichzeitigkeit' noch 'Vergangenheit' und 'Gegenwart' gleichzeitig, sondern etwas, das allen diesen Redebedeutungen gemeinsam ist, nämlich 'inaktuelle Gegenwart' (siehe Coseriu 1976, Kap. 7).

4.2.2. In der Rede kommt demnach zu der Sprachbedeutung jedes sprachlichen Elements eine möglicherweise komplexe Redebedeutung hinzu. Diese ergibt sich durch das, was man Situation und Kontext nennt, also u. a. durch die Bezeichnung einer bestimmten Sache, Vorstellung eines Sachverhalts usw., sowie dadurch, daß die Äußerung üblicherweise eine bestimmte Ausdrucksabsicht hat (Mitteilung, Frage, Zurechtweisung, Erzählung, ironische Bemerkung, Bitte usw.). Alle diese Dinge sind in der Kommunikation wichtig und haben Auswirkungen auf die Verwendung, d. h. die geeignete Auswahl aus den Mitteln des Sprachsystems; sie gehören jedoch selbst nicht der Sprache an, da ihnen nicht jeweils ein eigenes sprachliches Zeichen entspricht. Es sind also nicht Sprachfunktionen, sondern Redefunktionen, die wegen ihrer Komplexität und weitgehenden Unvorhersehbarkeit linguistisch nur schwer strukturierbar sind. Die Kenntnis der Welt (sog. enzyklopädisches Wissen), die Kenntnis des Gesprächspartners und die vielfältigen möglichen Ausdrucksabsichten können nicht Gegenstand der Linguistik sein. Nur einige typische und daher vorhersagbare Phänomene können in besonderen Zweigen, wie der Pragma-, der Fachsprachen- und evtl. der Textlinguistik, untersucht werden.

4.3. Die Saussuresche Dichotomie (binäre Unterscheidung) zwischen „Sprache" und „Rede" wurde von E. Coseriu (1952) als unzureichend kritisiert. Wenn die Rede, wie de Saussure sagt, konkret und die Sprache abstrakt ist, dann, so Coseriu, fehlt eine Ebene für das, was in einer Sprache üblich, aber nicht unbedingt funktionell ist (z. B. die üblichen Formen des Plurals, etwa span. *rey-es*, *virtud-es*, nicht *rey-s, *virtud-s, obwohl letztere Formen auch der Funktionsmarkierung des Plurals entsprechen würden). Die üblichen Formen des Plurals sind konkret, sind aber doch überindividuell und somit nicht nur Teil eines aktuellen Redeaktes. Coseriu fordert daher eine weitere Aufteilung der „langue" in „sistema" und „norma" („System" und „Norm"), wobei auf der Ebene des „Systems" das Funktionelle, d. h. was durch unterschiedliche Zeichen (Ausdruck und Inhalt) unterschieden wird, und auf der Ebene der „Norm" das in einer Sprache Übliche, das historisch zur Norm Gewerdene, aber nicht notwendigerweise Funktionelle festgestellt wird (s. auch III.1.3.3.). Der Normbegriff Coserius unterscheidet sich von anderen dadurch, daß hier nicht eine präskriptive Norm des guten Sprachgebrauchs ge-

4. System, Norm und Rede

meint ist, sondern eine linguistische methodische Untersuchungsebene, auf der alles das, was und wie es üblicherweise gesagt wird, von dem getrennt wird, was aktuell in einem Redeakt gesagt wird, und von dem, was und wie es notwendigerweise gesagt wird („System"), d. h. was einer unumgänglichen sprachlichen (lautlichen, grammatischen, syntaktischen oder lexikalischen) Unterscheidung (Opposition) entspricht.

4.4.1. So muß man im Span. z. B. zwischen den Vokalen /o/ und /u/, /i/, /e/, /a/ unterscheiden (Phoneme auf der Ebene des Systems), da z. B. *cosa* etwas anderes bedeutet als *casa*. Man muß aber nicht zwischen geschlossenem [o] und offenem [ǫ] unterscheiden, da z. B. [kosa] nicht einem etwa bedeutungsverschiedenen [kǫsa] gegenübergestellt werden kann. In der Norm wird dagegen durchaus ein Unterschied gemacht zwischen dem eher geschlossenen [o] z. B. in *boda* 'Hochzeit' und *esposa* 'Gattin' und dem eher offenen [ǫ] z. B. in *corte* 'Hof', *rosa* 'Rose' oder *hoja* 'Blatt', ebenso zwischen [e] in *queso* 'Käse', *sello* 'Siegel, Briefmarke', *cabeza* 'Kopf' und [ę] in *papel* 'Papier', *afecto* 'Zuneigung', *peine* 'Kamm' (vgl. III.1.4.1.). Eine andere Aussprache wäre ungewöhnlich, würde aber kein anderes Wort mit einer anderen Bedeutung darstellen können; somit wäre sie nicht funktionell und nicht auf der Ebene des Systems zu notieren.

4.4.2. Einem Sprachsystem können aber z. B. auch verschiedene regional oder stilistisch unterschiedliche Normen entsprechen. So hat sich in der spanischen Syntax z. B. für die Systemfunktion 'irrealer Bedingungssatz der Gegenwart' die hochsprachliche Konstruktion „*si* + Konjunktiv Impf. und Konditional im Hauptsatz" (Typ *si tusiese dinero, compraría este coche*) herausgebildet, während die volkstümliche Sprache die Konstruktion „*si* + Imperfekt und Imperfekt im Hauptsatz" bevorzugt (Typ *si tenía dinero, compraba este coche*). Beide Konstruktionen entsprechen derselben Systemfunktion, sind aber stilistisch nicht beliebig gegeneinander austauschbar.

4.4.3. In der Morphologie sind sogenannte Unregelmäßigkeiten, die einem historischen Zufall oder einem synchron nicht mehr erkennbaren Gesetz entsprungen sind, fast immer Fakten der Norm. So ist z. B. span. *yo poneré ebenso gut als Form des sprachsystematischen Wertes '1. P. Sg. Futur' von *poner* erkennbar wie die der Norm entsprechende und historisch begründete Form *yo pondré*. Die Frage, wie die Form genau lautet, ist funktionell, d. h. vom Gesichtspunkt des Systems, nicht entscheidend, sondern allein die Frage, ob die angestrebte Bedeutung hinreichend deutlich gekennzeichnet ist. So stehen z. B. für die Kennzeichnung des Konjunktivs gegenüber dem Indikativ im Präsens zwei normale Verfahren zur Verfügung: Ist der klassifizierende Vokal der Konjugationsklasse auf *-a-* eben *-a-*, so drückt dieser Vokal den Indikativ aus, -e- den Konjunktiv; ist der Klassifikator -e- oder -i-, so drückt -a- an der gleichen Stelle den Konjunktiv aus. Daraus folgt, daß eine anomale Form, wie z. B. *veña genauso gut den Konjunktiv von venir ausdrücken würde wie die traditionelle normative Form venga. Die Norm ist eine ungeheuer wichtige Ebene für eine Sprache, weil eine Sprache eben nicht nur mit den Unterscheidungen des Systems ausgestattet ist, sondern mit einer viel größeren Anzahl von Fakten der Norm, die das Gesicht einer Sprache entscheidend prägen und ohne die eine Kommunikation wahrscheinlich nicht zustande kommen würde, aber diese Fakten haben als einzelne dennoch ein weniger großes Gewicht als diejenigen des Systems. Auf jeden Fall ist es äußerst zweckmäßig für eine adäquate Sprachbeschreibung, diese drei Ebenen, System, Norm und Rede, zu unterscheiden.

4.4.4. Ein letztes Beispiel aus der Wortbildung muß hier genügen: Zum Ausdruck der Systembedeutung 'Diminutiv' stehen funktionell gleichberechtigt die Suffixe -ito/-a und -illo/-a zur Verfügung. In verschiedenen Fällen läßt die Norm aber nur eine Bildungsmöglichkeit zu, wie z. B. im Fall des Diminutivs von casa 'Haus', wo nur casita möglich ist, da casilla nicht 'Häuschen', sondern 'kleines, einsames Haus, Bahnwärterhäuschen, Wachhäuschen, Kästchen (auf dem Papier)', dann auch 'Postfach' bedeutet, also gegenüber dem frei verfügbaren Diminutiv eingeschränkt und spezialisiert bzw. in übertragenem Sinn gebraucht ist. Ebenso bei mano 'Hand', wovon man manita 'Händchen' ableiten kann; nicht aber manilla, da dies nicht 'Händchen', sondern 'Handschelle', ursprünglich 'Armreifen' bedeutet. Auf der Ebene der sprachlichen Norm des Spanischen entziehen diese Lexikalisierungen diese Wörter dem im System angelegten Wortbildungsverfahren und machen sie zu lexikalisierten, synchron nicht abgeleiteten Wörtern.

4.5. Aus dem bisher Gesagten ergibt sich, daß eine Sprache wie das Spanische nicht ein einziges System darstellt, in dem alles auf alles bezogen ist und die kleinste Veränderung alle Bezüge verändern würde, eine Meinung, die lange Zeit dem französischen Sprachwissenschaftler Antoine Meillet zugeschrieben wurde und die viel Verwirrung gestiftet hat. In Wirklichkeit besteht das Spanische zunächst einmal aus vielen regional (diatopisch), soziokulturell (diastratisch) und stilistisch (diaphasisch) unterschiedlichen Systemen, von denen eines z. B. das der Madrider kleinen Kaufleute in familiärer Unterhaltung sein könnte, ein anderes das der Fischer aus der Gegend von Cadiz in berufsbezogener Diskussion. Jedes so beschriebene Teilsystem, das sich in vielem natürlich mit anderen Teilsystemen überschneidet, setzt sich aus einer Vielzahl von Subsystemen zusammen, z. B. im lautlichen Bereich mindestens aus einem Vokalsystem und einem Konsonantensystem, im grammatischen Bereich z. B. aus einem Tempus- und Modussystem des Verbs, aus einem System der Steigerungsstufen des Adjektivs, aus einem Artikelsystem des Nomens, aus einem System unterschiedlicher Nähegrade des Demonstrativums (*este, ese, aquel*; vgl. III.3.1.2.) usw. Ebenso sind im Wortschatz zahlreiche unterschiedliche Subsysteme von lexikalischen Bedeutungen anzunehmen (s. III.5.1.1.). Eine Änderung, ein historischer Wandel im Wortschatz wird deshalb nicht zwangsläufig auch eine Änderung in den grammatischen Beziehungen, ein Lautwandel nicht notwendig eine Veränderung der lexikalischen Bedeutungsbeziehungen nach sich ziehen.

5. Synchronie und Diachronie

5.1. Damit haben wir schon die Begriffsbestimmungen von „Synchronie" (*sincronía*) und „Diachronie" (*diacronía*) vorweggenommen, die eine weitere fundamentale methodische Dichotomie darstellen, die auf de Saussure zurückgeht, wenngleich de Saussure wie in anderen Fällen nicht der erste war, der den Gedanken einer solchen Unterscheidung hatte. Zum Verständnis der Dichotomie sind zwei Gesichtspunkte zu unterscheiden: In de Saussures Vorstellung war die Synchronie die Betrachtungsachse der Gleichzeitigkeit, d. h. der in einem Sprachsystem gleichzeitig existierenden und funktionierenden sprachlichen Erscheinungen, während die Diachronie die Betrachtung des chronologischen Aufeinanderfolgens sprachlicher Phänomene war, also den Sprachwandel in den Blick nahm. De Saussure benutzt auch die Begriffe „statische" und „evolutive Sprachwissenschaft". Wichtig war und ist, daß der die Sprache untersuchende Linguist beide Betrachtungsebenen nicht willkürlich miteinander vermengt, also z. B. ein span. Adjektiv wie *paternal* nicht als eine heute mögliche, d. h. synchrone Ableitung zu *padre* auffaßt, da ja hierfür im Span. gar keine formale Ableitungsregel existiert, sondern daß er erkennt, daß es sich hier um eine Ableitung im Lateinischen handelt, also um ein diachrones, nicht im heutigen Sprachsystem nach einem lebendigen Verfahren erfolgte Ableitung; sie wurde ins Spanische als fertiges Produkt übernommen, entspricht dort aber keinem materiellen Wortbildungsverfahren.

5.2.1. De Saussure verstand die Dichotomie aber auch so, daß die Synchronie die Ebene der gleichzeitig funktionierenden Beziehungen im Sprachsystem sei, die Diachronie dagegen die Ebene unsystematischer, akzidenteller Aleränderungen. De Saussure war noch nicht zu der Einsicht gelangt, daß auch der Sprachwandel unter dem Gesichtspunkt der Systemhaftigkeit betrachtet werden kann und muß, sondern sah hier nur einzelne Veränderungen, insbesondere Lautveränderungen. Eine historische Grammatik als Darstellung der Entwicklung grammatischer oder syntaktischer Systeme

II. Grundbegriffe der allgemeinen Sprachwissenschaft

erschien ihm unmöglich. Hier erfolgte eine Weiterentwicklung durch Roman Jakobson, einen wichtigen Vertreter der Prager Schule des Strukturalismus, der von 1927 an zeigte, daß auch ganze phonologische Systeme in ihrem Wandel, also diachron, betrachtet werden können[6], und diese Erkenntnis später auch auf andere sprachliche Bereiche übertrug.

5.2.2. De Saussure illustriert die Unterscheidung zwischen Synchronie und Diachronie am Bild des Schachspiels (SAUSSURE 1972: 125—127), in dem jeder Spielzustand ein synchron zu betrachtender Gegenstand sei, bei dem man nicht wissen könne und auch nicht zu beachten brauche, auf welchem Wege, durch welche Züge dieser Spielzustand erreicht worden sei. Die Veränderung einer einzigen Figur verändere aber alle Bezüge der Figuren untereinander und sei deshalb ein diachrones Faktum. In Wahrheit zeigt dieser Vergleich ein zu statisches Bild von der Sprache, da die Synchronie keine angehaltene Momentaufnahme sein sollte, sondern das Funktionieren der Elemente bedeutet. Das Spiel ist erst ein funktionierendes Spiel während des Spiels. Ein diachrones Faktum wäre dann eine Änderung der Spielregeln, der Wegfall eines Figurtyps etwa oder die veränderte Bestimmung der Bewegungsrichtung, z. B. des Turmes. Wenn auch alle Vergleiche hinken, so dieser doch in besonderem Maße.

5.3. In der Nachfolge de Saussures machte zunächst der Begriff der Synchronie die größten praktischen und theoretischen Schwierigkeiten, da man diesen häufig zu sehr mit der schwer zu bestimmenden Vorstellung vom „Sprachzustand" identifizierte. Wie lange aber dauert ein Sprachzustand an und wo beginnt die Veränderung? Ein richtiges Verständnis wurde auch dadurch erschwert, daß man sich zu sehr und zu lange an den im vorigen Abschnitt erwähnten Systembegriff Meillets klammerte und meinte, eine Veränderung in einem Bereich würde alle Beziehungen im Gesamtsystem stören. Zu dem aus dem nordamerikanischen Strukturalismus übernommenen Prinzip eines umfangreichen Textcorpus als Datenbasis kam daher das Bestreben, eine synchrone Darstellung eines sprachlichen Problems durch eine „Momentaufnahme" zu ermöglichen, also etwa ein Corpus auf den Tageszeitungen eines einzigen Tages aufzubauen. Dies mußte jedoch immer ein Annäherungsverfahren und theoretisch unbefriedigend bleiben.

5.4.1. Eine überzeugende Lösung dieses Problems finden wir bei COSERIU (1958). Wie vor ihm schon Roman Jakobson stellt er fest, daß Synchronie und Diachronie nicht verschiedene Gegenstandsbereiche betreffen, sondern

---

[6] Ein Beispiel aus der span. Lautgeschichte ist in IV.8.1. behandelt.

5. Synchronie und Diachronie

verschiedene Betrachtungsebenen derselben Gegenstände meinen. Außerdem schließen sich beide Begriffe nicht gegenseitig aus, da zur Beschreibung jedes Sprachzustandes die Feststellung gehört, daß die Sprecher ein gewisses Maß an diachronem Bewußtsein besitzen, indem sie durchaus altertümliche Formen, Wendungen und Wörter als solche identifizieren und auch Neuerungen vom sprachlichen Ist-Zustand zu unterscheiden wissen. So ist z. B. der Konj. Fut. auf -re- im heutigen Spanisch nicht mehr lebendig, d. h. er gehört dem System nicht mehr an, wird aber durchaus noch verstanden oder auch benutzt, besser zitiert, und als stilistisch hochstehende, archaisierende Sprachform eingestuft, z. B. im „refrán" *adonde fueres, haz lo que vieres*, der in moderner Syntax formuliert **adonde vayas, haz lo que veas* heißen könnte. Vor allem aber hat Coseriu de Saussures Unterscheidung auf die Trias System, Norm und Rede angewandt und die Synchronie als das Funktionieren des Systems bzw. den statischen Zustand der Norm definiert und die Diachronie als das sich Herausbilden des jeweilig nächsten Zustandes: „La lengua funciona sincrónicamente y se constituye diacrónicamente" (COSERIU 1952: Kap. VII, 3.1.2.). Nach Coserius Auffassung geht es nicht darum, ein System in einem Moment zu erfassen, sondern vom ständigen Wandel als dem sprachlich Normalen und Lebendigen auszugehen, um das Werden des Systems zu verstehen (Coseriu 1952: Kap. VII, 3.1.1.). Wenn sich eine Sprache nicht mehr wandelt, ist sie tot.[7] Die Dichotomie zwischen Synchronie und Diachronie ist damit keineswegs aufgehoben. Sie darf nur nicht verabsolutiert werden, sondern gewinnt, richtig verstanden, erst ihren wahren Wert.

5.4.2. Es kann somit einen Wandel (Diachronie) in der Norm geben, ohne daß sich das System ändert, indem dort synchrones Funktionieren festgestellt wird. Ein Beispiel dafür ist etwa die Veränderung der Verbform der 2. P. Pl. von altspan. -des zu neuspan. -is (*cantades > cantáis, tenedes > tenéis, dormides > dormís*), bei der jedoch funktionell kein Wandel eingetreten ist, da der Inhalt '2. P. Pl.' unberührt geblieben ist (vgl. III.2.5.). Zusätzlich ist jedoch z. B. im System der Umgangssprache des Andalusischen und des amerikani-

---

[7] Ein anderer Gesichtspunkt ist der, daß der Wandel nicht kausal gesehen werden darf. Ein Wandel muß nicht naturnotwendig stattfinden und nicht notwendig in eine bestimmte Richtung gehen. Da die Sprache kein Gegenstand einer Naturwissenschaft, sondern ein kultureller und damit ein historischer Gegenstand ist, kann man nicht sinnvoll fragen, *warum* ein Wandel oder *warum gerade dieser* Wandel eingetreten ist. Der Sprachwandel ist teleologisch, d. h. zielgerichtet aufzufassen; er dient jeweils den Ausdrucksabsichten der Sprecher. Welches diese sind, kann immer nur — wenn überhaupt — im nachhinein vermutet werden (vgl. COSERIU [2]1992: 120—121).

II. Grundbegriffe der allgemeinen Sprachwissenschaft

schen Spanisch insofern eine diachrone Veränderung festzustellen, als die 2. P. Pl. im ganzen ungebräuchlich geworden und durch *ustedes*, also eine Anrede in der 3. P. ersetzt worden ist. Dadurch sind die inhaltlich-funktionellen Bezüge verändert worden (fünf grammatische Personen statt früher sechs), was auch einen Wandel im Sprachsystem bedeutet.

6. Syntagmatik und Paradigmatik

In der Nachfolge de Saussures unterscheidet die strukturalistische Linguistik bei der sprachlichen Analyse zwei Betrachtungsachsen: In der Saussureschen „chaîne parlée", der „Redekette", kann ein sprachliches Element entweder im Hinblick auf das betrachtet werden, was ihm in der gleichen Redekette vorausgeht oder folgt (syntagmatische Achse), oder in Bezug zu den in der betreffenden Redekette abwesenden Elementen, die an der gleichen Stelle stehen können (paradigmatische Achse). In einer Redekette wie z. B. *Me gustan estos libros de literatura española* gibt es entsprechend dem linearen Charakter der Sprache eine „horizontale" Beziehung z. B. zwischen dem Subjekt *estos libros de...* und dem Prädikat *gustan*, insofern als beide im Plural stehen. Die Regel, daß sich das Prädikat im Numerus nach dem Subjekt richtet, entspricht einer syntagmatischen Beziehung ebenso wie die Tatsache, daß das Subjekt dem Prädikat in der Regel vorausgeht, in gewissen Fällen aber auch folgt (Inversion). Zur Syntagmatik gehört z. B. auch die Stellung des attributiven Adjektivs oder im lautlichen Bereich die Beobachtung, daß die Folge [st] im Spanischen möglich ist, wenn auch nicht im Anlaut, keinesfalls aber die Folge [ts]. Paradigmatisch ist in dem gleichen Beispielsatz dagegen z. B. die „vertikale" Beziehung zwischen der hier gewählten Form *gustan*, die das Präsens ausdrückt, und anderen Tempusformen desselben Verbs (*gustaban, gustarían, gustaron* usw.), zu denen *gustan* in Opposition steht und die mit *gustan* zusammen das Paradigma (die Klasse) der spanischen Tempora bilden. *Estos* steht in Opposition zu den anderen Demonstrativa (*esos, aquellos*), die mit ihrer jeweils eigenen Bedeutung die gleiche syntagmatische Position einnehmen könnten wie *estos*. Ein lexikalisches Paradigma zeigt sich im Ersatz von *libros* durch z. B. *papeles, cuadernos, textos*. Die Glieder des jeweiligen Paradigmas gehören dem Sprachsystem an, während die syntagmatischen Beziehungen zunächst auf der Ebene der Rede beobachtet werden.

Aufgabe

Suchen und diskutieren Sie andere Beispiele für syntagmatische und paradigmatische Beziehungen.

7. Funktionen der Sprache

Hierunter versteht man im allgemeinen nicht innersprachliche Funktionen, sondern solche, die die Sprache als Ausdrucksmittel des Menschen betreffen und z. B. an die Definition der Sprache in Platons *Kratylos* anknüpfen, wo es heißt, die Sprache sei ein Werkzeug (*órganon*), „mit dem einer dem anderen etwas mitteilt über die Dinge". Es geht also um die Funktion(en) der Sprache zwischen Sprecher, Angesprochenem und dem, worüber gesprochen wird.

Bekannt ist das „Organon-Modell" der Sprache des Wiener Psychologen Karl Bühler, der dem Prager Strukturalismus nahestand (vgl. III.1.3.). Nach Bühler (*Sprachtheorie*, Jena 1934; Stuttgart ²1965: 24—33) hat jedes Zeichen im Kommunikationsvorgang drei (nicht immer gleich wichtige) Funktionen: In bezug auf den Sender ist es Symptom bzw. Ausdruck seiner Einstellung zum Empfänger oder zum Inhalt des Geäußerten (Ärger, Freude, Ironie usw.); in bezug auf die geäußerten Gegenstände oder Sachverhalte ist es Symbol, bzw. Darstellung eben der gemeinten Sachverhalte; in bezug auf den Empfänger ist es Signal, bzw. ein Appell zu reagieren. Eine Äußerung wie *¿Estás loco?* kann z. B. die Überraschung des Senders in bezug auf das Benehmen des Empfängers ausdrücken und den Zweck haben, ihn zu einer Änderung seines Verhaltens zu veranlassen.

Roman Jakobson, in den dreißiger Jahren ein Hauptvertreter ebenfalls der Prager Schule des Strukturalismus, hat ein komplexeres Kommunikationsmodell entworfen[8]:

Gegenstand [bei Jakobson „Kontext"] (REFERENTIELL)

Sender--------------------------Nachricht (POETISCH)--------------------------Empfänger

(EMOTIV,   Kontaktmedium (PHATISCH)   (APPELLATIV, KONATIV)
EXPRESSIV)   Code (METASPRACHLICH)

Jakobson unterscheidet zwischen der Nachricht und dem außersprachlichen Gegenstand, auf den sich die Nachricht bezieht. Steht die Nachricht zweckfrei, d. h. ohne aktuelle appellative Funktion an den Empfänger, im Zentrum, so handelt es sich um die poetische Funktion der Sprache. Sprache über Sprache ist Metasprache, sie bezieht sich nicht auf Gegenstände der außer-

---

[8] JAKOBSON, Roman (1960), „Linguistics and Poetics", in: Th. A. Sebeok, *Style in Language*, New York-London, 350—377. Vgl. dazu die kommentierte Darstellung in PELZ (1975), 25—31, und die Kritik bei COSERIU, Eugenio (²1981), *Textlinguistik. Eine Einführung*. Hrsg. und bearb. von Jörn Albrecht, Tübingen, 56—65.

sprachlichen Wirklichkeit, sondern auf Elemente oder Kategorien der Sprache („*Haus* ist ein Substantiv, *ciudad* ist endbetont"). Die phatische Funktion steht im Vordergrund, wenn das Sprechen vorwiegend dem Kontakthalten mit dem Empfänger oder auch einfach dem Anknüpfen eines Gesprächs dient, wie z. B. „Schönes Wetter heute" oder am Telefon ein von Zeit zu Zeit geäußertes „Hm", um dem „Sender" anzuzeigen, daß der „Empfänger" noch da ist.

III. Synchronie und Diachronie der spanischen Sprache (anhand ausgewählter Beispiele)

1. Phonetik und Phonologie

Literaturhinweise

ALARCOS LLORACH, Emilio (^{4}1971), *Fonología española*, Madrid.
LAUSBERG, Heinrich (^{3}1969), *Romanische Sprachwissenschaft, Teil I: Einleitung und Vokalismus*, Berlin.
MACPHERSON, I. R. (1975), *Spanish phonology, descriptive and historical*, Manchester.
NAVARRO TOMÁS, Tomás (^{13}1967), *Manual de pronunciación española*, Madrid. (Grundlegend zur span. Phonetik).
NAVARRO TOMÁS, Tomás — HAENSCH, Günther — LECHNER, Bernhard (1970), *Spanische Aussprachelehre*, München.
ALONSO, Amado (^{2}1967—1969), *De la pronunciación medieval a la moderna*, 2 Bde., Madrid.
D'INTRONO, Francesco et al. (1995), *Fonética y fonología actual del español*, Madrid.
IRIBARREN, Mary C. (2005), *Fonética y fonología españolas*, Madrid.
POMPINO-MARSCHALL, Bernd (^{2}2003), *Einführung in die Phonetik*, Berlin.
QUILIS, Antonio (^{4}2002), *Principios de fonología y fonética españolas*, Madrid.
SOSA, Juan Manuel/D'INTRONO, Francesco (2000), *La entonación del español*, Madrid.
SCHUBIGER, Maria (1970, ^{2}1977), *Einführung in die Phonetik*, Berlin.
TERNES, Elmar (^{2}1999), *Einführung in die Phonologie*, Darmstadt.
TRUBETZKOY, Nikolai Sergejewitsch (1939), *Grundzüge der Phonologie*, Prag (*TCLP 7*); anastatischer Nachdruck Göttingen ^{5}1971.

1.1. Zwei Betrachtungsebenen: Phonetik und Phonologie

1.1.1. Die materielle Seite (Substanz) der Sprache als „lenguaje" (siehe II.4.1.) sind die Laute, die die Menschen beim Sprechen äußern. Dies geschieht üblicherweise beim Ausatmen, während beim Einatmen gebildete Laute (z. B. Schnalzlaute) nur in wenigen, außereuropäischen Sprachen zu sprachlichen Zwecken verwendet werden.[1] Man unterscheidet die in der Sprache benutzten „artikulierten" Laute oder Phone von den unartikulierten Lauten, die in einer bestimmten Sprache nicht regelmäßig vorkommen, und von Geräuschen.

---

[1] Näheres hierzu z. B. in POMPINO-MARSCHALL (^{2}2003: 207 ff.)

1.1.2. Die **Phonetik** (span. *la fonética*) ist der Teilbereich der Linguistik, in dem z. T. mit naturwissenschaftlichen, d. h. experimentellen, apparativen Methoden artikulierte Laute (Phone, *fonos*) als konkrete physikalische Erscheinungen untersucht und beschrieben werden. Hierbei befaßt sich die **artikulatorische Phonetik** (*fonética articulatoria*) besonders mit der Art und Weise der Hervorbringung der Laute (*fonación*) mittels des Sprechapparates (*aparato vocal*). Die **akustische Phonetik** (*fonética acústica*) untersucht dagegen die akustischen Vorgänge bei der Übertragung der Schallwellen, d. h. deren Frequenz, Lautstärke, Klangfarbe, Tonhöhe usw. Die **auditive Phonetik** (*fonétisa auditiva*), die die Erscheinungen des Hörvorgangs beschreibt, brachte bislang noch wenige brauchbare Erkenntnisse. Wir werden uns hier auf einige wichtige Teilbereiche der artikulatorischen Phonetik beschränken.

In keinem Fall ist es das erste Ziel der spanischen Phonetik als linguistischer Disziplin, die richtige Aussprache des Spanischen ausgehend von der Schrift zu vermitteln (vgl. BERSCHIN u. a. 1987: 126). Die Sprachwissenschaft geht nicht von der Graphie aus. Die Verwechslung von Buchstaben und Lauten ist unbedingt zu vermeiden. Es geht um eine Erfassung und Beschreibung der Laute auf zwei Ebenen, der phonetischen und der phonologischen.

1.1.3. Die **Phonologie** (*fonología*) untersucht die Laute hinsichtlich ihrer Funktionalität, d. h. hinsichtlich ihrer Fähigkeit, sprachliche Zeichen und damit Bedeutungen zu differenzieren. Im Gegensatz zur Phonetik ist sie an ein bestimmtes Sprachsystem gebunden. Sie führt die verschiedenen tatsächlich in der „habla" (Rede, parole) geäußerten und der jeweiligen Norm entsprechenden Laute auf die Grundeinheiten zurück, die von den Sprechern einer Sprache (oder eines Dialekts) als solche unbewußt unterschieden werden, und trennt diese Grundeinheiten, die **Phoneme** (*fonemas*) genannt werden, von den vielfältigen Varianten, in denen sie tatsächlich realisiert werden. Phoneme sind daher abstrakte Größen, die als solche nicht Substanz sind, d. h. „ausgesprochen" werden können. Die Phonetik ist somit Lautlehre auf der Ebene der Rede und der Norm, die Phonologie ist Lautlehre auf der Ebene des Systems. Die Laute werden also auf zwei verschiedenen Betrachtungsebenen untersucht und beschrieben.

1.2.1 Grundbegriffe der artikulatorischen Phonetik

1.2.1.1. Die Bildung der Sprachlaute ist an sich ein sehr komplizierter Vorgang, an dem, vereinfacht dargestellt, außer den Stimmlippen (18) die Mundhöhle (8) — und bei Nasallauten auch die Nasenhöhle (1) —, die Zunge (9) bzw. bestimmte Teile der Zunge (10—12), und bestimmte Teile des oberen

Mundraumes, nämlich Lippen (2), Zähne (3), der Zahndamm (die Alveolen, 4), der harte Gaumen (das Palatum, 5), der weiche Gaumen (das Velum, 6) oder das Zäpfchen (die Uvula, 7) beteiligt sind. Man unterscheidet so die beweglichen **Artikulationsorgane** (Lippen, Zunge, Zäpfchen) und die unbeweglichen **Artikulationsstellen** (Zähne, Alveolen, Palatum, Velum), zusammenfassend **Artikulationsorte** genannt. Hinzu kommt, besonders bei den Konsonanten, bei denen der Luftstrom auf ein Hindernis stößt, die **Artikulationsart**, d. h. die Frage, ob der Laut mittels eines Verschlusses, einer Reibung oder eines zusätzlichen Klingens im Nasenraum usw. gebildet wird. Stimmhafte Laute (*sonidos sonoros*) entstehen, wenn die Stimmritze (Glottis, span. *glotis*) zwischen den gespannten Stimmlippen (ungenau auch Stimmbänder, *cuerdas vocales* (18), genannt) fast geschlossen ist, so daß diese regelmäßig schwingen können; stimmlose Laute (*sonidos sordos*) entstehen, wenn die Glottis geöffnet ist und die Stimmlippen nicht schwingen (siehe auch NAVARRO TOMÁS/HAENSCH/LECHNER 1970: 23).

Die zur Beschreibung notwendigen, von den Bezeichnungen der Artikulationsorte abgeleiteten Adjektive, die im folgenden exemplarisch für die Bedürfnisse des Spanischen (nach BERSCHIN u. a. 1987: 127) aufgeführt werden, nennen z. T. vereinfachend nur die Artikulationsstelle, nicht auch das beteiligte Artikulationsorgan:

Unterlippe an Oberlippe:	bilabial
Unterlippe an den oberen Schneidezähnen:	labiodental
Zungenspitze zwischen den Zähnen:	interdental
Zungenspitze an den Schneidezähnen:	(apiko)dental
Zungenspitze an den Alveolen:	apikoalveolar
vorderer Zungenrücken an den Alveolen:	alveolar
mittlerer Zungenrücken am harten Gaumen:	palatal
hinterer Zungenrücken am weichen Gaumen:	velar

1.2.1.2. Zur Beschreibung der Vokale gehört außer dem Parameter des Artikulationsortes, d. h. der Zungenstellung[2], auch der relative **Öffnungsgrad** (*grado de abertura*) des Mundes (Kiefernwinkel). Hier unterscheidet man üblicherweise zwischen extrem offen (*abierto*) bei [a] und extrem geschlossen (*cerrado*) bei [i] und [u]. Dazwischen werden in den meisten Sprachen der Welt *e* und *o* als mittlere Öffnungsgrade festgestellt, die ihrerseits im Spanischen die idealtypischen Varianten [e] und [ɛ] bzw. [o] und [ɔ] aufweisen. Je

---

[2] Palatal, zentral oder velar. Palatale Vokale werden auch Vorderzungen- (*vocales anteriores*), zentrale Mittelzungen- (*v. centrales*) und velare Hinterzungenvokale (*v. posteriores*) genannt. Zur API-Transkription in der Phonetik siehe Fußnote 13, S. 74.

III. Synchronie und Diachronie der spanischen Sprache

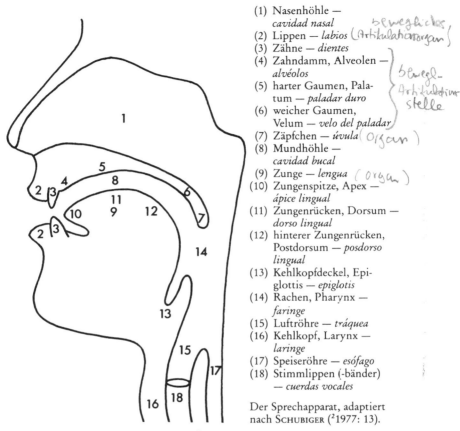

(1) Nasenhöhle — cavidad nasal
(2) Lippen — *labios* (Artikulationsorgan)
(3) Zähne — *dientes*
(4) Zahndamm, Alveolen — *alvéolos*
(5) harter Gaumen, Palatum — *paladar duro* bewegl. Artikulationsstelle
(6) weicher Gaumen, Velum — *velo del paladar*
(7) Zäpfchen — *úvula* (Organ)
(8) Mundhöhle — cavidad bucal
(9) Zunge — *lengua* (Organ)
(10) Zungenspitze, Apex — *ápice lingual*
(11) Zungenrücken, Dorsum — *dorso lingual*
(12) hinterer Zungenrücken, Postdorsum — *posdorso lingual*
(13) Kehlkopfdeckel, Epiglottis — *epiglotis*
(14) Rachen, Pharynx — *faringe*
(15) Luftröhre — *tráquea*
(16) Kehlkopf, Larynx — *laringe*
(17) Speiseröhre — *esófago*
(18) Stimmlippen (-bänder) — *cuerdas vocales*

Der Sprechapparat, adaptiert nach SCHUBIGER ([2]1977: 13).

nach Sprache lassen sich noch mehr Öffnungsgrade unterscheiden[3]; zu deren phonologischer Relevanz siehe 1.4.1.

Ein Vokal ist außerdem entweder oral (span. *oral*), d. h. nur in der Mundhöhle gebildet, oder nasal (*nasal*), d. h. bei Senkung des Velums und damit Öffnung des Nasendurchgangs auch im Nasenraum gebildet. Zudem hängt die Vokalfärbung auch von der Lippenstellung ab. Die Lippen sind entweder gerundet (*voval redondeada*) oder gespreizt (*no redondeada*). Dieser Parameter

---

[3] So ist z. B. im Deutschen das kurze *i* in *ich* offener als das lange *i* in *Vieh*. Für *u* in *Schluck* bzw. *du* gilt Entsprechendes.

66

1. Phonetik und Phonologie

ist jedoch im Spanischen überflüssig, da die velaren Vokale immer gerundet, die palatalen immer gespreizt sind. Palatale gerundete Vokale wie im Deutschen oder Französischen, z. B. <ö> [ø], <ü> [y] kommen nicht vor.

1.2.1.3. Für die Beschreibung der Konsonanten müssen generell verschiedene Artikulationsarten unterschieden werden:

a) Bei **Verschlußlauten**, (**Okklusiven**, *oclusivas*, oder **Plosiven**, *plosivas*) wird zwischen Artikulationsorgan und Artikulationsstelle ein Verschluß hergestellt und rasch geöffnet (gesprengt), z. B. [p, t, k, b, d, g]. Man unterscheidet dabei einen Moment der Implosion (Verschluß vor der Sprengung) und einen Moment der Explosion.

b) Bei **Reibelauten** (**Frikativen**, *fricativas*, **Engelauten**) wird durch Verengung des Artikulationskanals eine Reibung erzeugt, z. B. [f, v, s, χ]

c) Bei den **Affrikaten** (*africadas*) handelt es sich um eine Kombination aus Verschluß- und Reibelaut, z. B. [ts] = [c], [tʃ] = [č].

d) Bei den **Nasalen** (*consonantes nasales*) wird ein Verschlußlaut bei der Implosivstellung angehalten, wobei gleichzeitig der Nasenraum freigegeben wird, z. B. [m], [n], [ɲ], [ŋ]

e) Bei **Lateralen** (*laterales*) entweicht die Luft seitlich neben der das Palatum berührenden flachliegenden Zunge, z. B. [l], [ʎ].

f) Bei den **Vibranten** (*vibrantes*) vibriert die Zunge oder das Zäpfchen, z. B. [r]. Nach antiker Tradition werden Laterale und Vibranten auch als **Liquide** (*líquidas*) bezeichnet.[4]

Kontrastiv zum Deutschen ist zu bemerken, daß die stimmlosen Verschlußlaute im Span. nicht aspiriert werden (dt. [tʰatʰ], span. [tinto]. [č] ist ein einziger Laut, der beim Sprechen nicht in [t] + [ʃ] zerlegt werden darf, weswegen wir auch die API-Transkription [tʃ] für unzweckmäßig halten. Die Darstellung der span. r-Laute ist in der wissenschaftlichen Literatur nicht einheitlich. In artikulatorischer Hinsicht wird zwischen einfacher und mehrfacher Vibration unterschieden, in akustischer Darstellung zwischen „vibración floja" und „tensa". Der Unterschied beruht jedoch nicht auf der Quantität (siehe 1.2.3.), da diese im Spanischen keine Rolle spielt, sondern auf der Intensität. Das starke oder gespannte [r̄] ist ein einziger Laut, der nicht durch eine Silbengrenze getrennt werden kann, was auch die orthographischen Trennungsregeln widerspiegeln, z. B. *pe-rro*. Dies gilt auch für [ʎ], orthographisch <ll>, z. B. in *Cas-ti-lla*, und [ɲ] <ñ>, z. B. in *Es-pa-ña*.

---

[4] Aus Platzgründen verweisen wir für die Transkription und entsprechende spanische Beispiele auf NAVARRO TOMÁS/HAENSCH/LECHNER (1970: 35—38) und QUILIS, Antonio (1985), *El comentario fonológico y fonético de textos. Teoría y práctica*, Madrid.

III. Synchronie und Diachronie der spanischen Sprache

1.2.2 Phonetik der Silbe

1.2.2.1. Das Sprechen geschieht aber nicht in Einzellauten, sondern in größeren daraus zusammengesetzten Einheiten. Die kleinste Einheit, in die sich Sprache beim Sprechen zerlegen läßt, ist die Silbe. Deshalb ist es auch für die phonetische Beschreibung wichtig festzustellen, welche Laute selbst eine Silbe bilden können und welche nur an der Bildung einer Silbe mitwirken. „Die Silbe ist einer der wichtigsten und gleichzeitig umstrittensten Begriffe der Phonetik" (SCHUBIGER 1970: 122). Wenn auch der wissenschaftliche Nachweis der Existenz der Silbe Schwierigkeiten macht, so ist sie doch eine Realität der Sprachen, synchron wie diachron. Sie ist vor allem von der akustischen Phonetik her zu erfassen (vgl. vor allem LAUSBERG ³1969: 95—100).

> Die Kette der aneinandergereihten Laute bildet, was die Schallfülle (Sonorität) der einzelnen Laute betrifft, ein wellenförmiges Auf und Ab. Jeder relativ klangvolle Laut, der vom vorhergehenden oder vom folgenden klangvollen Laut durch einen klangärmeren getrennt wird, bildet einen Wellenberg, d. h. einen Schallgipfel. (SCHUBIGER 1970: 123).

Es läßt sich apparativ[5] leicht zeigen, daß offene Vokale sonorer sind als geschlossene, diese wiederum mehr als Vibranten. Es folgen stimmhafte Reibelaute, stimmhafte Verschlußlaute, stimmlose Reibelaute und stimmlose Verschlußlaute. Um einen Schallgipfel gruppieren sich schallärmere Laute in der Reihenfolge ihres Schallfüllegrads. Eine Lautkette hat so viele Silben, wie sie Schallgipfel aufweist, z. B. span. *cantáis* [kan|'ta|is], dt. *Attentat* in rheinisch-westfälischer Lautung ['a|tn|tʰatʰ]. Die Möglichkeiten der Lautgruppierung zu Silben variiert von Sprache zu Sprache sehr stark. So ist im Span. z. B. die Kombination [st], [sp] im Silbenanglitt unüblich, weswegen z. B. *constitución* in [kons|ti|tu|'θjon], dt. *Konstitution* aber in [kon|sti|tu|'tsjoːn] gegliedert wird. Dies schlägt sich auch in den jeweiligen Silbentrennungsregeln orthographisch nieder.

Man unterscheidet offene (freie) Silben (*sílabas abiertas, libres*), die auf Vokal enden (['á|la|mo], ['pa|ðre], ['po|ʎo]), und geschlossene (gedeckte) Silben (*sílabas trabadas*), die auf Konsonant enden ([al|'mwer|θos]).

Die Laute lassen sich nun klassifizieren in silbentragende und nichtsilbentragende. Erstere werden auch **Sonanten** genannt. Sonanten sind alle Vokale, aber auch solche Konsonanten, die silbentragend sein können, vor allem [r],

---

[5] Das wichtigste Hilfsmittel der akustischen Phonetik ist der Spektrograph, der die Schallwelle in ihre Komponenten zerlegt und elektromagnetisch aufzeichnet (s. SCHUBIGER 1970: 32).

1. Phonetik und Phonologie

[l] und [n]. Im Spanischen wird diese Möglichkeit nicht ausgenutzt, aber z. B. im Deutschen, Englischen und in slavischen Sprachen (vgl. engl. *little* [li-tl], tschech. *vlk* 'Wolf', wo [l] Silbengipfel ist).

1.2.2.2. Der Unterschied zwischen **Vokalen**, bei deren Artikulation kein Hemmnis auftritt, und **Konsonanten**, die durch ein Hindernis im Artikulationskanal charakterisiert sind, ist aber nicht nur in akustischer, sondern auch in artikulatorischer Hinsicht fließend. Wenn die extrem geschlossenen Vokale [i] und [u] weiter geschlossen werden, berührt in der Stellung [i] der Zungenrücken das Palatum, und es entsteht ein unsilbischer Konsonant, nämlich der palatale Reibelaut [j]; entsprechend entsteht aus [u] bei weiterem Zurückziehen der Zunge unsilbisches [w]. Konsonanten, die eine so nahe Verwandtschaft zu den geschlossenen Vokalen zeigen, nennt man **Halbkonsonanten** (*semiconsonantes*), wenn sie im Silbenanlaut konsonantischen Charakter haben ([j, w]), **Halbvokale** (*semivocales*), wenn sie im Silbenauslaut keine echte Reibung aufweisen und daher eher vokalischen Charakter haben.[6] Der unsilbische Charakter von Vokalen wird durch das diakritische Zeichen „ ͜ " (i̯, u̯) angedeutet.

1.2.2.3. Hiate (*hiatos*) nennt man die Aufeinanderfolge von Vokalen, von denen jeder einen Silbengipfel darstellt. **Diphthonge** (*diptongos*) sind dagegen Vokalverbindungen in einer Silbe, von denen das eine Element ein Vokal und das andere ein Halbvokal bzw. Halbkonsonant ist. Fällt die Verbindung zum Halbvokal ab, spricht man von **fallenden Diphthongen**, (*diptongos decrecientes*), steigt sie zum Vokal auf, spricht man von **steigenden Diphthongen** (*d. crecientes*). Das Spanische kennt die steigenden Diphthonge [wa, we, wi, wo], z. B. in *lengua* ['leŋgwa], *huevo* ['weβo], *fui* ['fwi], *antiguo* [an'tiɣwo], sowie [ja, je, jo, ju], z. B. in *hacia* ['aθja], *pie* ['pje], *Dios* ['djos], *viuda* ['bjuða] und die im ganzen selteneren fallenden Diphthonge [au̯, eu̯, ai̯, ei̯, oi̯], wie z. B. in *causa, deuda, aire, seis, soy.* Nicht eindeutig ist der Sprachgebrauch bei dem Zusammentreffen von *ui* bzw. *iu*. Im ersten Fall ist die heute übliche Realisierung meistens die eines steigenden Diphthongs (*cuida* ['kwiða]), im zweiten Fall ist der Gebrauch schwankend (*ciudad* [θju'ða(ð)] bzw. [θiu̯'ða(ð)], *viuda* ['bjuða], ['biu̯ða].

Die Kombination aus Halbkonsonant + Vokal + Halbvokal, die eine einzige Silbe darstellt, heißt **Triphthong** (*triptongo*), wie z. B. in *lidiáis* [li-djai̯s], *buey* [bwei̯]. Ob eine Vokalgruppe als Triphthong bzw. Diphthong oder hiatisch gesprochen wird, hängt einerseits phonetisch von der Sprechgeschwindigkeit

---

[6] Siehe dazu HARA, Makoto (1973), *Semivocales y neutralización. Dos problemas de fonología española*, Madrid.

III. Synchronie und Diachronie der spanischen Sprache

ab: Was bei langsamem, betontem Sprechen (sog. Lentoformen) ein Hiat sein kann, kann bei normalem (schnellem) Sprechen (sog. Allegroformen) ein Diphthong bzw. Triphthong sein. Aber auch die Tradition spielt eine Rolle. So werden in Latinismen keine Diphthonge zugelassen, z. B. *a-fec-tu-o-so, ma-nu-al, di-a-blo, ju-i-cio*. Dies ist aber eher eine orthographische Regel als eine phonetische Beobachtung.

1.2.3 Suprasegmentale Elemente

Die Elemente (Segmente) der Lautkette werden nicht nur durch das Auf und Ab der Eigenschallfülle jedes Lautes gegliedert, sondern auch durch eine zusätzliche Variation in bezug auf die Dauer, die Druckbetonung und die Tonhöhe, die sich, bildlich gesprochen, über die Lautkette legt und deswegen **suprasegmental** genannt wird. Suprasegmentale Einheiten (*elementos suprasegmentales*) werden auch als **Prosodeme** (*prosodemas*) bezeichnet. Bei der **Dauer** oder **Quantität** (*cantidad*)[7] wird die Artikulation der Laute gedehnt bzw. bei Verschlußlauten und Affrikaten die Lösung des Verschlusses hinausgezögert. Sie spielt im Spanischen keine Rolle, da Wörter niemals durch die Quantität eines Vokals oder Konsonanten unterschieden werden.[8] Diese phonologische Wertung wird auch durch die phonetische Realität unterstützt: Alle spanischen Vokale sind, auch unter dem Ton, eher kurz. Vereinzelte affektive Längungen bestätigen die Regel.

Bei der **Betonung** (*acento*) unterscheidet man generell den exspiratorischen oder Druckakzent (*acento de intensidad*), bei dem eine Silbe mit größerem Druck als ihre Nachbarsilben ausgesprochen wird (in der Transkription durch ' vor der betonten Silbe angezeigt), und den musikalischen oder Tonakzent (*acento de tonalidad*), bei dem eine Silbe mit einer anderen Tonhöhe als die sie umgebenden gesprochen wird. In bestimmten Sprachen (Chinesisch, Vietnamesisch, in geringerem Maße auch Serbokroatisch, Schwedisch) wird dies zur Unterscheidung von Wörtern ausgenutzt, im Spanischen wie im Deutschen jedoch nur auf Satzebene (z. B. Aussagesatz mit sinkendem Ton, Fragesatz mit steigendem Ton am Ende). In diesem Fall spricht man von **Intonation** (*entonación*), die freilich auch noch weiteren Zwecken auf der Ebene der Rede dienen kann (z. B. Ausdruck des Ärgers, der Ironie, der Höf-

---

[7] Im Gegensatz zur **Qualität**, *calidad*, der Vokale oder Konsonanten, die sich auf die jeweilige Klangfarbe bezieht. Die Länge eines Lautes wird durch : bezeichnet, z. B. [a:], [n:] usw., in älterer Tradition auch durch ¯, z. B. [ā], [n̄] usw.

[8] Auch nicht bei span. /r̄/, das trotz unserer vereinfachten Transkriptionsweise nicht lang, sondern ein starker Vibrant ist.

1. Phonetik und Phonologie

lichkeit usw.). Diese Mechanismen sind jedoch noch wenig erforscht. Der Druckakzent ist im Spanischen phonologisch relevant, da er zur Bedeutungsunterscheidung benutzt wird (vgl. *término* 'Endpunkt', *termino* 'ich beende', *terminó* 'er beendete').

1.3. Grundlagen und Begriffe der Phonologie

1.3.1. Die Phonologie wurde ab 1928 in der Prager Schule des Strukturalismus insbesondere von zwei russischen Mitgliedern, Roman Jakobson und N. S. Trubetzkoy, entwickelt. Ein Vorläufer, der Pole J. Baudouin de Courtenay, war in den siebziger Jahren des vorigen Jahrhunderts in Kazan'/Rußland zu der psychologisch begründeten Vorstellung gekommen, daß die unendlich verschiedenen tatsächlich geäußerten Laute im Bewußtsein der Sprecher einer Sprache einer genau angebbaren Menge von Lauttypen entsprechen. Dieses auch von de Saussure vertretene Konzept wurde von Trubetzkoy zu einem funktionellen entwickelt, das vor allem auf dem Begriff der gegenseitigen Unterscheidung, der **Opposition**, beruht. Betrachtet werden in der Phonologie Trubetzkoys nicht alle vorkommenden Laute auf der gleichen Ebene, sondern als distinktiv werden nur die „Schallgegensätze" bezeichnet, „die in der betreffenden Sprache die intellektuelle Bedeutung zweier Wörter differenzieren können". Die phonologische Analyse bedient sich natürlich der phonetischen Beschreibung. Sie zerlegt die Laute in ihre artikulatorischen oder akustischen Komponenten und filtert daraus die distinktiven oder merkmalhaften Züge (*rasgos distintivos*) heraus. So beruht z. B. die distinktive Funktion von /p/ im Span. auf dem Merkmal der Stimmlosigkeit gegenüber /b/, ein Schallgegensatz, der z. B. in /'prisa/ gegenüber /'brisa/ ausgenutzt wird. Dagegen beruht z. B. die Opposition /b/ — /d/ auf dem Merkmal 'labial' für /b/, 'dental' für /d/.

1.3.2. Grundeinheit der Phonologie sind die **Phoneme**[9] (*fonemas*) als kleinste bedeutungsunterscheidende sprachliche Einheiten. Phoneme haben als solche niemals eine Bedeutung[10], aber bedeutungsunterscheidende Funktion. Ob eine solche vorliegt, wird anhand der Substitution in einer Kommutationsprobe festgestellt. Die **Kommutation** (*conmutación*) zweier Laute (**Phone**, *fonos*) geschieht am besten in einem Minimalpaar, d. h. zwei sprachlichen Zeichen mit der gleichen Anzahl von Lauten, bei dem einer gegen den anderen ausgetauscht und geprüft wird, ob sich dadurch ein Bedeutungsun-

---

[9] Davon sind im angloamerikanischen Bereich „Phonem(at)ik" und „phonem(at)isch" statt „Phonologie" und „phonologisch" abgeleitet.
[10] Es sei denn, sie sind auch gleichzeitig sprachliche Zeichen, wie z. B. *a* als Präposition, *e*, *y* oder *o*, *u* als Konjunktionen.

III. Synchronie und Diachronie der spanischen Sprache

terschied ergibt. Ersetzen wir z. B. in *vino* ['bino] 'Wein' (oder 'er kam') [b] durch [p], so erhalten wir ['pino], was 'Fichte, Kiefer' bedeutet. Ist die distinktive Funktion einmal festgestellt, so sind beide Laute Phoneme, und wir sagen, daß sie zueinander in Opposition stehen (/b/ — /p/), nicht nur in dem Minimalpaar, sondern ganz allgemein. Eine Opposition kann jedoch immer nur zwischen zwei positiven Phonemen bestehen, nicht zwischen einem positiven Phonem und einem Phonem Null, ø. Zwar besteht auch zwischen *vino* und *vinos* ein Schall- und ein Bedeutungsunterschied, jedoch keine phonologische Opposition des Typs */'binoø/ — /'binos/, da ø keine merkmalhaften Züge hat, d. h. keiner phonetischen Realität entspricht.

1.3.3. Wenn die Substitution trotz eines Schallgegensatzes keinen Bedeutungsunterschied hervorruft, nennt man den zu prüfenden kontrastierenden Laut eine **Variante** (*variante*) oder ein **Allophon** (*alófono*) desjenigen Phonems, zu dem es in Kontrast gesetzt wurde. Einen Kommutationstest unternimmt man nur zwischen artikulatorisch verwandten Lauten, da ja die mögliche Opposition in nur einem distinktiven Zug bestehen kann (siehe 1.3.1.). Es ist nicht sinnvoll, eine mehrfache Opposition, z. B. /r/ 'leichter Vibrant, alveolar, stimmhaft' — /p/ 'Okklusiv, bilabial, stimmlos', zu untersuchen. Der Kontrast [b] — [β] z. B. ist im Span. phonologisch nicht relevant (*no pertinente*), da er keinen Bedeutungsunterschied hervorruft (['kabra] — ['kaβra]). Vielmehr ist die **Distribution** aller sth. Okklusive und der homorganen Frikative, also [b, d, g] bzw. [β, ð, γ], so geregelt, daß die Verschlußlaute immer im absoluten Anlaut, d. h. nach Pause, und nach homorganem Konsonant auftreten, die Frikative dagegen in allen anderen Positionen, besonders intervokalisch auftreten. Diese normative Erscheinung (vgl. II.4.3.) nennt man **komplementäre Verteilung** (*distribución complementaria*): *vino* ['bino] — *un vino* [um'bino] — *el vino* [el'βino] — *su vino* [su'βino]; *dedo* ['deðo] — *grande* ['grande] — *el dedo* [el'deðo] — *su dedo* [su'ðeðo]; *gana* ['gana]; *tengo* ['teŋgo]; *cargo* ['karγo]; *pago* ['paγo]. Wegen fehlender phonologischer Opposition werden jeweils die Phoneme /b/, /d/, /g/ angenommen, so daß /su'bino/, /su'dedo/, /'pago/ usw. transkribiert wird.[11] Ein durch Assimilation an den folgenden Konsonanten hervorgerufenes Allophon kann z. B. auch [z] in *mismo* ['mizmo] sein.

---

[11] Dies ist jedoch rein konventionell. Man könnte auch ein Phonem /β/ annehmen und [b] als seine Variante bestimmen. In Wirklichkeit ist das Phonem die abstrakte Größe, die die Merkmale enthält, die [b] und [β] gemeinsam sind, also oraler, bilabialer, stimmhafter Konsonant ohne Angabe der Artikulationsart. Dafür fehlt aber ein Transkriptionssymbol.

1. Phonetik und Phonologie

1.3.4. Wenn eine Opposition an einer bestimmten Stelle aufgehoben wird, so spricht man von Neutralisation (*neutralización*):

> Una oposición se neutraliza cuando no funciona en ciertas posiciones. Cuando esto ocurre, las marcas específicas de uno de los términos de la oposición pierden su valor fonológico y sólo quedan como pertinentes los rasgos que los dos términos tienen en común. El conjunto de particularidades distintivas que son comunes a los dos fonemas neutralizados es lo que se denomina *archifonema*. (QUILIS 1985: 40—41).

Ein Musterbeispiel ist die sog. Auslautverhärtung (Entsonorisierung) im Deutschen: Im Wortauslaut wird die im Inlaut existierende Opposition zwischen stimmhaften und stimmlosen Konsonanten, insbesondere Okklusiven, z. B. *baden-baten* /'ba:dn/ — /'ba:tn/, aufgehoben, da hier nur stl. Konsonanten realisiert werden: *Rad — Rat* [ra:t]. Phonologisch tritt als Stellvertreter für die neutralisierten Phoneme das **Archiphonem** (*archifonema*), hier /T/ ein, das die gemeinsamen Merkmale von /t/ und /d/ enthält (/ra:T/). Archiphoneme werden in der Transkription durch Großbuchstaben dargestellt.[12] Im Spanischen finden sich Neutralisierungen z. B. zwischen den zwei Nasalen /n/ und /m/ durch Assimilation des jeweiligen Nasals an den folgenden Konsonanten, wodurch phonetisch eine Vielzahl von Varianten entsteht. Auf jeden Fall ist z. B. vor Labial die Opposition 'dentaler Nasal' /n/ — 'labialer Nasal' /m/ aufgehoben, da *[nb] phonetisch nicht üblich und also keine Opposition */n/ — /m/ + /b/ denkbar ist (vgl. *en Burgos* [em'burɣos], /eN'burgos/, wobei die Wahl von /N/ statt z. B. /M/ willkürlich und eher konventionell ist. Auch /M/ oder /N/ wäre möglich. Neutralisiert sind die Nasale auch im Auslaut (*álbum* ['albun] /'albuN/), was auch diachron zu orthographischen Anpassungen geführt hat: **Adam > Adán*.

Die Opposition /r/ — /r̄/ funktioniert nur intervokalisch (*pero — perro*), nicht aber im Anlaut, wo nur [r̄] erscheint (*rueda* [r̄weða]), und nicht im Auslaut, wo nur [r] möglich ist (*dar* [dar], *carta* ['karta]); daher phonologisch /'Rueda/, /daR/, /'kaRta/.

1.4. Synchrone spanische Phonologie

Die Darstellung der Grundzüge der spanischen synchronen Phonologie, auf die wir uns hier beschränken müssen, ist z. T. schon in den vorangegangenen Abschnitten zu den Allophonen und zur Neutralisierung begonnen worden.

---

[12] Die Möglichkeit der Neutralisierung spielt in strukturalistischen Untersuchungen auch über die Phonologie hinaus in der Grammatik und Lexikologie eine große Rolle.

III. Synchronie und Diachronie der spanischen Sprache

1.4.1. Das phonologische System der spanischen Vokale zeigt folgendes Bild, wenn man berücksichtigt, daß der Konvention entsprechend die palatalen Vokale links, die velaren rechts, die geschlossenen oben und die offenen unten angeordnet werden: Da das Spanische nur einen offenen zentralen Vokal /a/ hat, werden die Vokale in einem sogenannten Vokaldreieck, hier mit drei Öffnungsgraden dargestellt.[13]

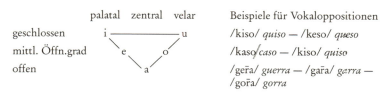

	palatal zentral velar	Beispiele für Vokaloppositionen
geschlossen	i — u	/kiso/ *quiso* — /keso/ *queso*
mittl. Öffn.grad	e o	/kaso/ *caso* — /kiso/ *quiso*
offen	a	/gera/ *guerra* — /gara/ *garra* — /gora/ *gorra*

Die unbetonten Vokale bilden im Vorton und Nachton ein gleiches System, nur im unbetonten Auslaut sind /i/ und /u/ äußerst selten (*cursi* 'kitschig', *tribu* 'Volksstamm'). In der Norm werden besonders die mittleren Öffnungsgrade durch je zwei idealtypische Varianten realisiert, z. B. *beso* ['beso] — *puerta* ['pwɛrta], *boda* ['boða] — *hoja* ['ɔxa] (vgl. II.4.4.1.). Die Diphthonge und Triphthonge bilden nicht eigene Phoneme, sondern werden als Phonemkombinationen betrachtet: /'kuanto/ — /'kuento/, /sejs/ — /sojs/. Allerdings ist der phonologische Status der Halbvokale bzw. Halbkonsonanten umstritten. Während /j/ intervokalisch vorkommt und dort in Opposition z. B. zu /ʎ/ steht (*cayó* /ka'jo/ — *calló* /ka'ʎo/), ist dies bei [w] nicht möglich. Dies spricht für ein Phonem /j/, während [w] wohl als Variante von /u/ betrachtet werden muß.[14]

1.4.2. Das System der spanischen Konsonanten läßt sich in folgendem zweidimensionalen Schema darstellen (regelmäßige Allophone eingeklammert):

---

[13] Die lautschriftliche Notation (Transkription) geschieht bei phonetischer Betrachtungsweise zwischen [ ], bei phonologischer Betrachtungsweise zwischen / /. Das üblichste ist das hier verwendete Transkriptionssystem der Association Phonétique Internationale. Es gibt jedoch zahlreiche andere Traditionen, wie z. B. die der historischen Phonetik, offene Vokalqualitäten durch „ ͺ" (z. B. ę, ǫ) und geschlossene Vokalqualitten durch „˙" (z.B. ė, ȯ) zu kennzeichnen. In der spanischen Tradition werden die Affrikaten durch ˆ, in der slavistischen Tradition durch den „Háček" (ˇ) gekennzeichnet, siehe anschließend 1.4.2.

[14] Siehe zu der Problematik vor allem HARA, Makoto (1973), *Semivocales y neutralización. Dos problemas de fonología española*, Madrid, mit zusammenfassender Diskussion des Forschungsstandes.

1. Phonetik und Phonologie

	bilabial	labio-dental	inter-dental	dental	alveolar	palatal	velar
Stimmbeteiligung	− +	− +	− +	− +	− +	− +	− +
Okklusive	p b			t d			k g
Frikative	(β)	f	θ (ð)		s (z)	j	x (γ)
Affrikaten						č	
Nasale	m				n	ɲ	(ŋ)
Laterale					l	ʎ	
Vibranten leicht stark					r r̄		

Eine weitere Artikulationsart bilden die **Approximanten** (*aproximantes*). Es handelt sich, vereinfacht gesagt, um unsilbische Laute zwischen Vokalen und Konsonanten, ohne Verschluß und Reibung, wie z.B. labiovelares [w] in Diphthongen, im Span. als Allophon von /u/.

Einige Minimalpaare mögen den Phonemcharakter zeigen: /peso/ — /beso/ (aber nicht [beso] — [βeso]), /pResa/ — /fResa/, poro/ — /moro/, /pino/ — /čino/, /Ropa/ — /Roka/, /kueRdo/ — /kueRno/, /poʎo/ — /pojo/, /loro/ — /ʎoro/, /karo/ — /kar̄o/.

Die Angabe der Artikulationsorte kann bei der notwendigen Vereinfachung der Darstellung besonders im Bereich 'dental — alveolar' und 'alveolar — palatal' in den Handbüchern unterschiedlich sein. Allerdings werden die Phoneme in den verschiedenen Sprachen auch unterschiedlich realisiert. So ist [s] im Französischen prädorsal-dental, d.h. mit dem vorderen Zungenrücken an den Zähnen, im Deutschen prädorsal-alveolar, im Standardspanischen aber apiko-alveolar, d.h. mit der Zungenspitze am Zahndamm gebildet. Die palato-alveolaren Frikative [ʃ], [ʒ] (in anderer Transkriptionstradition [š], [ž]) kommen im Standardspanischen nicht vor; [ž] ist aber z.B. in gewissen Formen des amerikanischen Spanisch ein Allophon von /j/ (siehe IV.9.3.1). Die Distribution der frikativen Varianten von /b/, /d/, /g/ ist in 1.3.3. skizziert worden. Die Distribution der spanischen einfachen konsonatischen Phoneme, d.h. ohne Berücksichtigung der möglichen Nexus, zeigt keine Einschränkungen für die Anlaut- und Inlautposition,[15] wohl aber für den Auslaut, der in echt spanischen Wörtern nur /s/, /n/, /θ/, /l/, /r/ und /x/ kennt.

---

[15] Allerdings ist /ɲ/ im Anlaut auf Lehnwörter, z.B. *ñandú*, und expressive Bildungen, wie z.B. *ñoño* 'zimperlich', beschränkt.

III. Synchronie und Diachronie der spanischen Sprache

1.5. Diachrone spanische Phonologie und Phonetik

Literaturhinweise

Zusätzlich zu ALARCOS LLORACH (⁴1971) und MACPHERSON (1975):
PENSADO RUIZ, Carmen (1984), *Cronología relativa del castellano*, Salamanca.
ARIZA VIGUERA, Manuel (1999), *Manual de fonología histórica del español*, Madrid.
FRADEJAS RUEDA, José Manuel (²2000), *Fonología histórica del español*, Madrid.

Hier können nur ausschnitthaft einige wichtige Veränderungen des Vokalsystems vom Lateinischen zum Altspanischen unter phonologischem Gesichtspunkt und einige Fakten der historischen Phonetik im Bereich der Konsonanten behandelt werden. Einiges ist auch schon bei der Darstellung der Lautmerkmale der span. Dialekte erwähnt worden (siehe I.4.2.—4.).

1.5.1. Das klassische Latein unterschied 10 Vokalphoneme, die den 5 Vokalphonemen des Spanischen entsprechen, allerdings mit einer jeweils phonologisch relevanten Quantitätenopposition: /pŏpulus/ 'Volk' — /pōpulus/ 'Pappel'. Im Sprechlatein der Kaiserzeit wurde die Quantitätenopposition aufgegeben (sog. Quantitätenkollaps) und durch eine Qualitätenopposition ersetzt, indem ursprünglich kurzes /ĭ/ geöffnet wurde und mit ursprünglich langem /ē/ zu der neuen Qualität /ẹ/ zusammenfiel, während kurzes /ĕ/ nun das Merkmal der Öffnung erhielt, /ę/. Auf der velaren Seite fiel entsprechend ehemaliges /ŭ/ mit /ō/ zu /ọ/ zusammen, während /ŏ/ > /ǫ/.

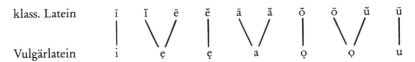

klass. Latein   ī   ĭ   ē   ĕ   ā   ă   ŏ   ō   ŭ   ū

Vulgärlatein   i   ẹ   ę   a   ǫ   ọ   u

Dieses gegenüber dem dreistufigen System des klass. Lateins vierstufige vulgärlat. Vokalsystem bildet die Grundlage für die Vokalentwicklung in den meisten romanischen Sprachen (vgl. LAUSBERG [³1969: 144—149]). Die klass. lat. Diphthonge /oę/ und ae/ wurden schon früh zu [ẹ] und [ę̄] monophthongiert, was wohl den Quantitätenkollaps auslöste. /au/ wurde erst später zu [ǫ] monophthongiert. Für die spätere Entwicklung ist vor allem zwischen betonten und unbetonten Vokalen zu unterscheiden. Hier sollen nur die Vokale unter dem Ton betrachtet werden: Die vulgärlat. Vokale bleiben, soweit sie nicht durch Nachbarlaute beeinflußt werden, im Spanischen unverändert, mit Ausnahme von /ę/ und /ǫ/, die außer vor Palatalen zu [je] und [wo], später [we], diphthongiert werden. So läßt sich der vulgärlat. Zustand noch im heutigen Spanisch an folgenden Beispielen zeigen (Ausgangspunkt lat. Akk. ohne *-m*):

1. Phonetik und Phonologie

pătre > padre, mātre > madre
fĕsta > fiesta, hĕrba > yerba/hierba, pĕde > pie, bĕne > bien
catēna > cadena, mē(n)sa > mesa, vēndit > vende
sĭlva > selva, capĭllu > cabello, spĭssu > espeso, bĭbit > bebe
scrīptu > escrito, filia > hija, filu > hilo, servīre > servir
nŏvem > nueve, bŏnu > bueno, cŏllu > cuello, mŏrte > muerte
ōlla > olla, cognōsco > conozco, periculōsu > peligroso
bŭcca > boca, gŭla > gola, sŭrdu > sordo, ŭrsu > oso; crŭce > cruz (Latinismus)
mūru > muro, condūcit > conduce, tū > tú.

1.5.2. Wichtige Veränderungen im <u>Konsonantismus vom Latein zum Spanischen</u> sollen hier rein phonetisch, d. h. ohne funktionelle Bewertung, erwähnt werden. Dabei nehmen wir vereinfachend drei Stadien (Latein, Altspanisch und Neuspanisch) an (zu wichtigen phonologisch relevanten Umgestaltungen s. IV.8.):

Lateinisch		Altspan.		Neuspan.
c- [k] vor e, i, ae		> [ts]		> [θ]
	centu	> çiento		> cien(to)
	ciuitate	> çibdat		> ciudad
	caelu	> çielo		> cielo
-c- [k]^(e, i)		> [dz]		> [θ]
	vicinu	> vezino		> vecino
	*dicire	> dezir		> decir
g- vor é		> [j] (generu > yerno, gelu > hielo [jelo])		
g-, j- vor e		> —		
	germanu	> ermano		> hermano
	*ienariu	> enero		
j- vor á		> [j] (iacet > yaz > yace)		
j-		> [dž]		> [x]
	iuvene	> joven		
	iudicare	> judgar		> juzgar
pl-		> [ʎ] (plorare > llorar, plenu > lleno)		
cl- [kl-]		> [ʎ] (clamare > llamar, clave > llave)		
fl-		> [ʎ] (flamma > llama)		
f-		> [h]		> —
	farina	> [ha'rina]		> [a'rina]
-ct- [-kt-], -ult-		> [č] (nocte > noche, octo > ocho, multu > mucho)		
-cl- [-kl-], -lį-		> [dž]		> [x]

III. Synchronie und Diachronie der spanischen Sprache

	oc(u)lu > ojo ['odžo] > ['oxo]
	auric(u)la > oreja [o'redža] > [o'rexa]
	*muliére > muger [mu'džer] > mujer [mu'xer]
	filia > fija ['fidža] > hija ['hidža] > ['ixa]
-ll-	> [ʎ] (caballu > [ka'βaʎo]
-nn-, -nį-	> [ɲ] (annu > año, Hispania > España)
-tį-	> [dz] > [ts] > [θ]
	ratione > razón [ra'dzon] > [ra'tson] > [ra'θon]
	puteu > pozo ['podzo] > ['potso] > ['poθo]
-cį- [-kj-]	> [ts] > [θ]
	brachiu > braço ['bratso] > brazo ['braθo]
-m'n-	> -mbr- (hom(i)ne > hombre, fam(i)ne > hambre)

Zu beachten ist, daß die lat. Betonung von wenigen Ausnahmen abgesehen im Romanischen unverändert bleibt. Im Span. werden unterschieden: endbetonte Wörter (**Oxytona**, *palabras agudas*), auf der vorletzten Silbe betonte (**Paroxytona**, *p. llanas*) und auf der drittletzten Silbe betonte Wörter (**Proparoxytona**, *p. esdrújulas*). Die Synkope (*síncopa*) ist das Schwinden einer unbetonten Silbe zwischen Haupt- und Nebenton: *fáminè > *fám'ne > hambre, óculù > óc'lu > ojo*. Alle oben (in Auswahl) angeführten Entwicklungen stellen die normale Entwicklung dar, sie gelten nicht für gelehrte Wörter.

Aufgaben

1. Identifizieren Sie anhand der folgenden Angaben die jeweils gemeinter. Phone:
   - stimmhafter velarer Okklusiv
   - stimmhafter palataler Frikativ
   - oraler palataler Vokal mit mittlerem Öffnungsgrad
   - stimmloser alveolarer Frikativ
   - palataler Nasal
2. Transkribieren Sie phonetisch und phonologisch folgende Wörter: *viene, puede, abril, pañuelo, ciudad, tengo, llegáis*.
3. Untersuchen Sie die Distribution der spanischen Konsonanten im Anlaut.
4. Informieren Sie sich bei Trubetzkoy über die phonologische Wertung von Diphthongen und Affrikaten.

2. Morphologie

2.1. Die nach der Phonologie, der Ebene der kleinsten **bedeutungsunterscheidenden** Elemente, nächsthöhere Ebene der sprachlichen Strukturie-

2. Morphologie

rung ist die der kleinsten **bedeutungstragenden** Elemente, der **Morpheme** (*los morfemas*). Die **Morphologie** (*morfología*) ist also die Lehre von den Formen als kleinsten bedeutungstragenden Elementen der Sprache. Ein Morphem ist demnach ein minimales, nicht weiter unterteilbares sprachliches Zeichen mit *significante* und *significado*. Nun gibt es sprachliche Bedeutungen, die sich auf die außersprachliche Wirklichkeit beziehen und dort Einheiten (Gegenstände, Erscheinungen, Vorstellungen, Qualitäten, Tätigkeiten, Zustände usw.) abgrenzen. Diese werden in der europäischen Tradition der Sprachwissenschaft **Lexeme** (oder **Semanteme**) genannt (vgl. II.3.1.). Sie bilden zusammen die große Liste der Einheiten des Lexikons oder Wortschatzes (*el léxico*). Den lexikalischen Elementen (*elementos léxicos*) gegenüber stehen die grammatischen (*gramatisales*), die Relationen und Bestimmungen innerhalb oder zwischen den Lexemen ausdrücken. Hierzu gehören Präpositionen und Konjunktionen ebenso wie die grammatischen Personen beim Verb, Tempora oder Numeri (Singular-Plural). Die solche grammatischen Bedeutungen (Funktionen) ausdrückenden Morpheme werden in der europäischen Tradition **Morpheme im engeren Sinne** genannt. Morphem ist also Oberbegriff (minimales sprachliches Zeichen) und gleichzeitig Unterbegriff (grammatisches Morphem). In der amerikanischen Sprachwissenschaft, die sich auf L. Bloomfield[16] beruft, spricht man von lexikalischen und grammatischen Morphemen und klassifiziert sie nach ihrer Distribution in freie (z. B. Präpositionen) und gebundene Morpheme (z. B. Verbendungen, Pluralmorpheme). Die grammatischen gebundenen Morpheme werden noch in Flexionsmorpheme (Deklination und Konjugation) und Derivationsmorpheme (Ableitung in der Wortbildung, siehe III.4.) unterteilt. A. MARTINET (1960, vgl. II) hingegen gebraucht **Monem** als Oberbegriff für Lexem und Morphem (vgl. II.3.1.):

2.2. Die Lexeme werden in der Lexikologie untersucht (siehe III.5.), die Morpheme in der Morphologie. Daher führen die verschiedenen Terminologien in der Praxis nicht zu Unklarheiten. In der Linguistik bevorzugt man Monem (oder Morphem) gegenüber „Wort", weil dieses nicht eindeutig abgrenzbar ist: Besteht z. B. *ich habe gesungen* wegen der Orthographie aus drei Wörtern oder ist es nur eins, weil es doch eine einheitliche Verbform ist?

---

[16] Vgl. BLOOMFIELD, Leonard (1933), *Language*, New York. — Siehe auch SCHPAK-DOLT, Nikolaus (1999), *Einführung in die Morphologie des Spanischen*, Tübingen; RIVAS ZANCARRÓN, Manuel (2003), *Problemas de morfología española*, Bern usw.: Lang.

Die Zahl der Moneme ist nicht immer leichter zu ermitteln, aber besser zu begründen:

ich   *hab-*   *-e*   *ge-X-en*   *sung*
'Pers.Pron. 1. P. Sg.' 'Hilfsverb'-1. P. Sg. 'Part.Perf.' Lexem

Da Morpheme (Moneme) immer Zeichen mit Ausdruck und Inhalt sind, kann es in unserem Fall kein Morphem *ge-* geben, da *ge-* allein nichts bedeutet. Wir haben es beim deutschen Partizip Perfekt Passiv mit einem sog. diskontinuierlichen Morphem (*ge-* + *-t* in *gehabt*, *ge-* + *-en* in *gesungen*) zu tun, wobei das Lexem zwischen beide Morphemteile eingefügt wird. *Ich habe gesungen* besteht also aus zumindest fünf Monemen, wobei zwei Moneme redundant die Person angeben und zwei Moneme (Hilfsverb + Part.Perf.) periphrastisch das Tempus 'Perfekt' ausdrücken.

2.3. Da Ausdruck und Inhalt so eng zusammenhängen, ist bei der morphologischen **Analyse** die Bedeutung immer mit dem **Ausdruck** zusammen festzustellen. Dabei fällt auf, daß ein grammatischer Inhalt häufig durch verschiedene, allerdings jedesmal in der Norm festgelegte Morpheme ausgedrückt wird. So finden wir für 'Plural' im Spanischen neben *-s* (*casa-s, hombre-s*) auch *-es* (*rey-es, ciudad-es, israelí-es*) und ø (*análisis-ø*). Das Pluralmorphem des Spanischen hat also für den einen Inhalt 'Plural' drei Ausdrücke: **Allomorphe** (*alomorfos*) oder **Varianten** (*variantes*). Die Allomorphie ist etwas sehr Häufiges in indoeuropäischen Sprachen. So lautet das Allomorph für 'Imperfekt' im Spanischen *-ba-* bei Verben, die als Themavokal *-a-* haben (*cant-a-ba-n*), *-ía-* bei allen anderen Verbklassen (Themavokal *-e-* oder *-i-*: *ten-ía-n, dorm-ía-n*). Die sog. unregelmäßigen Verben zeichnen sich durch starke lexikalische Allomorphie aus, wobei jedes Allomorph in der Sprachnorm an bestimmte Umgebungen, d. h. eine Kombination mit einer bestimmten Person, einem bestimmten Tempus usw. gebunden ist („gebundenes Morphem"). Als Beispiel diene das Verb *tener*:

    teng-   (*teng-o, teng-a, teng-a-s* usw.)
    ten-   (*ten-er, ten-e-mos, ten-ía-is, ten-i-do*)
    tien-   (*tien-es, tien-e*)
    tuv-   (*tuv-e, tuv-iste* usw. *tuv-ie-se-s* usw., *tuv-ie-ra-s* usw.)
    tend-   (*tend-r-ía-mos, tend-r-e-mos*).

Im einzelnen wird dies üblicherweise in den Grammatiken beschrieben.

2.4. Bei morphologischen Analysen von Texten stellt man häufig fest, daß einem Morphem an einer anderen Stelle des gleichen Paradigmas kein positives Morphem entspricht, sondern ein Null-Zeichen. Im Gegensatz zur Phonologie, wo es kein Null-Phonem gibt, weil es für nichts Reales stehen würde,

2. Morphologie

rechnet man in der Morphologie durchaus mit **Nullmorphemen** (*morfemas cero*), da ihnen trotz fehlenden Ausdrucks sehr wohl ein Inhalt entspricht. So wird z. B. im Paradigma des Indikativ Präsens

    cant-o   *cant-a-mos*
    cant-a-s   *cant-á-is*
    cant-a-ø   *cant-a-n*

die 3. P. Sg. gegenüber *-s*, *-mos*, *-is*, *-n* durch ø ausgedrückt. Die 1. P. Sg. zeigt die für flektierende Sprachen typische Erscheinung eines komplexen Morphems, das gleichzeitig Konjugationsklasse, Person und Tempus enthält. In den übrigen Formen müßte man nach dem Klassifikator *-a-* ein ø-Morphem für das Tempus 'Präsens' annehmen, das dem *-ba-/-ía-* des Imperfekts und dem *-r-* des Futur/Konditionals gegenübersteht:

    cant-a-ø- s   wie *vend-e-ø- s*,   *escribe-ø- s*
    cant-a-ø- ø   wie *vend-e-ø- ø*,   *escribe-ø- ø*
    cant-a-ba- s   wie *vend-ø-ía- s*,   *escribø-ía- s*
    cant-a-ba- ø   wie *vend-ø-ía- ø*,   *escribø-ía- ø*
    cant-a-r- á-ø   wie *vend-e-r-á-ø*,   *escrib-i-r-á- ø*
    cant-a-r-ía-s   wie *vend-e-r-ía-s*,   *escrib-i-r-ía-s*

Für das Morphem *-r-* in Verbalformen setzen wir eine unspezifizierte Funktion 'Futur/Konditional' an, da erst durch das folgende Tempusmorphem (*-é-/ -á-* bzw. *-ía-*) die Funktion spezifiziert wird. Der morphologisch deutliche Zusammenhang zwischen Futur und Konditional wird auch durch das Gemeinsame der Bedeutung gerechtfertigt.

2.5. Für die **diachrone Morphologie** des Spanischen besitzen wir ein ausgezeichnetes Handbuch: ALVAR, Manuel — POTTIER, Bernard (1983), *Morfología histórica del español*, Madrid. Ein Beispiel für eine Entwicklung vom mittelalterlichen zum modernen Spanischen ist der Wandel der Morpheme für die 2. P. Pl. von *-des* zu *-is* (lat. *cantatis* > *cantades* > *cantáis, timetis* > *temedes* > *teméis, auditis* > *oídes* > *oís*). Dieser Wandel, der schon in der ersten span. Grammatik von NEBRIJA (1492) erwähnt wird, vollzieht sich bei paroxytonen Formen vom 14. bis zum Beginn des 16. Jh., während sich proparoxytone Formen (*hubiéredes, quedásedes, tuviérades, diríades*) fast zwei Jahrhunderte länger hielten und erst Ende des 17. Jh. vollständig den modernen Formen (*hubiéreis, quedáseis, tuviérais, diríais*) wichen.

Historischen morphologischen Wandel zeigen auch die Formen des Futurs vom Lateinischen zum Spanischen, mit dem allerdings zunächst auch ein Bedeutungswandel einherging. Die Idee des Zukünftigen verlangt eine große Abstraktionskraft und wird daher in den indoeuropäischen Sprachen häufig morphologisch erst spät entwickelt und durch Periphrasen ausgedrückt. Das klassische Latein hatte verschiedene Allomorphe des Futurs (*-bo*, *-bis* usw. bzw. *-am*, *-es* usw.). In der lateinischen Sprechsprache wurden mit der Zeit Konkurrenten mit stärker affektiv-modaler Bedeutung populär, wie z. B. die Typen ILLUD HABEO DICERE 'he de decirlo', 'ich habe es zu sagen und werde es auch tun', HABEO AD DICERE, VOLO DICERE 'ich will es sagen', DEBEO DICERE 'ich soll und muß es sagen'. Der erste Typ hat sich in den meisten romanischen Sprachen durchgesetzt[17], allerdings in einer Form, die in lat. Texten kaum belegt ist, nämlich in der Folge „Infinitiv + *habeo.*" Aus der Bedeutung der Verpflichtung ist später wieder ein Futur geworden, wobei die morphologische Verschmelzung im Altspanischen noch nicht vollkommen war: HABENT CANTARE > *han cantar* bzw. CANTARE HABENT > *cantar han* > *cantarían*. Parallel zum Futur ist im Vulgärlateinischen das Konditional aus der analogen Periphrase „Infinitiv + Imperfekt von HABERE" gebildet worden: CANTARE HABEBA(M) > *cantaría*. Es zeigt in allen romanischen Sprachen diese Analogie zum Futur. Hier zeigt sich die Berechtigung der morphologischen Analyse, bei der *-r-* als Futur-/Konditionalmorphem isoliert wurde. Neben der (gegenüber dem Vulgärlat.) neuen synthetischen Futurform ist im Span. eine analytische Form mit der Bedeutung der Verpflichtung erhalten geblieben (Typ *he de hacerlo*) und hat sich eine populäre Futurform mit Gegenwartsbezug entwickelt (*voy a hacerlo*).

Aufgaben

1. Nennen Sie die Stammallomorphe von *poner, saber, decir, traer, servir, querer*.
2. Machen Sie eine morphologische Analyse von *Esta tarde llegarán mis hermanas*.

3. Grammatik und Syntax

3.1. Grammatik

3.1.1. Begriff der Grammatik

In einem weiteren Sinn wird „Morphologie" meistens als Lehre von den Formen mit ihren Bedeutungen gebraucht. Es kann aber wegen des Umfangs des Gebietes zweckmäßig sein, die Lehre von den (bedeutungstragenden) gram-

---

[17] VOLO DICERE ist Grundlage für den rumänischen Futurtyp *voi zice*, DEBEO DICERE für einen sardischen Futur- und Konditionaltyp und HABEO AD/DE DICERE für eine überall verbreitete Periphrase der Verpflichtung (*he de decírselo*), die nur im Rum. auch futurische Bedeutung hat (*am să-i zic* 'ich werde es ihm sagen').

3. Grammatik und Syntax

matischen Formen zu trennen von der Untersuchung der grammatischen Inhalte und erstere in einem eingeschränkten Sinn „Morphologie", letztere „Grammatik" zu nennen. Die Grammatik als Ebene der grammatischen Funktionen unterhalb der Satzebene ist dann zu trennen von der Syntax als Satzlehre und Ebene des Syntagmatischen (vgl. II.6.). Wenn auch Morphologie, Grammatik und Syntax vielfältig miteinander zusammenhängen und eine saubere Trennung manchmal nicht möglich ist, so bevorzugen wir doch die prinzipielle Unterscheidung gegenüber der häufig anzutreffenden Praxis, die mit dem undifferenzierten Begriff „Morphosyntax" (*morfosintaxis*) arbeitet.

Literaturhinweise

a) Synchrone Grammatiken

ALARCOS LLORACH, Emilio (1994), *Gramática de la lengua española*, Madrid.
ALCINA FRANCH, Juan — BLECUA, José Manuel ([9]1994), *Gramatica española*, Barcelona. (Mit sprachhistorischen Hinweisen).
ALONSO, Amado — HENRÍQUEZ UREÑA, Pedro ([26]1971), *Gramática castellana*, 2 Bde., Buenos Aires. (Wichtig für die Bemühungen um eine hispanoamerikanische Norm).
BELLO, Andrés — CUERVO, Rufino José ([8]1970), *Gramática de la lengua castellana*, Buenos Aires.
BELLO, Andrés (1847), *Gramática de la lengua castellana al uso de los americanos*, Santiago de Chile (Edición crítica de R. Trujillo, Santa Cruz de Tenerife 1981).
BERSCHIN, Helmut — FERNÁNDEZ-SEVILLA, Julio — FELIXBERGER, Josef ([2]1995: 160—283), S. 159—283.
BOSQUE, Ignacio/DEMONTE, Violeta (directores) (1999), *Gramática descriptiva de la lengua española*, 3 Bde., Madrid. (Derzeit umfassendste spanische Grammatik).
VERA-MORALES, José ([3]1999), *Spanische Grammatik*, München/Wien.
BUTT, John/BENJAMIN, Carmen ([3]2000), *A New Reference Grammar of Modern Spanish*, London.
HERNÁNDEZ ALONSO, César ([2]1986), *Gramática funcional del español*, Madrid.
MARCOS MARÍN, Francisco (1980), *Curso de gramática española*, Madrid.
REAL ACADEMIA ESPAÑOLA (1973), *Esbozo de una nueva gramática de la lengua española*, Madrid.
REUMUTH, Wolfgang — WINKELMANN, Otto (1991), *Praktische Grammatik der spanischen Sprache*, Wilhelmsfeld.
Als kontrastive Grammatik: CARTAGENA, Nelson — GAUGER, Hans-Martin (1989), *Vergleichende Grammatik Spanisch-Deutsch*, 2 Teile, Mannheim-Wien-Zürich.

b) Historische Grammatiken

Neben dem schon erwähnten Werk von ALVAR/POTTIER (siehe 2.5.):
ECHENIQUE ELIZONDO, Maria Teresa/MARTÍNEZ ALCALDE, Maria José (2000), *Diacronía y gramática histórica de la lengua española*, Valencia.

III. Synchronie und Diachronie der spanischen Sprache

GARCÍA DE DIEGO, Vicente (³1970), *Gramática historica española*, Madrid.
LATHROP, Thomas A. (1984), *Curso de gramática histórica española*. Con la colaboración de Juan Gutiérrez Cuadrado. Barcelona.
LLOYD, Paul M. (1987), *From Latin to Spanish. I: Historical Phonology and Morphology of the Spanish Language*, Canton, Mass. Span. (1993), *Del latín al español*, Madrid.
PENNY, Ralph (2001), *Gramática histórica del español*, Barcelona.
SÁNCHEZ-MIRET, Fernando (2001), *Proyecto de gramática histórica y comparada de la lenguas romances*, 2 Bde., München.

3.1.2. Exemplarische Beschreibung der spanischen Demonstrativa — synchron und diachron

Als Beispiel für eine funktionelle grammatische Beschreibung auf der Ebene des Sprachsystems wird hier das Subsystem der spanischen Demonstrativa gewählt. Die Demonstrativa sind in jeder uns bekannten Sprache der Welt die sprachlichen Zeichen für die Deixis (span. *la deixis*, von griech. 'das Zeigen'). Ausgangspunkt jeder Deixis ist der Sprecher[18], der den Raum zeigt, wo er steht, und damit die räumlichen Distanzen zum Du und zu den Personen und Dingen außerhalb des Dialogs angeben kann. Dies ist die Grundlage für die grammatischen Personen. Das spanische deiktische System ist dreigliedrig und entspricht damit genau den grammatischen Personen: *este, -a, -o* bezeichnet die Nähe zum Sprecher, *ese, -a, -o* die Distanz vom Sprecher zum Angesprochenen und *aquel, -lla, -llo* die Entfernung vom Sprecher zur grammatischen 3. Person, d. h. zu jemandem oder etwas außerhalb des Dialogs Stehendem. Das zweigliedrige demonstrative System des Deutschen kennt nur eine der 1. Person (*dieser*) und eine der 3. Person entsprechende Form (*jener*). In der Umgangssprache ist es zugunsten eines eingliedrigen Systems mit sekundärer räumlicher Deixis (*dieser hier — dieser da*) aufgegeben. Das Paradigma der spanischen Demonstrativa gliedert sich im syntaktischen Gebrauch in Demonstrativadjektive und Demonstrativpronomina, die sich jedoch nur orthographisch unterscheiden, indem die Pronomina einen diakritischen Akzent bekommen (*éste, ésta* usw.), jedoch nicht die neutralen Formen, da sie nur pronominal vorkommen und nicht von entsprechenden Adjektiva unterschieden werden müssen.

---

[18] Vgl. zur Origo des Hier-Jetzt-Ich-Systems vor allem Karl BÜHLER (1934), *Sprachtheorie*, Jena, 2. Aufl. Stuttgart 1965; span. *Teoría del lenguaje*, Madrid ²1961, Kap. II. § 7. Die Übertragung der Deixis vom Raum auf die Zeit begründet die temporale Deixis in *ahora — entonces, hoy — ayer — mañana* und die verbalen Tempora, die alle auf dem Jetzt bzw. Nicht-Jetzt des Sprechers beruhen.

3. Grammatik und Syntax

In diachroner Hinsicht ist für die spanischen Demonstrativa eine Bewahrung der Dreistufigkeit vom Lateinischen bis heute festzustellen und insofern nur ein morphologischer, kein funktioneller Wandel zu verzeichnen. Das klass. Latein kannte ein unspezifisches Demonstrativum *is, ea, id*, das wohl schon wegen seiner geringen Lautsubstanz im Vulgärlatein nicht gebraucht und ins Romanische nicht tradiert wurde. Der ersten Person entsprach *hic, haec, hoc*, der zweiten *iste, ista, istud* und der dritten *ille, illa, illud*. Dieses System wurde wegen der phonischen Schwäche von *hic, haec, hoc* und der funktionellen Überlastung von *ille* usw. in folgender Weise umgestaltet:

klass. Lat.		Vulgärlat.		Spanisch
1.P.	*hic* ⟶ ‖	⟶ *iste*	>	*este*
2.P.	*iste* ⟶	*ipse*	>	*ese*
3.P.	*ille* ⟶	**accu-ille*	>	*aquel*

Für *iste*, das an die Stelle des 1. Nähegrades rückte, trat *ipse* ein, das seine Bedeutung 'selbst' nur in der affektischen Verstärkung **metipsimus* > *mesmo* > *mismo* behielt. *Ille*, das anfangsbetont für das Personalpronomen der 3.P. eintrat (*él, ella*) und die Formen des bestimmten Artikels lieferte, wurde als Demonstrativum durch die deiktische Partikel **accu*, eine umgangssprachliche Form für *ecce*, verstärkt. Im Altspanischen gab es neben *este* und *ese* die emphatischen Nebenformen *aqueste, aquese*, die jedoch keine anderen Nähegrade als die einfachen Formen ausdrückten und im Verlauf des Siglo de Oro aufgegeben wurden.

3.2. Syntax

3.2.1. Oberhalb der Wortebene ist die Syntax (griech. 'Anordnung', span. *sintaxis*) die Lehre von der Wortgruppe und vom Satz. Die Wortgruppe (z. B. ein durch Determinant + Attribut determiniertes Substantiv wie *el libro interesante, el libro de lingüística*) wird Syntagma (*sintagma*) genannt und hinsichtlich der syntagmatischen Beziehungen und der paradigmatischen Funktionen beschrieben. In diesem Sinn spricht man traditionellerweise z. B. vom Gebrauch oder von der Syntax des Infinitivs oder des Artikels im Spanischen. Zu diesem Bereich gehören auch Fragen wie die Stellung des Adjektivs zum Substantiv oder die der Objektpronomina zum Verb. Syntax wird also häufig als Oberbegriff zu Syntagmatik und Satzlehre gebraucht.

Ohne daß hier auf die zahlreichen Definitionsversuche zur Bestimmung des „Satzes" eingegangen werden kann, gehen wir davon aus, daß die menschliche Rede die Lexeme und Morpheme zu Äußerungen (*enunciados*) verbindet. Die Ausdrucksabsicht ist eine Mitteilung (im weitesten Sinne, die z. B. auch ein

III. Synchronie und Diachronie der spanischen Sprache

Gedicht als Selbstausdruck einschließt). Eine Mitteilung wird in der Linguistik Text genannt.[19] Unterhalb des Textes ist der Satz (*la oración*) die minimale Form der Äußerung. Gegenstand der Syntax als Satzlehre ist nun die Bestimmung und Beschreibung der Funktion und Vorkommensweise der Satzteile.

3.2.2. Die Satzanalyse beruht prinzipiell noch immer auf den Fragen der mittelalterlich-aristotelischen Logik: Was geschieht/ist? **Prädikat** (*predicado*); von wem oder was wird etwas ausgesagt? **Subjekt** (*sujeto*); auf wen oder was erstreckt sich die Handlung? **Objekt** (*complemento de objeto*), wobei ein direktes und ein indirektes unterschieden wird; wie/unter welchen Umständen findet die Handlung statt? **Umstandsbestimmung** (*complemento circunstancial*). Die Problematik der Abgrenzung von Objekt und Umstandsbestimmung beherrscht die neuere strukturelle Syntax. Determinierende Ergänzungen eines Nominalsyntagmas (Frage „was für ein?") sind **Attribute** (*un coche* elegante, *el coche* de mi hermano, *el coche* que tiene mi hermano), nicht determinierende sind **Appositionen** (*este coche*, un SEAT Toledo). Das Prädikat kann verbal (*llueve*) oder nominal sein, d. h. aus **Prädikatsnomen** (*predicado nominal*) und **Kopula** (*cópula*) bestehen (*es bueno, está enfermo, parece grande*). Wenn Sätze selbst Satzteile sind, spricht man von **Satzgefügen** (*oraciones compuestas*) aus Haupt- und Nebensätzen (*oración principal, o. subordinada*). Hier lassen sich Subjektsätze, Objektsätze, Attributiv- (Relativ-) und Adverbialsätze[20] unterscheiden.

Aufgaben

1. Bestimmen Sie die Satzteile in einem kurzen spanischen Text und zeigen Sie eventuell entstehende Abgrenzungsprobleme auf.

2. Belegen Sie die o. a. Satztypen mit spanischen Beispielen.

3.2.3. Zum weiten Bereich der Syntax, die wir hier aus Platzgründen auch nicht exemplarisch behandeln können, gehören neben den Fragen der Satz-

---

[19] Die Organisation von Texten wird in der **Textlinguistik** untersucht. Die **Pragmalinguistik** beschreibt das Verhältnis von Text, Sender und Empfänger, also z. B. die Angemessenheit einer Äußerung in einer bestimmten Situation. Zur **Soziolinguistik** wiederum gehört das Problem des Verhältnisses zwischen konkurrierenden Sprachformen (z. B. Nationalsprache, Minderheitensprachen und Dialekten) und der Gesellschaft.

[20] Der Begriff „Adverbialsatz" ist ein Beispiel für die ungute Tradition, Wortarten und Satzfunktionen miteinander zu verwechseln. Ein Adverb ist häufig, aber nicht immer eine Umstandsbestimmung.

3. Grammatik und Syntax

teile, der Satzbaupläne (Rektion oder Valenz der Verben, d. h. ihren notwendigen und fakultativen Ergänzungen) z. B. auch die Modus- und Tempussetzung im Satzgefüge, die Funktion der Präpositionen, die Diathese (aktive, reflexive, passivische Konstruktionen) usw. Neben zahlreichen Einzelarbeiten gibt es nur wenige moderne umfassende Syntaxen des Spanischen. Allerdings beruht auch die neue Grammatik von BOSQUE/DEMONTE (dirs.) (1999, s. S. 83) ganz auf syntaktischen Prinzipien. Zu den traditionellen Darstellungen zählt

GILI GAYA (^{15}1994), *Curso superior de sintaxis española*, Barcelona.

Neuere Ansätze vertreten

HERNÁNDEZ ALONSO, César (1984), *Gramática funcional del español*, Madrid. Früher *Sintaxis española*, Valladolid (^{4}1979).

SUBIRATS RÜGGEBERG, Carlos (2001), *Introducción a la sintaxis léxica del español*, Frankfurt/Madrid.

ZAGONA, Karen T. (2002), *The Syntax of Spanish*, Cambridge.

3.3. Auch moderne historische Syntaxen des Spanischen sind selten, was angesichts des Umfangs des Gebiets und der methodischen Schwierigkeiten auch nicht überrascht. Die in 3.1.1. genannten historischen Grammatiken enthalten nur Andeutungen zur Syntax. Siehe jetzt HERRERO RUIZ DE LOIZAGA, F. Javier (2005), *Sintaxis histórica de la oración compuesta en español*, Madrid. Als Beispiel für eine Fragestellung zur diachronen Syntax wäre im Rahmen der romanischen Sprachen die Umgestaltung des klassisch lateinischen Kasussystems zu den vulgärlateinischen Systemen, die die syntaktischen Beziehungen allein durch Präpositionen ausdrücken, zu nennen. Im Spanischen haben wir seit den ältesten Texten keine Kasus mehr. Nur einige versteinerte Formen zeigen Spuren lateinischer Kasus, wie z. B. ein Eigenname auf *-s* wie *Carlos*, der die Form des Nominativs wegen seiner Funktion auch als Vokativ bewahrt, oder die Wochentagsbezeichnungen *martes, miércoles, jueves, viernes*, die den Genitiv formal fortsetzen (verkürzt aus *Martis, Mércuris, Iovis, Véneris* [*dies*]). *Lunes* hat ein unetymologisches, analoges *-s*, das aus *Lunae dies* nicht zu begründen ist. Gründe für die Ersetzung der Kasus sind nicht, wie man es häufig getan hat, in dem lautlichen Zusammenfall der lat. Kasusendungen zu suchen, nachdem durch den Quantitätenkollaps (vgl. 1.5.1.) der Dativ Sg. auf *-o*, der Akkusativ auf *-u(m)* und der Ablativ auf *-o* zu *-o* geworden waren. Vielmehr ist ein Bestreben der Sprecher anzunehmen, die Satzbeziehungen durch Präpositionen bzw. da, wo es möglich war, nämlich bei der Subjekt-Objekt-Beziehung, durch die Satzgliedstellung auszudrücken. So konnte sich die übliche Stellung SVO (Subjekt-Verb-Objekt) herausbilden, von der man im Spanischen jedoch aus expressiven Gründen immer dann abweichen kann (Inversion von Subjekt und Verb), wenn die Bezüge im Kontext klar bleiben.

III. Synchronie und Diachronie der spanischen Sprache

4. Wortbildungslehre

4.1. Allgemeines

Im Kapitel über die Morphologie (III.2.) haben wir gesehen, daß bestimmte Morpheme zum Ausdruck grammatischer Bestimmungen *im* Wort verwendet werden, etwa in Konjugationsformen wie *cant-a-ø-mos* oder *tien-es* zum Ausdruck von Modus und Tempus. Man spricht in diesem Fall von **Flexions**morphologie. Ihr gegenüber steht die **Derivation**smorphologie, die der Bildung abgeleiteter Wörter dient (siehe auch S. 79), die ihrerseits wieder der Flexion unterliegen können. Derivation und Komposition sind die typischen materiellen Verfahren der **Wortbildung** *(formación de palabras)*[21].

Die Erweiterung des Wortschatzes einer Sprache durch neue Wörter kann auf vielfältige Weise geschehen, **(1)** z. B. durch Bedeutungswandel, etwa durch die Bedeutungserweiterung von span. *pantalla* 'Schirm, Schutz' um 'Leinwand' (Kino) und 'Bildschirm' (Fernsehen, Computer), **(2)** durch Entlehnung, d. h. im allgemeinen die Übernahme von Sache und Wort (z. B. *(blue) jeans*[22]) aus der angloamerikanischen Sphäre der Mode oder **(3)** durch die Bildung neuer Wörter auf der Grundlage des in der Sprache bereits vorhandenen lexikalischen Materials und der dort funktionierenden **Wortbildungsverfahren** (d. h. Wortbildung als grundsätzlich **synchrones** Verfahren!), z. B. span. *concesión* + *-ario, -a* → *concesionario, -a* '(persona o entidad) a la que se hace o transfiere una concesión'. Gelegentliche Bildungen ohne Derivation oder Komposition, z. B. Substantivierungen wie *das Schreiben, el cantar*, gelten nicht als echte Produkte der Wortbildung.

Die **Wortbildung** dient dabei nicht primär der Bezeichnung neuer Dinge, sondern der inneren Differenzierung des Wortschatzes, z.B. der Überführung eines gegebenen lexikalischen Inhalts in eine andere Wortart und der Hinzufügung einer neuen grammatischen Bestimmung, z. B. Augmentativ, Diminutiv, Kollektiv, Nomen agentis, vom Verb abgeleitete Adjektivbildung + 'Möglichkeit (der Verbhandlung)' (vgl. S. 93—95).

---

[21] Dazu jetzt umfassend LÜDTKE, Jens (2005), *Romanische Wortbildung. Inhaltlich — diachronisch — synchronisch*, Tübingen.

[22] Dieser Angloamerikanismus scheint im Spanischen weniger verbreitet zu sein als z. B. im Deutschen und im Französischen; dafür häufiger *pantalones vaqueros* oder *tejanos*, vgl. NORD, Christiane (1983), *Neueste Entwicklungen im spanischen Wortschatz*, Rheinfelden: 476.

4. Wortbildungslehre

Die sprachwissenschaftliche Disziplin, die sich mit der Wortbildung befaßt, bezeichnet man als Wortbildungslehre. Mit Marchand[23] definieren wir die Wortbildungslehre 'als den Zweig der Sprachwissenschaft, der die Strukturmuster („patterns") untersucht, nach denen in einer Sprache neue lexikalische Einheiten, d. h. Wörter, gebildet werden'.

Hierzu einige Erklärungen:

Der Terminus *Wortbildung* wird manchmal — in unpräzisem Sprachgebrauch — auch anstelle von *Wortbildungslehre* verwendet; es empfiehlt sich jedoch, die Bezeichnung der sprachwissenschaftlichen Disziplin von der der bestimmten Gestaltungsebene der Sprache, auf der neue Wörter gebildet werden, terminologisch zu trennen: *Wortbildungslehre / Wortbildung*. Bezeichnenderweise existiert für Wortbildungslehre kein generell akzeptierter 'gelehrter' Terminus, wie wir dies für das Deutsche aus der Serie *Lautlehre — Phonetik, Formenlehre — Morphologie, Satzlehre — Syntax, Bedeutungslehre — Semantik* usw. kennen.

Wenn wir nun von „Wortbildung" im soeben präzisierten Sinne sprechen, müssen wir uns klarmachen, daß „Wortbildung" zweierlei meinen kann, nämlich zum einen den Prozeß des Wortbildens, zum andern das Resultat des Wortbildens (die „Wortgebildetheit", so M. Dokulil). Wir haben das Schlüsselwort „pattern" in Marchands Definition mit „Strukturmuster" wiedergegeben. Neue Wörter werden in Analogie zu den in der betreffenden Sprache produktiven Mustern oder Modellen gebildet. Die relative Regelmäßigkeit und die Serialität in der Wortbildung kann man wohl mit Coserius Charakterisierung der Wortbildung als einer 'Grammatikalisierung des Wortschatzes' in Verbindung bringen.

Schließlich noch einige Bemerkungen zum Begriff „Wort".

> Der Terminus 'Wortbildung' weist auf das Wort als eine Grundeinheit hin, über deren Definition jedoch bisher keine Einigung besteht. (Fleischer [5]1982: 30)

Wegen gewisser Schwierigkeiten in der Anwendung des Wortbegriffes auf bestimmte sprachliche Fakten ziehen es manche Linguisten vor, diesen aus ihrer Terminologie zu verbannen. Es bedeutet jedoch, Sprachwissenschaft am intuitiven Wissen der Sprecher vorbei zu betreiben, wenn man die Grundeinheit „Wort" über Bord wirft, denn die Sprecher wissen in der Tat intuitiv sehr gut, was ein Wort ist. Bestimmte in Grenzfällen auftretende Schwierigkeiten

---

[23] MARCHAND, Hans ([2]1969), *The Categories and Types of Present-Day English Word-Formation*, München: 2.

sollten kein ausreichender Grund dafür sein, den Wortbegriff als fundamentale Größe aus der Sprachwissenschaft zu eliminieren (vgl. auch III.2.2.).

In Anlehnung an Bloomfields bekannte Wortdefinition („a word is a minimum free form") formulieren wir: <u>Ein Wort ist das kleinste (d. h. nicht trennbare) selbständige (d. h. potentiell isolierbare) sprachliche Zeichen.</u>

Was nun die Stellung der Wortbildung im Gesamtsystem der Sprache und parallel dazu die der Wortbildungslehre innerhalb der Sprachwissenschaft betrifft, so gehen hier die Meinungen der Linguisten stark auseinander. Wir können hier die wichtigsten Positionen, die diesbezüglich vertreten wurden bzw. werden, nur unkommentiert anführen:

— Die Wortbildung ist ein Teil der Morphologie.
— Die Wortbildung gehört zur Syntax.
— Die Wortbildung steht zwischen Morphologie und Syntax.
— Die Wortbildung gehört zur Lexik.
— Die Wortbildung „ist ein autonomes Gebiet der Sprache, das 'Grammatikähnliches' und rein Lexikalisches einschließt" (Coseriu).

Anregungen

1. Die Argumente für und wider diese verschiedenen Positionen sollten im Seminar illustriert und diskutiert werden.
2. Auch die Problematik des Wortbegriffes müßte im Seminar besprochen werden, etwa ausgehend von der Frage: span. *lo veo / viéndolo:* ein oder zwei Wörter?

4.2. Die Verfahren der Wortbildung

Als wichtigste materielle Verfahren der Wortbildung in den romanischen Sprachen — und somit auch im Spanischen — sind die <u>Derivation (Wortableitung)</u> und die <u>Komposition (Wortzusammensetzung)</u> anzuführen.

Derivation: Die Derivation ist dadurch bestimmt, daß sich ein (freies) Basislexem mit einem oder mehreren Affixen zu einer neuen Einheit des Wortschatzes verbindet.

<u>Strukturformel: Derivation = Basislexem + Affix(e)</u>; vergleiche die Derivate

des|hacer	*deport|ista*	*des|nacion|al|izar*
Präfix Basislexem	Basislexem Suffix	Präfix Basislexem $Suffix_1$ $Suffix_2$

4. Wortbildungslehre

Affixe sind gebundene Wortbildungselemente, die sich je nach ihrer Position in Bezug auf das Basislexem untergliedern in:

Affix (Oberbegriff)
- Präfix: vor dem Basislexem, z. B. *im|posible, anti|clerical*
- Infix oder Interfix: im Basislexem, z. B. *azuqu|ít|ar*
- Suffix: nach dem Basislexem, z. B. *pur|eza, nacion|al*.

Präfixe und Infixe verändern die Wortart (pars orationis) des Basislexems nicht (Beispiele s. oben), bei den Suffixen jedoch gibt es solche, die die Wortart verändern, z. B. *loco* → *locura, lavar* → *lavable*, und andere, die die Wortart des Basiswortes nicht verändern, z. B. *naranjo* → *naranjal, animal* → *animalito*.

Aufgabe

Versuchen Sie, den Unterschied zwischen Suffix (z. B. span. *-eza* in *duro* → *dureza*) und grammatischer Endung (z. B. span. *-(a)mos* in *hablamos*) zu bestimmen.

Anzumerken bleibt, daß die Zuordnung der Präfixbildung in der sprachwissenschaftlichen Literatur uneinheitlich ist. Da wir auf die verschiedenen Argumente zur Stützung der jeweiligen Position hier nicht eingehen können, führen wir die unterschiedlichen Auffassungen ohne Kommentar an:

— Die Präfigierung gehört zur Derivation. (Diese Auffassung wird in der vorliegenden Einführung vertreten.)

— Die Präfigierung gehört zur Komposition.

— Die Präfigierung stellt eine dritte Hauptart der Wortbildung neben der Komposition und der Suffigierung dar.

Komposition: In der Komposition verbinden sich zwei (eventuell auch mehr als zwei) in der betreffenden Sprache autonom existierende Lexeme zu einer neuen Einheit, zu einem Kompositum.

Strukturformel: Komposition = Lexem + Lexem (+ Lexem(e)); z. B. span. *coche cama, limpiabotas*.

Aufgabe

Machen Sie sich mit einer besonderen, in sich sehr kohärenten Konzeption, der „inhaltlichen Wortbildungslehre" Coserius, vertraut — zu finden in: COSERIU, Eugenio, „Die lexematischen Strukturen", in: GECKELER, Horst (Hrsg.) (1978), *Strukturelle Bedeutungslehre*, Darmstadt: 254—273, 268—271.

III. Synchronie und Diachronie der spanischen Sprache

4.3. Spanische Wortbildung

4.3.1. Beschreibung der heutigen Synchronie im Überblick (Auswahl)

In diesem Kapitel sollen die wichtigsten Wortbildungsverfahren des heutigen Spanisch in schematisch-knapper Form dargestellt und mit Beispielen illustriert werden.

Literaturhinweise

LANG, Mervyn Francis (^{3}2002), *Formación de palabras en español*, Madrid. THIELE, Johannes (1992), *Wortbildung der spanischen Gegenwartssprache*, Leipzig - Berlin - München. RAINER, Franz (1993), *Spanische Wortbildungslehre*, Tübingen. VARELA ORTEGA, Soledad (2005), *Morfología léxica: La formación de palabras*, Madrid. ALMELA PÉREZ, Ramón (1999), *Procedimientos de formación de palabras en español*, Barcelona. MIRANDA, Alberto J. (1994), *La formación de palabras en español*, Salamanca. GOOCH, Anthony (^{2}1970), *Diminutive, Augmentative and Pejorative Suffixes in Modern Spanish*, Oxford; ETTINGER, Stefan (1974), *Diminutiv- und Augmentativbildung: Regeln und Restriktionen*, Tübingen (behandelt Ital., Portug., Span. und Rumän.); FAITELSON-WEISER, Silvia (1980), *Les suffixes quantificateurs de l'espagnol (La suffixation augmentative et diminutive: essai de systématisation)*, Paris; und viele Aufsätze. — Zur Suffixbildung sei verwiesen auf: PENA, Jesús (1980), *La derivación en español. Verbos derivados y sustantivos verbales*, Santiago de Compostela; FERNÁNDEZ RAMÍREZ, Salvador (1986), *La derivación nominal*, Madrid. Drei wichtige Monographien auf der Grundlage der Coseriuschen Theorie: LÜDTKE, Jens (1978), *Prädikative Nominalisierungen mit Suffixen im Französischen, Katalanischen und Spanischen*, Tübingen; LACA, Brenda (1986), *Die Wortbildung als Grammatik des Wortschatzes. Untersuchungen zur spanischen Subjektnominalisierung*, Tübingen; STAIB, Bruno (1988), *Generische Komposita. Funktionelle Untersuchungen zum Französischen und Spanischen*, Tübingen. — Zu den parasynthetischen Bildungen: SERRANO DOLADER, David (1995), *Las formaciones parasintéticas en español*, Madrid.

— Zur Komposition: LLOYD, Paul M. (1968), *Verb-Complement Compounds in Spanish*, Tübingen; COSERIU, Eugenio (1977), „Inhaltliche Wortbildungslehre (am Beispiel des Typs 'coupe-papier')", in: BREKLE, H. E./KASTOVSKY, D. (Hrsg.), *Perspektiven der Wortbildungsforschung*, Bonn, 48—61. Sehr umfassend: BUSTOS GISBERT, Eugenio de (1986), *La composición nominal en español*, Salamanca. — Eine Auswahl an Suffixen und Präfixen im Spanischen und Französischen behandelt anschaulich GAUGER, Hans-Martin (1971), *Untersuchungen zur spanischen und französischen Wortbildung*, Heidelberg.

4. Wortbildungslehre

A. *Derivation*

a) Suffixbildung

Die Suffixbildung gliedern wir nach den Möglichkeiten, wie ein Basislexem von seiner Wortart durch Suffigierung in eine andere Wortart transferiert werden kann. Unabhängig vom Wortartwechsel — mit seiner Erweiterung der syntaktischen Einsetzbarkeit eines lexikalischen Inhalts — wird der Ableitung immer eine spezifische grammatische Funktion hinzugefügt (siehe S. 93—96).

Innerhalb der lexikalischen Wortarten — nur lexikalische Einheiten werden in der aktuellen Wortbildung des Spanischen erzeugt — können folgende durch Suffixe bewirkte Transferprozesse festgestellt werden:

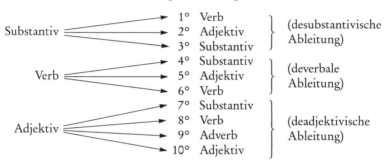

In der folgenden Übersicht werden nur ausgewählte Suffixe angeführt.

1) Substantiv ⟶ Verb (der nominale Inhalt als Geschehen/Handlung dargestellt):

Durch folgende Suffixe werden Substantive in Verben überführt:

-ear: z. B. *gota* ⟶ *gotear, teléfono* ⟶ *telefonear;*
-izar: z. B. *tirano* ⟶ *tiranizar, escándalo* ⟶ *escandalizar;*
-ificar: z. B. *rama* ⟶ *ramificar(se), gloria* ⟶ *glorificar.*

2) Substantiv ⟶ Adjektiv (attributiver/prädikativer Bezug zum Nomen):

-al: z. B. *semana* ⟶ *semanal, centro* ⟶ *central;*
-ero: z. B. *pesca* ⟶ *pesquero, domingo* ⟶ *dominguero;*
-ar: z. B. *luna* ⟶ *lunar, familia* ⟶ *familiar.*

III. Synchronie und Diachronie der spanischen Sprache

3) Substantiv ⟶ inhaltlich erweitertes oder modifiziertes Substantiv:

Aus einer Sachbezeichnung wird eine Personen-, Behältnis- oder Ortsbezeichnung, die durch das Grundwort in sehr allgemeiner Weise definiert ist:

Nomina agentis:

-*ero*: z. B. *libro* ⟶ *librero, jardín* ⟶ *jardinero*;
-*ario*: z. B. *biblioteca* ⟶ *bibliotecario, empresa* ⟶ *empresario*;
-*ista*: z. B. *flor* ⟶ *florista, órgano* ⟶ *organista*.

Nomina instrumenti:

-*ero/-era*: z. B. *flor* ⟶ *florero, pan* ⟶ *panero, pan* ⟶ *panera, café* ⟶ *cafetera*.

Nomina loci (Orte einer durch das Grundwort bestimmten Tätigkeit):

-*ería*: z. B. *leche* ⟶ *lechería, mueble* ⟶ *mueblería*;
-*era*: z. B. *conejo* ⟶ *conejera, azúcar* ⟶ *azucarera*.

N. B. Eine inhaltliche Wortbildungslehre wie die S. 91 erwähnte v. E. Coseriu kann genauere Funktionsbestimmungen liefern und Probleme bei der Trennung zwischen diesen Bezeichnungskategorien (zu „Bezeichnung" vgl. S. 51) lösen helfen.

Kollektivbildung:

-*ada*: z. B. *muchacho* ⟶ *muchachada, vaca* ⟶ *vacada*;
-*al/-ar*: z. B. *manzano* ⟶ *manzanal, olivo* ⟶ *olivar*;
-*eda*: z. B. *álamo* ⟶ *alameda, sauce* ⟶ *sauceda*.

Diminutivbildung:

-*ito*: z. B. *palo* ⟶ *palito* mit Variante: *mujer* ⟶ *mujercita*;
-*illo*: z. B. *pedazo* ⟶ *pedacillo, abogado* ⟶ *abogadillo*;
-*ico*: z. B. *plata* ⟶ *platica*.

Augmentativbildung:

-*ón*: z. B. *hombre* ⟶ *hombrón, culebra* ⟶ *culebrón*;
-*azo*: z. B. *hombre* ⟶ *hombrazo, animal* ⟶ *animalazo*.

Pejorativbildung:

-*aco*: z. B. *libro* ⟶ *libraco*;
-*astro*: z. B. *poeta* ⟶ *poetastro*.

4) Verb ⟶ Substantiv:

Durch folgende Suffixe werden Verben in Substantive überführt:

4. Wortbildungslehre

Nomina, die die Verbalhandlung selbst ausdrücken, 'die Tatsache des Dauerns/Klassifizierens' bzw. deren Resultat oder den Ort des Geschehens:

-*ción*: z. B. *durar* → *duración, clasificar* → *clasificación*;
-*miento*: z. B. *acercar* → *acercamiento, entrenar* → *entrenamiento*;
-*dura*: z. B. *picar* → *picadura, hender* → *hendedura*;
-*ado, -ada; -ido, -ida*: z. B. *lavar* → *lavado, retirar(se)* → *retirada; gemir* → *gemido, ladrar* → *ladrido, salir* → *salida*;
-Nullsuffix: z. B. *buscar* → *busca, combatir* → *combate, robar* → *robo*.

Nomina agentis bzw. instrumenti bzw. loci:

-*dor*: z. B. *gobernar* → *gobernador, vender* → *vendedor, servir* → *servidor; aspirar* → *aspirador(a); comer* → *comedor*;
-*ante; -ente*: z. B. *viajar* → *viajante; oír* → *oyente; repeler* → *repelente*.

5) Verb → Adjektiv (deverbales Eigenschaftswort, z. B. 'was glänzt/fasziniert/dauert' usw.):

Außer der Verwendung von Partizipien des Präsens (z. B. *brillante, fascinante*) und des Perfekts (z. B. *abierto, complicado*) als Adjektive dienen folgende Suffixe zur Überleitung von Verben zu Adjektiven:

-*able; -ible*: z. B. *cambiar* → *cambiable, comparar* → *comparable; discutir* → *discutible, sustituir* → *sustituible*;
-*dero*: z. B. *casar* → *casadero, durar* → *duradero*.

6) Verb → modifiziertes Verb (z. B. diminutive und iterative Funktion):

-*itar*: z. B. *dormir* → *dormitar*;
-*iznar*: z. B. *llover* → *lloviznar*;
-*iquear*: z. B. *llorar* → *lloriquear*.

7) Adjektiv → Substantiv:

-*ez, eza*: z. B. *maduro* → *madurez, tímido* → *timidez, bello* → *belleza, noble* → *nobleza* 'el hecho de **ser** noble', 'los que **son** nobles';
-*ía*: z. B. *alegre* → *alegría, cortés* → *cortesía* 'el hecho de **ser**/lo que **es** cortés';
-*ura*: z. B. *hermoso* → *hermosura, loco* → *locura*.

Bezeichnung einer Lehre/Haltung bzw. einer Person, die durch das Grundwort charakterisiert wird. Z. T. Problem der adäquaten Basis:

-*ismo*: z. B. *agnóstico* → *agnosticismo, liberal* → *liberalismo*;
-*ista*: z. B. *oportunismo* → *oportunista, socialismo* → *socialista*.

III. Synchronie und Diachronie der spanischen Sprache

8) Adjektiv ⟶ Verb:

Durch folgende Suffixe werden Adjektive in Verben überführt:
-ar: z. B. *agrio* ⟶ *agriar, caliente* ⟶ *calentar*;
-ear: z. B. *rojo* ⟶ *rojear, malo* ⟶ *malear*;
-izar: z. B. *actual* ⟶ *actualizar, humano* ⟶ *humanizar*;
-ificar: z. B. *amplio* ⟶ *amplificar, denso* ⟶ *densificar*.

9) Adjektiv ⟶ Adverb:

Im Spanischen — wie in den meisten romanischen Sprachen — können von Adjektiven Adverbien abgeleitet werden, und zwar indem man an die feminine Form des Adjektivs das Suffix *-mente* anfügt, z. B. *rara* ⟶ *raramente, noble* ⟶ *noblemente*.

10) Adjektiv ⟶ modifiziertes Adjektiv:

Erhaltung der Wortart. Die folgenden Suffixbildungen umfassen:
Diminutiva (vgl. oben 3):
-ito: z. B. *fresco* ⟶ *fresquito, pobre* ⟶ *pobrecito*;
Augmentativa (vgl. oben 3):
-ón: z. B. *simple* ⟶ *simplón, perezoso* ⟶ *perezosón*;
Attenuativa (abschwächende Bildungen):
-izo: z. B. *enfermo* ⟶ *enfermizo, rojo* ⟶ *rojizo*.

b) Präfixbildung

Aus dem sehr umfangreichen Inventar der spanischen Präfixe können wir hier nur eine Auswahl anführen.

— Präfixe mit räumlich-zeitlicher Bedeutung:
ante-: z. B. *antecámara, anteponer, anteguerra*;
inter-: z. B. *intercontinental, intervocálico*;
post (pos)-: z. B. *postguerra, postónico, postdiluviano*;
trans (tras)-: z. B. *transatlántico, traspasar*.

— Präfixe mit quantitativer bzw. intensivierender Bedeutung:
poli-: z. B. *polivalente, polisintético*;
multi-: z. B. *multicolor, multimillonario*;
pluri-: z. B. *plurivalencia, pluriempleo*;
semi-: z. B. *semiautomático, semioficial*;
super-: z. B. *supermercado, superabundancia*;
hiper-: z. B. *hipercrítico, hipersensible*.

4. Wortbildungslehre

— Antonymische Präfixe:
in (im,ir,i)-: z. B. *injusto, imposible, irreal, ilegal*;
des (de)-: z. B. *desvolonizar, desmaquillar, decodificar*;
a (an)-: z. B. *ahistórico, atípico, anepigráfico*;
N. B.: Zum Ausdruck einer Opposition: *pro-/anti-*, z. B. *proamericano/antiamericano*.

— Präfixe mit qualitativer Bedeutung:
macro-: z. B. *macroeconomía, macrociudad*;
micro-: z. B. *microsistema, microcomputador*;
tele-: z. B. *telecomando*.

c) Parasynthetica

Parasynthetica sind Ableitungen, die **gleichzeitig** mittels eines Präfixes und eines Suffixes gebildet werden.

Strukturformel:
Parasynthetische Bildung = Präfix + Basislexem + Suffix.
Beispiele für spanische Parasynthetica:
cuaderno ⟶ *encuadernar, burgués* ⟶ *aburguesar(se), noble* ⟶ *ennoblecer, sucio* ⟶ *ensuciar, largo* ⟶ *alargar, cáscara* ⟶ *descascarar; piara* ⟶ *apiaradero, naranja* ⟶ *anaranjado*.

Damit eine Bildung wie *insecable* als parasynthetisch interpretiert werden kann, darf weder **insecar* noch **secable* (eine allerdings mögliche Bildung) im Spanischen als Wort existieren. Dies hat zur Folge, daß z. B. eine Bildung wie *reafirmación* kein Parasyntheticum darstellt, denn sie kann sowohl von *afirmación* als auch von *reafirmar* abgeleitet werden.

B. *Komposition*

Immer wieder wird darauf hingewiesen, daß die Komposition in den romanischen Sprachen wesentlich weniger produktiv ist als beispielsweise im Deutschen und im Englischen. Diesem Urteil wird man im großen und ganzen zustimmen können, aber zuvor müßte man doch erst genau untersuchen, welche Wortkombinationen die Bedingungen für Komposita erfüllen und welche nicht, vgl. z. B. span. *perro de caza, olor a tabaco, reacción en cadena; hombre-masa, tocadiscos; crisis económica, delincuencia juvenil* (Fügungen mit Relationsadjektiv).

Was die Produktivität und Typenvielfalt der Komposition im Spanischen im Hinblick auf die Wortart der erzeugten Komposita betrifft, so stellt man fest, daß die Substantivkomposita bei weitem überwiegen (vgl. unten), daß die

Adjektivkomposition nur sehr begrenzt existiert (vgl. z. B. *sordomudo, germano-soviético*) und daß Verbkomposita im heutigen Spanisch nicht gebildet werden (Bildungen wie *mantener* (< lat. *manu tenere*), *manifestar* u. a. sind nur in diachroner Hinsicht Komposita).

Im folgenden beschränken wir uns auf einige Ausführungen zu zwei im Spanischen sehr produktiven Typen von Substantivkomposita:

1) Typ: Substantiv + Substantiv:
Das erste Substantiv im Kompositum stellt das bestimmte Element (Determinatum), das zweite Substantiv das bestimmende Element (Determinans) dar, z. B. *ciudad dormitorio* ist eine Stadt (*ciudad*), die vorwiegend zum Schlafen (genauer: *dormitorio* ≙ 'Schlafraum') da ist, vgl. auch frz. *cité-dortoir*, hingegen in umgekehrter Reihenfolge dtsch. *Schlafstadt*, engl. *dormitory town* (Dieser germanische Stellungstyp findet sich auch in neueren spanischen Bildungen, vgl. z. B. *autopista, autoescuela*).

Dieser Kompositionstyp läßt sich in verschiedene Untertypen gliedern, was aber für die Zwecke dieser Einführung hier nicht weiter verfolgt werden soll. Weitere Beispiele für den Kompositionstyp „Substantiv + Substantiv": *frigorífico-congelador, salón-comedor, conductor-cobrador, café-teatro, buque hospital, avión-espía, hombre-masa, esposa modelo, salario base, hombre clave, encuentro cumbre, pueblo-piloto.*

2) Typ: „verbales" Element + Substantiv:
Dieser in den romanischen Sprachen sehr verbreitete und produktive Kompositionstyp (vgl. z.B. span. *abrelatas*, ital. *apriscatole*, frz. *ouvre-boîtes*) ist in der Forschung — sowohl was seinen Ursprung (es existiert kein durchgängiges Modell aus lateinischer Zeit)[24] als auch was die Interpretation des ersten Elementes (ursprünglicher Imperativ; reines Verbalthema; 3. Person Singular Indikativ Präsens; vom Verbum mit Nullmorphem abgeleitetes Substantiv) betrifft — viel diskutiert worden und wird weiter diskutiert. Die im Spanischen sehr zahlreich existierenden Komposita dieses Typs dienen zur Bezeichnung von Personen (z. B. *guardabarrera, guardabosque, limpiabotas, rompehuelgas*), Tieren (z. B. *chupaflor, saltamontes, revuelvepiedras*), Pflanzen (z. B. *guardalobo, rompesacos*), insbesondere jedoch von Geräten und Werkzeugen einfacherer Art (z. B. *sacacorchos, abrelatas, cortapapeles, mondadientes/limpiadientes, cuentapasos*), mitunter aber auch von Artefakten anspruchsvoller Art (z. B. *cambia-*

---

[24] BORK, Hans Dieter (1990), *Die lateinisch-romanischen Zusammensetzungen Nomen + Verb und der Ursprung der romanischen Verb-Ergänzung-Komposita*, Bonn, vertritt eine andere Auffassung.

4. Wortbildungslehre

discos, lanzamisiles, rompehielos, portaviones). Das zweite Kompositionsglied fungiert wie in Typ 1 als Determinans zum ersten, verbalen Element, dem Determinatum, das als aus dem Verb gebildetes Nomen agentis (z. B. *cambia-* Ø 'cambiador') aufzufassen ist, d. h. *cambiadiscos* 'cambiador (de) discos'.

N. B.: Zu verweisen ist hier auch noch auf die Komposition auf gelehrter, d. h. griechisch-lateinischer Basis, vgl. z. B. Bildungen wie *hidrografía, hispanófilo; herbívoro, insecticida, petrolífero*.

Aufgaben

1. Zeigen Sie das unterschiedliche Funktionieren der beiden *-azo*-Suffixe des Spanischen anhand der Darstellung bei GAUGER (1971: 13—29) auf.
2. Suchen Sie in spanischsprachigen Zeitungen oder Zeitschriften Beispiele für Nominalkomposita.

4.3.2 Diachronie

In der diachronen Perspektive werden Herkunft und Entwicklung der Verfahren und Elemente der Wortbildung durch die Jahrhunderte hindurch untersucht.

Literaturhinweise

Eine Gesamtdarstellung der historischen spanischen Wortbildungslehre ist uns nicht bekannt. Den besten Überblick gewinnt man jetzt durch das romanisch ausgerichtete Werk von Jens LÜDTKE (2005; siehe S. 88, Anm. 21), das auch die diachrone Perspektive einschließt. Zu einzelnen Bereichen gibt es Spezialuntersuchungen, so z. B. wiederum zur Diminutivbildung: GONZÁLEZ OLLÉ, Fernando (1962), *Los sufijos diminutivos en castellano medieval*, Madrid; NÁÑEZ FERNÁNDEZ, Emilio (1973), *El diminutivo. Historia y funciones en el español clásico y moderno*, Madrid. — Als Beispiel einer solchen speziellen historischen Untersuchung aus jüngerer Zeit sei genannt: DWORKIN, Steven N. (1985), *Etymology and Derivational Morphology: The Genesis of Old Spanish Denominal Adjectives in -ido*, Tübingen. — Fortgeschritteneren Studierenden sei der reich dokumentierte und weitgehend gesamtromanisch ausgerichtete Forschungsbericht eines Gelehrten empfohlen, der viel auf dem Gebiet der historischen Wortbildung, insbesondere der iberoromanischen Sprachen, gearbeitet hat: MALKIEL, Yakov (1966). „Genetic Analysis of Word Formation", in: *Current Trends in Linguistics* 3, 305—364.

Aufgabe

Als ein Beispiel für eine diachrone Fragestellung soll die historische Entwicklung des Verfahrens der Ableitung von Adverbien aus Adjektiven vom Lateinischen über das Altspanische zum Neuspanischen kurz nachgezeichnet werden — folgen Sie hier den entsprechenden Ausführungen von KARLSSON, Keith E. (1981), *Syntax and Affixation. The Evolution of MENTE in Latin and Romance*, Tübingen (Zur synchronaktuellen Beschreibung siehe: EGEA, Esteban Rafael (1979), *Los adverbios terminados en — MENTE en el español contemporáneo*, Bogotá).

III. Synchronie und Diachronie der spanischen Sprache

5. Lexikologie und Semantik, Lexikographie

5.1.1. Lexikologie und Semantik — synchron

Die **Lexikologie** ist der Zweig der Sprachwissenschaft, der sich mit der materiellen und inhaltlichen Erforschung und Beschreibung des Lexikons — d. h. des Wortschatzes — einer oder mehrerer Sprachen befaßt. Die Lexikologie kann synchron oder diachron ausgerichtet sein. Im folgenden liegt der Schwerpunkt auf der Synchronie.

> Unter Lexikon ist die Gesamtheit der Wörter einer Sprache zu verstehen, die der unmittelbaren Gestaltung der außersprachlichen Wirklichkeit entsprechen. Zum Lexikon in diesem Sinne gehören also nicht alle „Wörter" einer Sprache, sondern nur diejenigen, die in dieser Sprache für die gemeinte außersprachliche Wirklichkeit selbst stehen. ...
> Nur die Lexemwörter gehören mit vollem Recht zum Lexikon und somit zum Gegenstand der Lexikologie.[25]

Die Lexemwörter gehören den Wortarten Substantiv, Verb, Adjektiv und z. T. Adverb (nur abgeleitete lexikalische Adverbien) an, z. B. *piedra, vivir, nuevo, rápidamente*.

Zu „Lexikon" in seiner Bedeutung 'Wörterbuch': vgl. Abschnitt 5.2.1.

Als eine Teildisziplin der Lexikologie kann die **Semantik** (im Sinne der Wortsemantik) betrachtet werden.

Bibliographische Hinweise

LYONS, John (1977), *Semantics*, 2 Bde., Cambridge — deutsche Übersetzung: *Semantik*, 2 Bde., München 1980, 1983 (sehr umfassende Darstellung); dem Anfänger leichter zugänglich: BREKLE, Herbert-Ernst (1972), *Semantik. Eine Einführung in die sprachwissenschaftliche Bedeutungslehre*, München. — Stärker diachronisch ausgerichtet: ULLMANN, Stephen (^{3}1963), *The Principles of Semantics*, Glasgow-Oxford (Deutsche Übersetzung 1967). — Spezieller zur strukturellen Semantik: COSERIU, Eugenio (^{2}1981), *Principios de semántica estructural*, Madrid; eine Anthologie: GECKELER, Horst (Hrsg.) (1978), *Strukturelle Bedeutungslehre*, Darmstadt (darin u. a. auch die grundlegenden Aufsätze von Coseriu in deutscher Übersetzung); zur Geschichte und Theorie der strukturellen Semantik: GECKELER, Horst (^{3}1982), *Strukturelle Semantik und Wortfeldtheorie*, München, erweitert in spanischer Übersetzung: *Semántica estructural y teoría del campo léxico*, Madrid ^{2}1984. BLANK, Andreas (2001), *Einführung in die lexikalische Semantik für Romanisten*, Tübingen. KOIKE, Kazumi (2002), *Colocaciones léxicas*

---

[25] COSERIU, Eugenio (1972), „Semantik und Grammatik", in: *Neue Grammatiktheorien und ihre Anwendung auf das heutige Deutsch*. Jahrbuch 1971 des Instituts für deutsche Sprache, Düsseldorf: 77—89, 80.

del español, Alcalá de Henares. PÖLL, Bernhard (2002), *Spanische Lexikologie*, Tübingen.

Mit dem Terminus **Semantik** (deutsch auch *Bedeutungslehre*) bezeichnen wir den Zweig der Sprachwissenschaft, der sich ausschließlich mit der Bedeutung der Lexemwörter — d. h. mit der lexikalischen Bedeutung — beschäftigt, wobei man unter „lexikalischer Bedeutung" das *„Was* der Erfassung" (Coseriu) der außersprachlichen Wirklichkeit zu verstehen hat.

N. B.: Neben dieser geläufigen engen Auffassung von „Semantik" existiert auch eine weiterreichende Verwendung dieses Terminus (v. a. des Adjektivs *semantisch*):

> Die Semantik ist im weitesten Sinne die Untersuchung der sprachlichen Inhalte, d. h. der semantischen Seite der Sprache. Da nun die ganze Sprache per definitionem „semantisch" ist, so hat die Semantik in diesem Sinne die ganze Sprache als ihr Objekt. (COSERIU 1972: 81)

Zur Terminologie: Bevor der Terminus *Semantik* 1883 von dem französischen Sprachwissenschaftler M. Bréal in die Linguistik eingeführt wurde und dann vor allem seit der Mitte des 20. Jahrhunderts international zur gängigen Bezeichnung der Disziplin geworden ist, existierten bereits der deutsche Terminus Bedeutungslehre sowie die Bezeichnung *Semasiologie*, die vor 1829 von dem Altphilologen Ch. K. Reisig gebraucht wurde und bis in unsere Tage immer wieder in diesem weiten Sinne Verwendung findet.

Über die Abgrenzung der linguistischen Semantik von der Semantik der Logiker und der „General Semantics" und über die Unterscheidung von „Wortsemantik" und „Satzsemantik" orientiert knapp: GECKELER, Horst (1973), *Strukturelle Semantik des Französischen*, Tübingen: 1—2, 11.

N. B.: *Semasiologie* und *Semantik* dürfen nicht mit den ähnlich lautenden Termini *Semiologie* und *Semiotik* verwechselt werden, welche die Lehre oder Theorie von den Zeichen allgemein bezeichnen.

Semasiologie — Onomasiologie

Bei dieser Unterscheidung handelt es sich um zwei verschiedene Fragestellungen innerhalb der Semantik. Die **Semasiologie** im engen Sinne geht von einem signifiant (Lautkörper) aus und untersucht die damit verbundenen signifiés (Bedeutungen) in ihrer Vielfalt („semasiologisches Feld", Baldinger) und eventuell in ihren Veränderungen (Bedeutungswandel). Die **Onomasio-**

III. Synchronie und Diachronie der spanischen Sprache

Fragestellung in etwas vereinfachter schematischer Form:

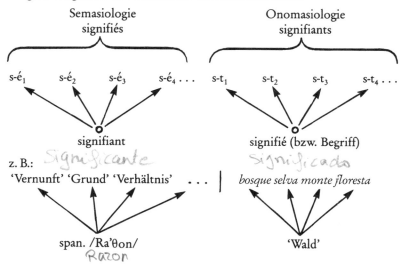

logie (der Terminus wurde 1902 von A. Zauner eingeführt) dagegen geht von einem signifié oder einem Begriff (in der Praxis sogar z. T. von einer Sache der außersprachlichen Wirklichkeit) aus und fragt nach den verschiedenen signifiants („onomasiologisches Feld"), die den betreffenden Inhalt 'bezeichnen' können (in diachronischer Perspektive: Bezeichnungswandel).

Bibliographische Hinweise

Mit den theoretischen Grundlagen von Semasiologie und Onomasiologie haben sich in den vergangenen Jahren insbesondere K. Baldinger und K. Heger befaßt.
Als Beispiele aus der onomasiologischen Forschungsliteratur seien erwähnt: SOLL, Ludwig (1967), *Die Bezeichnungen für den Wald in den romanischen Sprachen*, München (Gesamtromanisch — außer Rumänisch; keine ausschließlich onomasiologische Untersuchung, sondern auch mit semasiologischer Perspektive; diachron und synchron ausgerichtet, unter Einbeziehung der Sprachgeographie; die iberoromanischen Verhältnisse werden auf S. 289—400 behandelt). — Ebenfalls gesamtromanisch ausgerichtet: NEUBERT, Karl (1967), *Die Bezeichnungen von Onkel und Tante in den romanischen Sprachen*, Diss. Erlangen. — Siehe auch: NAGEL, Ingo (1972), *Die Bezeichnung für „dumm" und „verrückt" im Spanischen unter Berücksichtigung ihrer Entsprechungen in anderen romanischen Sprachen, insbesondere im Katalanischen*, Tübingen; vgl. auch MEIER, Harri (1972), *Die Onomasiologie der Dummheit — Romanische Etymologien*, Heidelberg. — Neuere Richtungen zeigen jetzt BLANK, Andreas/ KOCH, Peter (2003, Hrsg.), *Kognitive romanische Onomasiologie und Semasiologie*, Tü-

5. Lexikologie und Semantik, Lexikographie

bingen, und DIETRICH, Wolf/HOINKES, Ulrich/ROVIRÓ, Bàrbara/WARNECKE, Matthias (2006, Hrsg.), *Lexikalische Semantik und Korpuslinguistik*, Tübingen.

Zum Verhältnis von Wortschatz (Lexik) und Grammatik:

Manche Linguisten sehen einen wichtigen Unterschied zwischen diesen beiden Ebenen darin, daß die Einheiten der Grammatik eine geschlossene Liste darstellen — kurz- und mittelfristig verändert sich beispielsweise die Zahl der Artikel, die Zahl der grammatischen Genera oder die der Tempora und der Modi in einer Sprache nicht —, während die Wortschatzelemente ein offenes Inventar bilden, das einem ständigen Wandel unterliegt — bedingt etwa durch die sich dauernd ändernden Bezeichnungsnotwendigkeiten. Die grammatischen Einheiten einer Sprache existieren in sehr begrenzter Zahl, sind exhaustiv aufzählbar, kommen in den (gesprochenen und geschriebenen) Texten jedoch sehr häufig vor, da sie sich oft wiederholen. Die lexikalischen Einheiten einer Sprache gehen hingegen in die Hunderttausend, sind nicht exhaustiv aufzählbar und haben eine viel niedrigere Frequenz als die grammatischen Elemente — wenn man von einigen 'Allerweltsverben' absieht. Die Grammatik weist im Gegensatz zum Wortschatz eine relativ große materielle Regelmäßigkeit und starke Rekurrenz auf. Während es in der Grammatik um relativ abstrakte Funktionen und Relationen geht, stellt der Wortschatz die letzte sprachliche Schicht vor dem Übergang zur außersprachlichen Wirklichkeit, d. h. zu den 'Sachen' selbst, dar. Veränderungen in der Realität wirken sich im Sprachlichen zuerst im lexikalischen Bereich (offenes Inventar!) aus. Viel mehr als die Grammatik oder gar der Lautstand einer Sprache weist der Wortschatz auf die geistig-kulturellen und die politisch-sozial-ökonomischen Verhältnisse einer Sprachgemeinschaft hin.

Zum Begriff „Wort" verweisen wir auf unsere Ausführungen in Kap. III.4.1.

Wir haben auch bereits erwähnt, daß „die Elemente bzw. Einheiten des Wortschatzes ... *Lexem* oder *lexikalische Einheit* genannt"[26] werden.

Strukturen des Wortschatzes

a) Zunächst einmal kann festgestellt werden, daß der Wortschatz einer Sprache *einfache* Lexeme und *komplexe* Lexeme enthält, z.B. span. *arpa, rápido, arena, estilo, cortar* gegenüber *arpista, rapidez, arenoso, estilizar, cortapuros*; die komplexen Lexeme werden durch die Verfahren der Wortbildung erzeugt

---

[26] SCHWARZE, Christoph/WUNDERLICH, Dieter (Hrsg.) (1985), *Handbuch der Lexikologie*, Königstein/Ts.: 9.

III. Synchronie und Diachronie der spanischen Sprache

und dann dem Wortschatz zugeführt. In der strukturell-funktionellen Semantik von Coseriu entspricht die obige Unterscheidung der zwischen **primären** und **sekundären** paradigmatischen lexematischen Strukturen.

b) Einen ausschließlich semantisch fundierten Strukturierungsansatz des Wortschatzes stellen die **Inhaltsrelationen** dar, die im Mittelpunkt der strukturellen Semantik v. a. von Lyons stehen.[27] Es handelt sich um folgende semantische Relationen, die zwischen Lexemen bestehen können (Unsere Erklärungen sind nicht immer die von Lyons angeführten):

1) **Synonymie**: Unter „Synonymie" versteht man in einem älteren, strikten Sinne „Bedeutungsgleichheit" (von Wörtern), in einem weiteren und realistischeren Verständnis dagegen bedeutet Synonymie „Bedeutungsähnlichkeit". Totale Synonymie scheint im Wortschatz unserer Sprachen nicht zu existieren (höchstens in konkurrierenden Fachterminologien). Beispiele für Synonyme („bedeutungsähnliche Wörter"): *hermoso — bello — bonito — lindo — guapo* u. a.; *viejo — anciano — antiguo — añejo — añoso* u. a.; *lucha — pelea — combate — batalla* u. a.; *destruir — aniquilar — devastar — demoler — destrozar* u. a.

Bibliographischer Hinweis

Zur Synonymie: GECKELER (³1982: 234—238, mit weiterer Literatur).

Aufgabe

Suchen Sie selbst weitere Synonyme und versuchen Sie, diese anhand der Definitionen aus einsprachigen Wörterbüchern zu differenzieren.

2) **Hyponymie**: wird als „Inklusion" oder „einseitige Implikation" bestimmt, d. h. es handelt sich um das hierarchische Verhältnis von untergeordneten Inhalten zu einem übergeordneten Inhalt, z. B.

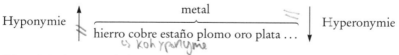

'hierro', 'cobre', ... sind Hyponyme von 'metal'; 'hierro', 'cobre', ... sind untereinander Ko-Hyponyme; 'metal' ist dagegen das Hyperonym zu all diesen Metallbezeichnungen.

---

[27] Vgl. LYONS, John (1968), *Introduction to Theoretical Linguistics*, Cambridge: 443—470, und LYONS (1977: I, 270—301). CASAS GÓMEZ, Miguel (1999), *Las relaciones léxicas*, Tübingen.

3) **Inkompatibilität**: wird von Lyons nach dem Kriterium des kontradiktorischen Verhältnisses zwischen Sätzen definiert. So bilden etwa die Farbadjektive einen Verband von inkompatiblen Lexemen, z. B. *rojo, amarillo, azul, verde* u. a., denn z. B. kann von demselben einfarbigen Schiff nicht gleichzeitig gesagt werden: *esta nave es roja, esta nave es azul, esta nave es verde*, wohingegen beispielsweise Farb- und Dimensionsadjektive zwar inhaltsverschieden, aber kompatibel sind, vgl. etwa *esta nave larga es roja*. Die Inkompatibilität muß von der bloßen Inhaltsverschiedenheit abgehoben werden.

4) **Antonymie i. w. S.** („'oppositeness' of meaning", Lyons): Etwas vereinfachend kann man drei Untertypen unterscheiden:

α) **Komplementarität**: wird nach dem Prinzip der Logik des „tertium non datur" (kontradiktorischer Gegensatz) definiert; Beispiele: *vida — muerte, macho — hembra, presente — ausente*.

β) **Antonymie i. e. S.**: entspricht dem Prinzip der Logik des „tertium datur" (konträrer Gegensatz); die Antonyme i. e. S. werden durch Graduierbarkeit und Polarität bestimmt, z. B. *joven — viejo, pequeño — grande, largo — corto, bueno — malo, bonito — feo*. So ist es also möglich zu sagen: *la chica es muy fea; la mujer de mi amigo es más joven que la de mi colega*, während die Steigerung von Adjektiven, die der Inhaltsrelation 'Komplementarität' angehören, nicht möglich ist (höchstens in übertragener Bedeutung).

γ) **Konversion**: Die Inhaltsrelation 'Konversion' besteht zwischen Paaren von Lexemen, die „sozusagen dieselbe Beziehung von zwei verschiedenen Bezugspunkten her bezeichnen"[28], z. B. *comprar — vender, preceder — seguir; médico — paciente, maestro — discípulo*.

Bibliographischer Hinweis

Zur Antonymie generell: GECKELER, Horst (1979), „Antonymie und Wortart", in: *Integrale Linguistik. Festschrift für Helmut Gipper*, Amsterdam: 455—482 (mit weiterer Literatur).

c) Als globale Strukturform des Wortschatzes soll hier das **Wortfeld** angeführt werden. Wortfelder sind lexikalische Strukturen, die als Mikrosysteme zwischen dem Gesamtwortschatz und den Einzelwörtern einer Sprache stehen. Sie decken einen größeren oder kleineren Ausschnitt des Wortschatzes ab und strukturieren ihn semantisch; die Feldglieder gehören einer bestimmten Wortart (pars orationis) an, z. B. das Feld der Verwandtschaftsbezeich-

[28] SCHWARZE, Christoph (1975), Einführung in die Sprachwissenschaft, Kronberg/Ts.: 81.

nungen (Substantive), der Fortbewegungsverben, der Farbadjektive[29] oder der Temperaturadjektive (vereinfacht):

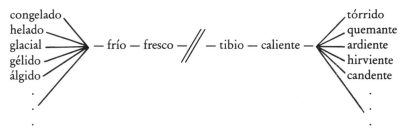

Nachstehend führen wir die zutreffendste uns bekannte Definition aus der strukturellen Semantik an:

> Ein *Wortfeld* ist in struktureller Hinsicht ein lexikalisches Paradigma, das durch die Aufteilung eines lexikalischen Inhaltskontinuums unter verschiedene in der Sprache als Wörter gegebene Einheiten entsteht, die durch einfache inhaltsunterscheidende Züge in unmittelbarer Opposition zueinander stehen.[30]

Anregung

Diese Definition sollte vom Seminarleiter unter Zugrundelegung der einschlägigen Literatur im Seminar erläutert werden; die Inhaltsanalyse in unterscheidende Züge müßte dabei besonders kommentiert werden.

Zur Forschungssituation: Es liegen zwar einige ausführliche Wortfeldanalysen zum Spanischen vor, aber im Hinblick auf den Gesamtwortschatz der Sprache bleibt noch viel zu tun. Auf folgende nach strukturellen Prinzipien erarbeitete Untersuchungen aus der Schule von G. Salvador soll im besonderen hingewiesen werden:

TRUJILLO, Ramón (1970), *El campo semántico de la valoración intelectual en español*, La Laguna: Dieses umfangreiche Werk stellt die erste umfassende Wortfeldanalyse dar, die zum Spanischen und in spanischer Sprache veröffentlicht wurde. Es handelt sich hierbei nicht nur um eine Feldanalyse eines einzigen synchronen Schnittes, sondern um fünf solche Schnitte, vom zeitgenössischen Spanisch in Epochenschritten zurückgehend bis zum Altspanischen des *Cantar de Mio Cid*. Ausführlicher dazu: vgl. die Rezension von Geckeler in: *ASNS* 212 (1975), 418—426.

---

[29] Vgl. dazu jetzt: GROSSMANN, Maria (1988), *Colori e lessico. Studi sulla struttura semantica degli aggettivi di colore in catalano, castigliano, italiano, romeno, latino ed ungherese*, Tübingen.
[30] COSERIU, Eugenio (1967), „Lexikalische Solidaritäten", *Poetica* 1: 293—303, 294.

5. Lexikologie und Semantik, Lexikographie

CORRALES ZUMBADO, Cristóbal (1977), *El campo semántico 'dimension' en español*, Santa Cruz de Tenerife: Untersucht sowohl die Dimensionssubstantive als auch die Dimensionsadjektive des Spanischen, und zwar in Jahrhundertschritten vom 20. Jh. zurückgehend über das 19., 18., 17. und 16. Jh. bis zum Mittelalter und mit einer Skizze zu den beiden entsprechenden (Teil-)Feldern des Lateinischen.

CORRALES ZUMBADO, Inmaculada (1982), *El campo semántico „edad" en español*, Santa Cruz de Tenerife (bereits 1969 abgeschlossen): Analysiert zunächst nur die Alterssubstantive (Abstrakta) des Spanischen in Jahrhundertschritten, ausgehend vom 20. Jh. bis hin zum mittelalterlichen Spanisch (mit einem Ausblick auf die Verhältnisse im Latein), führt dann aber auch noch die Untersuchung der Substantive, die Personen bezeichnen, die sich in einem bestimmten Altersabschnitt befinden (vgl. z. B. *el chico, el mozo, el anciano*), und der entsprechenden Adjektive aus.

Wortfeldübersteigenden Charakter haben Untersuchungen wie etwa: TRAPERO, Maximiano (1979), *El campo semántico 'deporte'*, Santa Cruz de Tenerife; PÉREZ BOWIE, José Antonio (1983), *El léxico de la muerte durante la Guerra civil española (Ensayo de descripción)*, Salamanca.

Aufgaben

1. Tragen Sie im Hinblick auf eine Wortfeldskizze die Schönheitsadjektive des Spanischen zusammen, ausgehend etwa von DUCHÁČEK, Otto/OSTRA, Růžena (1965), „Etude comparative d'un champ conceptuel", *Etudes Romanes de Brno* 1: 107—169, 118—132.

2. Mehrere Seminarteilnehmer könnten in Arbeitsteilung versuchen, das Wortfeld der Verwandtschaftsbezeichnungen im Spanischen nach dem Muster, das wir in GECKELER, Horst (1973), *Strukturelle Semantik des Französischen*, Tübingen: 43—52, für das entsprechende Feld im Französischen geben, zu untersuchen.

Als letzter Punkt in der synchronen Lexikologie soll die Unterscheidung zwischen **Homonymie** und **Polysemie** kurz behandelt werden.

Homonyme nennt man Lexeme mit zufällig gleichlautendem Signifiant, aber völlig verschiedenen, nicht zusammenhängenden Signifiés, z. B.

span. /'ʎama/   /'ʎama/   /Re'al/   /Re'al/   /'kanto/   'kanto/

       'Flamme'   'Lama'   'wirklich'   'königlich'   'Gesang'   'Ecke, Kante'

         insecable   *insecable*   *casar*   *casar*
            | | | |
       'que no se puede secar' 'que no se puede cortar' 'verheiraten' '(Urteil) kassieren, aufheben'

III. Synchronie und Diachronie der spanischen Sprache

In Seseo-Gebieten kommen noch hinzu:

/ka'saR/ /ka'saR/ /ko'seR/ /ko'seR/ /insi'piente/ /insi'piente/
  | | | | | |
'casar' 'cazar' 'cocer' 'coser' 'incipiente' 'insipiente'

Als Homonyme in einem weitgefaßten Sinne (unterschiedliches Genus, andere Wortart) werden auch Fälle betrachtet wie

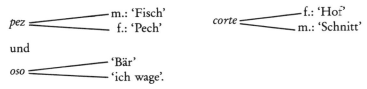

pez — m.: 'Fisch' / f.: 'Pech' *corte* — f.: 'Hof' / m.: 'Schnitt'

und

oso — 'Bär' / 'ich wage'.

Je nach dem Medium, in dem der signifiant realisiert wird, unterscheidet man innerhalb der Homonyme zusätzlich **Homophone** (Wörter gleicher Lautung) und **Homographe** (Wörter gleichen Schriftbildes). So sind z. B. *barón* und *varón*, *baca* und *vaca*, *binario* und *vinario*, *hojear* und *ojear*, *rebelarse* und *revelarse* Homophone, aber keine Homographe. Die umgekehrte Konstellation — Homograph, aber nicht Homophon — existiert im Spanischen nicht (vgl. dagegen

frz. (les) *fils* — /fis/ 'Söhne' / /fil/ 'Fäden'   ital. *pesca* — /ɛ/ 'Pfirsich' / /e/ 'Fischfang'

ital. *rocca* — /ɔ/ 'Burg' / /o/ 'Spinnrocken'),

denn Fälle wie *sábana / sabana*, *término / termino / terminó* sind immerhin durch den graphischen Akzent im Schriftbild differenziert. Die obigen Beispiele *real*, *llama* (das übrigens noch weitere Homonymien mit den Verbformen *llama* aufweist) usw. sind sowohl Homophone als auch Homographe.

Unter **Polysemie** versteht man das Faktum, daß ein Signifiant mit seinem auf der Ebene des Systems feststellbaren Signifié verschiedene Normbedeutungen hat, d. h. verschiedene in der Norm übliche Verwendungsweisen zeigt. Dies kann dadurch bedingt sein, daß der Signifié in unterschiedlichen Sachbereichen, z. B. *operación* in den Bereichen Chirurgie, Mathematik, Militär, sonstige planmäßige Unternehmung, oder metaphorisch verwendet wird. Während also Homonyme völlig verschiedene Wörter sind, handelt es sich bei Polysemie um ein Wort, das mehrere, zusammenhängende Norm- bzw. Redebedeutungen haben kann, z. B. *cabeza* mit der Grundbedeutung 'Kopf' und übertragenen Normbedeutungen in *cabeza de una montaña, cabeza de un clavo, cabeza de puente, cabeza de casa* u. a. oder *brazo* mit der Grundbedeutung 'Arm' und den übertragenen Normbedeutungen in *los brazos de un sillón, los brazos de una balanza, un candelabro de siete brazos, un brazo de río* u. a. In einem Beispiel wie *tomar un libro, tomar una ciudad, tomar el tren, tomar una decisión* usw. beruht die Polysemie z. T. auf metaphorischen Bedeutungen, z. T. handelt es sich einfach um kontextuelle Bedeutungen (Redebedeutungen) von *tomar.*

Siehe dazu MUÑOZ NUÑEZ, María Dolores (1999), *La polisemia léxica*, Cádiz.

5.1.2. Lexikologie und Semantik — diachron

Die zentralen Forschungsbereiche der diachronen Lexikologie stellen die Etymologie und die Wortgeschichte dar.

a) Unter **Etymologie** versteht man einerseits — nach dem antiken Wortsinn — die Lehre von der „wahren, echten", d. h. ursprünglichen Bedeutung der Wörter (aus griech. ἐτυμολογία, so bei den Stoikern), mit anderen Worten, den Teilzweig der Sprachwissenschaft, der sich mit der Erforschung des Ursprungs, der Herkunft und der Grundbedeutung der Wörter befaßt; andererseits wird **Etymologie** auch anstelle von **Etymon** zur Bezeichnung der ursprünglichen Form eines Wortes gebraucht, vgl. z. B. „lat. *(dies) Veneris* ist die Etymologie von span. *viernes*" (besser: „das Etymon von ..."). Ist das Etymon nicht belegt, sondern nur erschlossen bzw. rekonstruiert, wird es mit einem Sternchen (Asteriskus) versehen, z. B. lat. **cova* > span. *cueva*, lat. **sessicare* > span. *sosegar.*

Literaturhinweise

PFISTER, Max (1980), *Einführung in die romanische Etymologie*, Darmstadt.
MEIER, Harri (1986), *Prinzipien der etymologischen Forschung. Romanistische Einblicke*, Heidelberg.
PISANI, Vittore (1975), *Die Etymologie. Geschichte — Fragen — Methode*, München.

Ein interessanter Sammelband von Arbeiten zur Etymologieforschung:
SCHMITT, Rüdiger (Hrsg.) (1977), *Etymologie*, Darmstadt.

In der etymologischen Forschung stellt sich nun die Frage:

> Wie weit empfiehlt es sich, bei der Etymologisierung romanischer Wörter in deren Genealogie zurückzugehen? Bei solchen, die aus dem Lateinischen oder

Keltischen stammen, bis zum Lateinischen bzw. Keltischen oder bis in die indogermanischen Zusammenhänge?[31]

Der Ansatz, der die Herkunft der Wörter so weit wie möglich in der Zeit zurückverfolgen möchte, wird — da vielfach von italienischen Gelehrten vertreten — als „etimologia remota" bezeichnet, während man unter „etimologia prossima" das Zurückgreifen auf die nächstfrühere Stufe — also im Regelfall auf das Lateinische, eventuell auf das Griechische oder ggf. auf Substrat-, Superstrat- oder Adstratsprachen — versteht. In der Praxis der Etymologieforschung der romanischen Sprachen hat sich ein Konsens in der Beschränkung auf die „etimologia prossima" weitgehend durchgesetzt; die weitere Bestimmung des Etymons überläßt man der jeweils zuständigen (lateinischen, keltischen, germanischen, indogermanischen usw.) Nachbarphilologie.

Auf die besondere Situation der romanischen Etymologieforschung sei mit folgendem Zitat hingewiesen:

> Die etymologische Forschung im Bereich der Romanistik ist gegenüber den andern idg. Sprachen privilegiert, da in den meisten Fällen lateinische Belege eine sichere Ausgangsbasis abgeben und die prozentual geringe Anzahl von erschlossenen spontanlateinischen Etyma einen hohen Wahrscheinlichkeitsgrad aufweisen.
> Die Indogermanisten aber — wie auch Germanisten, Anglisten und Slawisten — haben keine so sicher und umfassend bekannte ältere Sprachstufe zur Verfügung, ... (PFISTER 1980: 22)

Die Ergebnisse der Etymologieforschung sind in den etymologischen Wörterbüchern (vgl. dazu Abschnitt 5.2.2.) niedergelegt. Nun ist es aber auch nicht so, daß die Herkunft aller Wörter der romanischen Sprachen etymologisch geklärt ist. Es bleiben immer noch zahlreiche Wörter, deren Etymon noch unbekannt oder unsicher ist (so z. B. im Falle von span. *cama* 'Bett', *páramo*) oder für die in der Forschung mehrere Etyma als Lösung diskutiert werden (Als besonders illustratives Beispiel dafür mag die lange Diskussion um das Etymon von span. *andar* (vgl. auch ital. *andare* und frz. *aller*) angeführt werden; zu den verschiedenen Lösungsvorschlägen siehe DECH I, SS. 256—258, und insbesondere PFISTER, Max (1985), *Lessico Etimologico Italiano*, Wiesbaden, unter *ambulare*, v. a. Spalten 744—750). Während die etymologische Wissenschaft im 19. Jahrhundert sich auf die Erforschung der Herkunft der Wörter, d. h. die Identifizierung der Etyma, konzentrierte („étymologie-origine", Baldinger), begnügt sie sich im 20. Jahrhundert nicht

---

[31] MEIER, Harri (1965), „Zur Geschichte der romanischen Etymologie", *ASNS* 201: 81—109, 105.

5. Lexikologie und Semantik, Lexikographie

mehr mit dieser Aufgabe: Ihr Ziel ist es jetzt, nicht mehr nur die „Genealogie des Wortes oder der Wortgruppe" (MEIER 1965: 103) zu erforschen, sondern die Wortgeschichte einzubeziehen, ja Wortgeschichte zu betreiben, die „Biographie" der Wörter zu schreiben: „étymologie-histoire du mot".[32] Die moderne etymologische Forschung versteht sich „als Symbiose von Wortgeschichte und Etymologie" (PFISTER 1980: 33).

Als Beispiel, wie die Wortgeschichte ein auf traditionell-etymologischem Wege gefundenes Etymon erklären und absichern kann, soll auf span. *hígado* < lat. *ficatu(m)* hingewiesen werden. Erst die Erkenntnis, daß das Lexem im Lateinischen als Übersetzungslehnwort der „kulinarischen Terminologie" nach griechischem Modell gebildet wurde, macht das Etymon plausibel — vgl. dazu in knapper Form: ROHLFS, Gerhard (1971), *Romanische Sprachgeographie*, München: 92—93 und Karte Nr. 40 (S. 275).

b) Wir haben bereits gesehen, daß „erst die vertiefte Wortgeschichte, das erweiterte Studium des Wortes in Raum und Zeit ... oft Licht in das Dunkel"[33] bestimmter Probleme der etymologischen Forschung bringt.

Unter **Wortgeschichte** verstehen wir mit Baldinger die „Biographie" von Wörtern und als sprachwissenschaftliche Teildisziplin die Untersuchung der Wörter von ihren etymologischen Grundlagen an durch die Jahrhunderte hindurch, in ihrer räumlichen Verbreitung, in ihrem materiellen und inhaltlichen Wandel, in ihrer soziokulturellen und stilistischen Zugehörigkeit. Ein langfristiges Desiderat der Wortforschung ist es, nicht nur die Geschichte von Einzelwörtern, sondern die Geschichte von ganzen Wortfeldern durch die Zeit hindurch zu studieren.

Die Wortgeschichte bedient sich bei ihren Forschungen der Ergebnisse der Sprachgeschichte, der Sprachgeographie, der Dialektologie, der Semantik, der Onomasiologie und der Semasiologie, der Kulturgeschichte im weitesten Sinne, der Sachforschung (vgl. „Wörter und Sachen"), der Rechts- und Religionsgeschichte, der Volks- und Völkerkunde u. a.

Literaturhinweise auf wortgeschichtliche Studien

Eine befriedigende Darstellung der Geschichte des spanischen Wortschatzes existiert noch nicht (Der sehr knappe Band von MESSNER, Dieter (1979), *Geschichte des spani-*

---

[32] BALDINGER, Kurt (1959), „L'étymologie hier et aujourd'hui", wieder abgedruckt in: SCHMITT (Hrsg.) (1977: 213—246, 219).
[33] ROHLFS, Gerhard (1952), *Romanische Philologie*, II, Heidelberg: 46.

III. Synchronie und Diachronie der spanischen Sprache

schen Wortschatzes. *Eine chronologisch-etymologische Einführung*, Heidelberg, wurde von den Erstbelegen her konzipiert). Gute Einzelinformation liefert das große etymologische Wörterbuch von Corominas, vgl. 5.2.2. Als wortgeschichtliche Monographien sind zum einen die o. a. onomasiologischen und semasiologischen Studien, zum andern die o. a. Wortfelduntersuchungen, die historische Sprachzustände umfassen, heranzuziehen. Siehe z. B. auch: EBERENZ, Rolf (1975), *Schiffe an den Küsten der Pyrenäenhalbinsel. Eine kulturgeschichtliche Untersuchung zur Schiffstypologie und -terminologie in den iberoromanischen Sprachen bis 1600*, Bern — Frankfurt/M. — Vgl. auch die wortgeschichtlichen Skizzen in MENÉNDEZ PIDAL, Ramón (⁶1968), *Orígenes del español. Estado lingüístico de la Península ibérica hasta el siglo XI*, Madrid: § 84 bis („Wiesel"), § 85 („Hügel") u. a. MARTÍN FERNÁNDEZ, María Isabel (1998), *Préstamos semánticos del español*, Cáceres.

Sehr anspruchsvoll: SCHALK, Fritz (1966), *Exempla romanischer Wortgeschichte*, Frankfurt/M. Ebenfalls gesamtromanisch angelegt: LÜDTKE, Helmut (1968), *Geschichte des romanischen Wortschatzes*, 2 Bde. (Breite Thematik, faktenreich; leicht zu lesen, da aus Vorlesungen hervorgegangen).

Abschließend sollen noch kurz zwei Phänomene, die zur Wortgeschichte bzw. zur Geschichte des Wortschatzes gehören, angesprochen werden:

1) Als **Lehnwörter** werden solche Wörter bezeichnet, die aus anderen Sprachen in die jeweils betrachtete Sprache übernommen wurden — wir gehen hier nicht auf die schwierige Abgrenzung zwischen Lehn- und Fremdwort ein (vgl. auch IV.10.3.). In historischer Sicht kann der Wortschatz einer Sprache als aus drei großen Komponenten zusammengesetzt betrachtet werden: aus dem ererbten historischen Fundus (im Falle des Spanischen: aus dem Vulgärlatein), aus den Entlehnungen und aus den mit den Verfahren der Wortbildung erzeugten Wörtern.

Literaturhinweise (zu den Lehnelementen)

Ad Vulgärlatein: vgl. IV.2.
Ad Substrate und Superstrat: vgl. IV.3. und 4.
Ad Kuluradstrate und Entlehnungen aus heute noch lebenden Sprachen: vgl. IV.5., IV.10.3. und die entsprechenden Artikel in *ELH*, Band II.
Zusätzliche Literatur zu den Gallizismen: LAPESA (⁹1981: passim); Italianismen: TERLINGEN, Juan (1943), *Los italianismos en español desde la formación del idioma hasta principios del siglo XVII*, Amsterdam; Anglizismen: RODRÍGUEZ GONZÁLEZ, Félix/LILLO BUADES, Antonio (1997), *Nuevo diccionario de anglicismos*, Madrid.

Vereinfachte Skizze der historischen Stratifikation des spanischen Wortschatzes:

5. *Lexikologie und Semantik, Lexikographie*

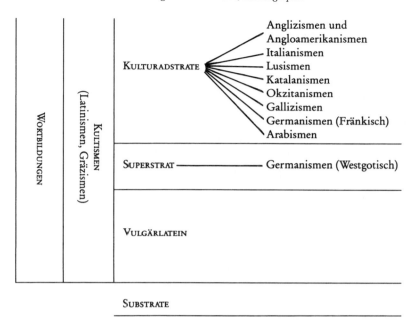

Aufgabe

Suchen Sie zur Illustration spanische Wortbeispiele für jede der im vorstehenden Schema angeführten Komponenten, etwa in einem etymologischen Wörterbuch, vgl. unten 5.2.2.

2) **Ausstrahlungsphänomene**: Wie das Spanische z. T. starke lexikalische Einflüsse von den großen europäischen Kultursprachen aufgenommen hat (vgl. oben), so hat es umgekehrt auch auf diese ausgestrahlt und ihnen Hispanismen vermittelt, so z. B. dem Französischen, dem Englischen, dem Italienischen, dem Deutschen u. a.; vgl. dazu die Information in den verschiedenen Sprachgeschichten der entsprechenden Einzelsprachen sowie die bibliographischen Hinweise in GONZÁLEZ OLLÉ, Fernando (1976), *Manual bibliográfico de estudios españoles*, Pamplona: 682—684.

5.2.1. Lexikographie — synchron

Literaturhinweise

HAENSCH, Günther / WOLF, Lothar / ETTINGER, Stefan / WERNER, Reinhold (1982), *La lexicografía. De la lingüística teórica a la lexicografía práctica*, Madrid.

III. Synchronie und Diachronie der spanischen Sprache

HAENSCH, Günther (1997), *Los diccionarios del español en el umbral del siglo XXI. Problemas actuales de la lexicografía — Los distintos tipos de diccionarios; una guía para el usuario — Bibliografía de publicaciones sobra lexicografía*, Salamanca.
Wörterbücher. Ein internationales Handbuch zur Lexikographie, 3 Bde, Berlin — New York 1989, 1990, 1991.

Unter **Lexikographie** im engeren Sinne versteht man die wissenschaftliche Praxis der Erstellung von Wörterbüchern. Für „Lexikographie im weiteren Sinne" schlägt Hausmann die Bezeichnung *Wörterbuchforschung* vor und definiert: *„Wörterbuchforschung* ist das Gesamt der auf Wörterbücher ausgerichteten wissenschaftlichen Theorie und Praxis" (HAUSMANN 1985: 368). Die Wörterbuchforschung umfaßt die Lexikographie im engeren Sinne (vgl. oben) und die Metalexikographie, welche letztere sich nach Hausmann untergliedert in: 1. Theorie der Lexikographie, 2. Wörterbuchkritik, 3. Status- und Benutzungsforschung, 4. Geschichte der Lexikographie und der Metalexikographie.

Der Gegenstand der o. a. Disziplinen sind also die Wörterbücher. HAUSMANN (1985: 369) gibt folgende Definition des Wörterbuchs:

> Das Wörterbuch ist eine durch ein bestimmtes Medium präsentierte Sammlung von lexikalischen Einheiten (vor allem Wörtern), zu denen für einen bestimmten Benutzer bestimmte Informationen gegeben werden, die so geordnet sein müssen, daß ein rascher Zugang zur Einzelinformation möglich ist.

Zum Verhältnis der Lexikologie und Lexikographie:

> Die Lexikologie profitiert von den Datensammlungen, die die Lexikographie im Hinblick auf praktische Bedürfnisse erstellt; die Lexikographie profitiert ihrerseits von den theoretischen [und praktischen (der Verfasser)] Fortschritten der Lexikologie. (SCHWARZE / WUNDERLICH 1985: 9)

Welche Typen von Wörterbüchern gibt es?

Wir beschränken uns im folgenden auf eine Auswahl aus der großen Vielfalt der existierenden Wörterbuchtypen und führen jeweils wichtige lexikographische Werke zum Spanischen als Beispiele dazu an (Wir orientieren uns in unseren Ausführungen vor allem an den o. a. Arbeiten von Hausmann).

1. Sprachlexikon ~ Wörterbuch/Sachlexikon ~ enzyklopädisches Lexikon:

Der Schwerpunkt eines Wörterbuchs liegt auf der sprachlichen Information, während enzyklopädisch ausgerichtete Nachschlagewerke vor allem Sachinformation liefern (dazu aber auch sprachliche Informationen).

Als Beispiel sei genannt die große spanische Enzyklopädie: *Enciclopedia universal ilustrada europeo-americana*, Espasa-Calpe, Madrid 1908—1930: 70 Bände + 10 Bände

5. Lexikologie und Semantik, Lexikographie

Apéndice 1930—1933, + suplementos anuales von 1934—1984.
In einem Band: *Diccionario enciclopédico de la lengua española*, EAPSA, Madrid 1979.

2. Einsprachiges Wörterbuch / zwei- oder mehrsprachiges Wörterbuch:

Einsprachige Wörterbücher geben zu jedem Eintrag eine (oder mehrere) Definition(en) in derselben Sprache wie die Einträge selbst — dazu meist noch weitere Informationen sowie Beispiele (die auch Zitate sein können); sie werden auch *Definitionswörterbücher* genannt.

Beispiele für einsprachige Wörterbücher des heutigen Spanisch:

Einbändige Werke:
UNIVERSIDAD DE SALAMANCA (1996), *Diccionario Salamanca de la lengua española*, Madrid (zahlreiche Nachdrucke).
UNIVERSIDAD DE ALCALÁ DE HENARES (1997), *Diccionario para la enseñanza de la lengua española*, Alcalá de Henares (zahlreiche Nachdrucke).

Mehrbändige Werke:
MOLINER, María (^{2}2002), *Diccionario de uso del español*, 2 Bde., Madrid (mit CD-ROM).
REAL ACADEMIA ESPAÑOLA (^{22}2001), *Diccionario de la lengua española*, Madrid.
SECO, Manuel / ANDRÉS, Olimpia / RAMOS, Gabino (1999), *Diccionario del español actual*, 2 Bde., Madrid.

Zweisprachiges Wörterbuch: PONS (2005), *Großwörterbuch für Experten und Universität, Spanisch – Deutsch, Deutsch – Spanisch. Vollständige Neuentwicklung*, Barcelona... Stuttgart, 1040 + 942 S.

Die zweisprachigen Wörterbücher leisten meist gute Dienste in der Richtung Zielsprache → Ausgangssprache (d. h. beim Herübersetzen); die in ihnen gegebene Information reicht jedoch in der umgekehrten Richtung, d. h. beim Hinübersetzen, in der Regel nicht aus. Daher erweist es sich meist als notwendig, zur Ergänzung ein Definitionswörterbuch der Zielsprache heranzuziehen.

3. Synchrones Wörterbuch / diachrones Wörterbuch:

Der Prototyp des synchronischen Wörterbuchs ist das *Wörterbuch der Gegenwartssprache* [siehe oben unter 2.]. Der Prototyp des diachronischen Wörterbuchs ist das *etymologische Wörterbuch* [s. 5.2.2.] (HAUSMANN 1985: 379).

Ein synchrones Wörterbuch kann auch eine ältere Sprachstufe darstellen, vgl. z. B. das Wörterbuch der altspanischen Sprache, so wie sie im *Cantar de mio Cid* erscheint.[34]

---

[34] MENÉNDEZ PIDAL, Ramón (^{5}1976), *Cantar de mio Cid. Texto, gramática y vocabulario*, Madrid. Bd. II.

III. Synchronie und Diachronie der spanischen Sprache

ALONSO, Martín (1958), *Enciclopedia del idioma*, 3 vol., Madrid
ALONSO, Martín (1986), *Diccionario medieval español*, 2 tomos, Salamanca.
GUTIÉRREZ TUÑÓN, Manuel (2002), *Diccionario de castellano antiguo: léxico español medieval y del Siglo de Oro*, Cuenca (nicht umfassend).
Real Academia Española (1960 ff.), *Diccionario histórico de la lengua española*, Madrid. Dieses ehrgeizige Projekt eines umfassenden historischen Wörterbuchs des Spanischen stockt seit Jahren in seinem Fortgang, soll nun aber bis 2019 beendet werden.

4. Standardsprachliches Wörterbuch / regionalsprachliches Wörterbuch:

Den die Gemeinsprache darstellenden Wörterbüchern stehen die Mundart- oder Dialektwörterbücher gegenüber, von denen es eine beträchtliche Anzahl gibt;

vgl. dazu GONZÁLEZ OLLÉ, Fernando, *Manual bibliográfico de estudios españoles*, SS. 718—726. — Als ein Beispiel sei genannt: ALCALÁ VENCESLADA, Antonio (1951), *Vocabulario andaluz*, Madrid.

5. Gemeinsprachliches Wörterbuch / Fachsprachliches Wörterbuch:

Im Gegensatz zu den gemeinsprachlichen Wörterbüchern, die Gesamtwörterbücher sein wollen, sind fachsprachliche Wörterbücher in der Regel Differenzwörterbücher, d. h. solche, die nur die fachspezifischen Wörter aufnehmen.

Ein Verzeichnis einer Auswahl fachsprachlicher Wörterbücher des Spanischen findet man in GONZÁLEZ OLLÉ, Fernando, *Manual ...*, SS. 709—712. — Als selektives Fachwörterbuch der linguistischen Terminologie kann hier für das Spanische angeführt werden: LÁZARO CARRETER, Fernando (^{3}1971), *Diccionario de términos filológicos*, Madrid (und Nachdrucke).

6. Gesamtwörterbuch/Spezialwörterbuch:

Aus dem breiten Spektrum von Spezialwörterbüchern greifen wir nur folgende heraus:

a) Synonymwörterbuch und Antonymwörterbuch:
Synonymiken werden häufiger getrennt publiziert als Antonymiken; immer wieder enthalten solche Spezialwörterbücher beide Typen von Inhaltsrelationen; vgl. für das Spanische:

CORRIPIO, Fernando (1971), *Gran diccionario de sinónimos*, Barcelona ...
MALDONADO GONZÁLEZ, Concepción (Hrsg.) (2001), *Diccionario de sinónimos y antónimos del español actual*, Madrid.
RUPPERT Y UJARAVI, Richard (1940), *Spanische Synonymik*, Heidelberg.
VILAR, Celia (^{11}2003, ed.), *Diccionario de sinónimos y antónimos*, Madrid.

Diese Wörterbücher sind meist nicht mehr als Materialsammlungen.

5. Lexikologie und Semantik, Lexikographie

b) Begrifflich geordnetes Wörterbuch:
Im Gegensatz zu den üblichen, alphabetisch gegliederten Wörterbüchern stehen die nach begrifflichen bzw. semantischen Kriterien oder nach Sachgruppen geordneten Wörterbücher.

Siehe dazu das bekannte Werk von

CASARES, Julio (1942 u. ö.), *Diccionario ideológico de la lengua española. Desde la idea a la palabra; desde la palabra a la idea*, Barcelona (wobei die „parte analógica" der Bestimmung „desde la idea a la palabra" entspricht, der zweite Teil ist dagegen alphabetisch).

c) Rückläufiges Wörterbuch:
Ein rückläufiges (a tergo) Wörterbuch ist ein lexikographisches Werk, in dem die Wörter nicht nach den Anfangsbuchstaben, sondern nach den Endbuchstaben alphabetisch geordnet sind. Sie dienen zur Erforschung der Suffixbildungen oder auch zur Reimfindung (zu diesen Zwecken sind heute auch die elektronischen Wörterbücher nützlich, z. B. MOLINER, María (2001), *Diccionario de uso del español*. Edición electrónica. Madrid.).

STAHL, Fred A. / SCAVNICKY, Gary E. A. (1973), *A Reverse Dictionary of the Spanish Language*, Urbana — Chicago — London;

BOSQUE, Ignacio / PÉREZ FERNÁNDEZ, Manuel (1987), *Diccionario inverso de la lengua española*, Madrid.

ANULA REBOLLO, Alberto (2002), *Diccionario inverso del español actual*, Madrid.

d) Frequenzwörterbuch:

Für das Spanische existiert folgendes Frequenzwörterbuch:

JUILLAND, Alphonse / CHANG-RODRIGUEZ, Eugenio (1964), *Frequency Dictionary of Spanish Words*, London — The Hague — Paris.

N.B.: Mehr als 1000 Titel von Enzyklopädien, Sprach- und Fachwörterbüchern des Spanischen enthält:
Instituto Nacional del Libro Español (INLE) (1980), *Diccionarios Españoles*, Madrid.

Aufgaben

1. Analysieren Sie den Aufbau eines Wörterbuchartikels in einem großen einsprachigen Wörterbuch des Spanischen, z. B. im Akademiewörterbuch. Welche Arten von Information werden geliefert?
2. Welche Arten von Definitionen finden Sie in den Definitionswörterbüchern?
3. Stellen Sie anhand der rückläufigen Wörterbücher des Spanischen die mit den Suffixen *-esco*, *-ificar* und mit dem Suffixoid *-icida* abgeleiteten Lexeme zusammen. Welche Schlüsse lassen sich ziehen?

III. Synchronie und Diachronie der spanischen Sprache

5.2.2. Lexikographie — diachron

Hier soll ein kurzer Überblick über die neueren und neuen etymologischen Wörterbücher der spanischen Sprache gegeben werden (z. T. werden auch die anderen iberoromanischen Sprachen miteinbezogen).

Etymologische Handwörterbücher in einem Band:

COROMINAS, Joan (^{3}1976 u. ö.), *Breve diccionario etimológico de la lengua castellana*, Madrid;

GARCÍA DE DIEGO, Vicente (^{2}1985), *Diccionario etimológico español e hispánico*, Madrid;

GÓMEZ DE SILVA, Guido (1985), *Elsevier's Concise Spanish Etymological Dictionary*, Amsterdam ...

SEGURA MUNGUÍA, Santiago (2001), *Nuevo diccionario etimológico latín-español y de las voces derivadas*, Bilbao.

Mehrbändige Werke:

Das Standardwerk ist:

COROMINAS, Joan / PASCUAL, José A. (1980—1991), *Diccionario crítico etimológico castellano e hispánico*, Madrid, I—VI (+ índices) (= *DECH*).

Kritisch zu Corominas: MEIER, Harri (1984), *Notas críticas al DECH de Corominas / Pascual*, Santiago de Compostela.

Zum Abschluß sei noch auf das bis heute nicht ersetzte gesamtromanische Werk von MEYER-LÜBKE, Wilhelm (^{3}1935), *Romanisches Etymologisches Wörterbuch*, Heidelberg (= *REW*), hingewiesen (6., unveränd. Nachdruck 1992).

Aufgaben

1. Orientieren Sie sich über den unterschiedlichen Aufbau der etymologischen Wörterbücher von Corominas / Pascual und García de Diego.

2. Gehen Sie der „étymologie-histoire du mot" folgender spanischer Wörter nach: *llegar, hallar, querer*.

IV. Etappen der spanischen Sprachgeschichte

In diesem vierten Hauptteil unserer Einführung in die spanische Sprachwissenschaft sollen einige der wichtigsten Etappen der Geschichte des Spanischen herausgehoben und kurz vorgestellt werden. **Sprachgeschichte** wird hier primär verstanden als „externe Geschichte" der spanischen Sprache in Abhebung gegenüber der **historischen Grammatik** im weitesten Sinne (Phonetik/Phonologie, Morphologie, Syntax) und der **historischen Lexikologie** (Wortbildung und Lexikon) als der „internen Geschichte" dieser Sprache. Der Schwerpunkt unserer Ausführungen liegt auf der frühen Phase der Herausbildung des Spanischen, weil sich die tiefgreifenden Veränderungen dieser Sprache in ihrer Entwicklung vom Vulgärlatein zum heutigen Spanisch gerade während der ältesten und älteren Epoche vollzogen haben.

Literaturangaben

Zwei Werke ragen in der Sprachgeschichtsschreibung heraus, das klassische Standardwerk von Lapesa und eine neue, umfassende Darstellung durch verschiedene Autoren:

CANO AGUILAR, Rafael (2004, coord.), *Historia de la lengua española*, Madrid.
LAPESA, Rafael (^{9}1981), *Historia de la lengua española*, Madrid.
Siehe jetzt auch ERNST, Gerhard, et al. (2003—), *Romanische Sprachgeschichte*, s. S. 11

Weitere Darstellungen:

ENTWISTLE, William James (^{2}1962), *The Spanish Language together with Portuguese, Catalan and Basque*, London (Übers.: *Las lenguas de España: castellano, catalán, vasco y gallego-portugués*, Madrid ^{3}1980).
QUILIS, Antonio (^{2}1987), *Historia de la lengua española*, Madrid.
CANDAU DE CEVALLOS, María del Carmen (1985), *Historia de la lengua española*, Potomac.
DÍEZ, Miguel/MORALES, Francisco/SABÍN, Ángel (^{2}1980), *Las lenguas de España*, Madrid.
TOVAR, Antonio (^{3}1989), *Einführung in die Sprachgeschichte der Iberischen Halbinsel. Das heutige Spanisch und seine historischen Grundlagen*, Tübingen.
BOLLÉE, Annegret/NEUMANN-HOLZSCHUH, Ingrid (2003), *Spanische Sprachgeschichte*, Barcelona usw., Stuttgart.
LLEAL, Coloma (^{2}2000), *Historia de la lengua española*, Barcelona.
PENNY, Ralph J. (^{2}2002), *A history of the Spanish language*, Cambridge.
POUNTAIN, Christopher J. (2001), *A history of the Spanish language through texts*, London.

IV. Etappen der spanischen Sprachgeschichte

Kurze Behandlung der spanischen Sprachgeschichte in:

BERSCHIN, Helmut/FERNÁNDEZ-SEVILLA, Julio/FELIXBERGER, Josef (²1995), *Die spanische Sprache. Verbreitung — Geschichte — Struktur*, Ismaning.

Forschungsbericht:

BALDINGER, Kurt (²1972), *La formación de los dominios lingüísticos en la Península Ibérica*, Madrid.

Enzyklopädische Information zu Einzelthemen der spanischen Sprachgeschichte in:

ALVAR, Manuel u. a. (Hrsg.), *Enciclopedia lingüística hispánica (ELH)*, tomo I: Madrid 1960; Suplemento al tomo I: Madrid 1962; tomo II: Madrid 1967.

1. Eroberung und Romanisierung der Pyrenäenhalbinsel

„Die Romanisierung bildete das erste Kapitel der romanischen Sprachgeschichte und der Geschichte der Einzelsprachen."[1]

Literaturangaben

Auswahl von umfassenden Darstellungen der römischen Epoche der Geschichte der iberischen Halbinsel:

BLÁZQUEZ, José Maria (1974, 1975), *Ciclos y temas de la Historia de España: la Romanización*, 2 tomos, Madrid.

MANGAS, Julio (²1980), *Hispania Romana*, in: TUÑÓN DE LARA, Manuel (Hrsg.), *Historia de España*, tomo I: *Introducción — Primeras culturas e Hispania Romana*, Barcelona: 197—432.

Historia general de España y América, tomo I-2: *De la protohistoria a la conquista romana*; tomo II: *Constitución y ruina de la España romana*, Madrid 1987.

MENÉNDEZ PIDAL, Ramón (Hrsg.) (1935), *Historia de España*, tomo II: *España romana (218 a. de J. C. — 414 de J. C.)*, Madrid.

Für eine erste Information:

RUHL, Klaus-Jörg (1986), *Spanien-Ploetz*, Freiburg-Würzburg; siehe auch

PLOETZ, Carl (³³2002), *Der Große Ploetz. Die Daten-Enzyklopädie der Weltgeschichte*, Frechen.

Zur besseren Anschaulichkeit sollten auch entsprechende Geschichtsatlanten eingesehen werden.

---

[1] INEICHEN, Gustav (1987), „Zwischen Latein und frühem Romanisch (Die Schwelle um 800 n. Chr.)", in: ARENS, Arnold (Hrsg.), *Text-Etymologie. Untersuchungen zu Textkörper und Textinhalt. Festschrift für Heinrich Lausberg zum 75. Geburtstag*, Stuttgart: 14—18, 15.

1. Eroberung und Romanisierung der Pyrenäenhalbinsel

Für die Fragen der eigentlichen Romanisierung kann man auch heute noch mit Gewinn auf das schon alte Werk von

BUDINSZKY, Alexander (1881), *Die Ausbreitung der lateinischen Sprache über Italien und die Provinzen des römischen Reiches*, Berlin (Nachdruck 1973) zurückgreifen;

siehe ebenfalls:

GARCÍA Y BELLIDO, Antonio (1972), „Die Latinisierung Hispaniens", in: TEMPORINI, Hildegard (Hrsg.), *Aufstieg und Niedergang der römischen Welt*, Bd. I, 1, Berlin-New York: 462—491 (+ umfangreiche Bibliographie SS. 492—500).

It is not exaggerated to claim that "the history of Roman colonization is the history of the Roman state" [E. Kornemann]; in the same sense it is also the history of the diffusion of Roman speech, of Latin.[2]

Daher erscheint es uns notwendig, zumindest die wichtigsten Etappen der militärischen und politischen Unterwerfung des Territoriums der Pyrenäenhalbinsel durch Rom — wenn auch nur kurz — aufzuzeigen.

Zunächst noch eine Bemerkung zu den lateinischen Namen der Pyrenäenhalbinsel: Nach Auskunft des antiken Geographen Strabo(n) umfaßte die Bezeichnung *Iberia* bei den Griechen zuerst nicht nur die Halbinsel, sondern auch Südgallien bis zur Rhône. Nach der Beschränkung des Namens auf die Pyrenäenhalbinsel wurden *Iberia* (also nicht begrenzt auf das Siedlungsgebiet der Iberer; der Name hängt sprachlich mit dem Flußnamen *Iberus* 'Ebro' zusammen) und die andere Bezeichnung, nämlich *Hispania* (wohl punisch/phönizischer Herkunft), von den Römern synonym gebraucht.

Eine Übersicht über die vielgestaltige vorrömische Besiedlung der Pyrenäenhalbinsel enthält Kapitel IV.3.

1.1. Eroberung

Nachdem die See- und Handelsmacht Karthago durch ihre Niederlage im 1. Punischen Krieg (264—241 v. Chr.) Sizilien und kurz danach auch Sardinien und Korsika an Rom verloren hatte, machten sich die karthagischen Herrscher aus dem Hause Barkas daran, als Ersatz für die verlorenen Gebiete ein Kolonialreich auf der Pyrenäenhalbinsel (wichtig u. a. wegen der reichen Bodenschätze) zu erobern; 227 v. Chr.: Gründung der Hauptstadt Carthago Nova (≙ Cartagena). Im sog. Ebrovertrag (226) legten Rom und Karthago den Ebro als Demarkationslinie der Einflußsphären der beiden Großmächte des westlichen Mittelmeers fest. Der Konflikt um die Stadt Sagunt löste den 2. Punischen Krieg (218—201 v. Chr.) aus, in dessen Verlauf Rom mit der Er-

---

[2] PULGRAM, Ernst (1958), *The Tongues of Italy. Prehistory and History*, New York: 272—273.

oberung der Pyrenäenhalbinsel begann. Nachdem Hannibal von der Pyrenäenhalbinsel aus auf dem Landweg über Südgallien und über die Alpen den Krieg nach Italien getragen hatte, landete 218 ein römisches Heer unter der Führung eines Scipionen in Emporion (≙ Ampurias) mit der Absicht, Hannibal von seiner Nachschubbasis in Hispanien abzuschneiden. Nach wechselvollen Kämpfen gelang es den Römern, 209 Carthago Nova zu erobern und schließlich die Karthager 206 durch die Einnahme der wichtigen Stadt Gades (≙ Cádiz) ganz von der Halbinsel zu verdrängen. Im Friedensschluß mußte Karthago auf seine Gebiete auf der iberischen Halbinsel verzichten. Rom teilte 197 v. Chr. die bis dahin eroberten, noch sehr begrenzten Gebiete im Osten und im Süden der Halbinsel in zwei Verwaltungsbezirke, in die 'Provinzen' Hispania citerior (mit Tarraco und Carthago Nova) und Hispania ulterior (zunächst ohne feste Hauptstadt).

Die weitere Eroberung der Pyrenäenhalbinsel durch die Römer ging in der Folgezeit nur langsam und mit großen Schwierigkeiten voran, und sie erfuhr durch zahlreiche Erhebungen der besiegten Völkerschaften gegen das harte Regiment der Römer immer wieder empfindliche Rückschläge. Besonders die noch nicht unterworfenen Keltiberer (im Zentrum der Halbinsel) und Lusitaner (im Südwesten) leisteten erbitterten Widerstand. Nach einem Vierteljahrhundert relativen Friedens (178—155; dank der Politik des Tiberius Sempronius Gracchus) folgte eine Epoche brutaler Kriege gegen die Lusitaner (deren bekanntester Führer Viriathus war) und gegen die Keltiberer, die mit der vollständigen Vernichtung der keltiberischen Stadt Numantia (133 v. Chr.) endete. Danach schloß sich wiederum eine Zeit relativen Friedens (132—109) an, wenn man von der Eroberung der Balearen (123—121) absieht. Nach erneuten Aufständen der besiegten Lusitaner und Keltiberer, die von den Römern niedergeschlagen werden konnten, weitete sich der römische Bürgerkrieg von Italien auf die eroberten Gebiete der Pyrenäenhalbinsel aus. Sertorius verband sich mit den Keltiberern und führte von 82—72 seine Kämpfe mit Hilfe der einheimischen Guerrillataktik gegen Rom (er wurde im Jahre 72 ermordet — wie schon Viriathus im Jahre 139). Auch Julius Caesar wählte ab 61 v. Chr. Hispanien als einen der Kriegsschauplätze in den Auseinandersetzungen um seinen Herrschaftsanspruch, so gegen Pompeius und dessen Söhne (Sieg bei Munda 45 v. Chr.). Im neuen Triumvirat, das sich nach Caesars Ermordung bildete, behielt sich Octavian (ab 27 v. Chr.: Augustus) u. a. Hispanien vor. Die noch nicht der römischen Herrschaft unterworfenen Kantabrer und Asturer im Nordwesten der Halbinsel wurden zwischen 29 und 19 v. Chr. in Kämpfen, die zeitweise von Augustus selbst befehligt wurden, besiegt.

1. Eroberung und Romanisierung der Pyrenäenhalbinsel

Die militärische Eroberung der Pyrenäenhalbinsel durch die Römer dauerte also — allerdings mit zahlreichen Unterbrechungen — ziemlich genau 2 Jahrhunderte (218 bis 19 v. Chr.). So schwierig die Eroberung war, so gründlich vollzog sich in der Folge die Romanisierung der Halbinsel — mit Abstrichen in den nördlichen Regionen.

Der administrativen Zweiteilung der Halbinsel in die Provinzen Hispania citerior und Hispania ulterior von 197 v. Chr. folgte unter Augustus, wohl 15 v. Chr., eine Neuordnung in drei Provinzen: Die vergrößerte und rund die Hälfte der Halbinsel umfassende Hispania citerior wurde zur Tarraconensis (Hauptstadt: Tarraco ≙ Tarragona), im Südwesten wurde die Provinz Lusitania (Hauptstadt: Emerita Augusta ≙ Mérida) neu eingerichtet, im Süden wurde aus dem Rest der Hispania ulterior die Baetica (Hauptstadt: Corduba). Die Reichsreform Diokletians (305 n. Chr.) brachte auch eine Neuordnung auf der Halbinsel mit sich: Im Südosten wurde die Provinz Carthaginiensis (umfaßte zunächst auch die Balearen, die später zu einer eigenen Provinz wurden) geschaffen; daneben existierten die Provinzen G(C)allaecia (im Nordwesten, von Kaiser Caracalla errichtet), Tarraconensis (stark verkleinert), Baetica und Lusitania weiter. Zusammen mit der Provinz Mauretania Tingitana (in Nordafrika) bildete Hispanien nunmehr eine Diözese innerhalb der Präfektur Gallien.

Die römische Herrschaft dauerte auf der Pyrenäenhalbinsel bis zu den massiven Germaneneinfällen der Völkerwanderungszeit im 5. Jh. Im Jahre 409 drangen Sueben, Vandalen und Alanen verwüstend auf die Halbinsel vor. 418 gründeten die Westgoten in Südgallien das Tolosanische Reich (Tolosa ≙ Toulouse), von wo aus König Eurich 472 Lusitania und 474 die Tarraconensis eroberte. Nach der Niederlage der Westgoten gegen die Franken wanderten sie von Südgallien auf die Pyrenäenhalbinsel weiter, wo sie das westgotische Reich errichteten, das von 507 bis 711 (Einfall der Araber) bestand.

Weitere für die heutige Romania wichtige Daten:

Eroberung Südgalliens (Provincia Gallia Narbonensis): 125—120 v. Chr.
Eroberung von ganz Gallien durch Julius Caesar: 58—51 v. Chr.
Abschluß der Eroberung des Territoriums des heutigen Italien unter Augustus: 15. v. Chr.

Eroberung Dakiens und Einrichtung der Provinz Dacia (107 n. Chr.) durch Kaiser Trajan (98—117), unter dessen Herrschaft das Imperium Romanum seine größte Ausdehnung erreichte.

IV. Etappen der spanischen Sprachgeschichte

1.2. Romanisierung

Der Phase der politisch-militärischen Eroberung folgte, zumindest in der Westhälfte des Reiches — nicht dagegen in der Osthälfte: wegen des Kulturprestiges der Griechen —, die Phase der kulturellen Durchdringung, der Romanisierung, welche, nach Regionen verschieden, die frühere oder spätere Annahme der lateinischen Sprache bewirkte (Die Gebiete, in denen die lateinische Sprache meist als Folge der Völkerwanderung später wieder verschwand, gehören zur sogenannten „verlorenen Romania" oder auch „Romania submersa", wie z. B. England, Niederlande, SW-Deutschland, Österreich, Nordschweiz, Nordafrika).

„An Faktoren, die zu der Romanisierung so vieler, sprachlich und kulturell und dem Wesen nach so verschiedener Völker beitrugen", zählt Reichenkron[3] die sieben folgenden auf:

1. das römische Heer und das römische Militärwesen,
2. die römische Kolonisation und die Siedlungsarten,
3. die römische Verwaltung und das römische Straßennetz,
4. der römische Handel,
5. das römische Bürgerrecht,
6. die römischen Schulen und die römische Erziehung,
7. das Christentum.

Zu diesen verschiedenen Faktoren jeweils nur einige Bemerkungen:

— Ad 1.: Die starke militärische Präsenz der Römer auf der Pyrenäenhalbinsel — zumindest in der Phase der Eroberung —, die Aufnahme von Einheimischen in das römische Heer — die Kommandosprache blieb stets das Latein —, die Verbindung römischer Soldaten mit einheimischen Frauen und die nachweislich zahlreichen daraus hervorgegangenen Kinder spielten eine wichtige Rolle im Prozeß der Romanisierung.

— Ad 2.: Die römische Kultur war — wie die antiken mediterranen Hochkulturen überhaupt — eine Stadtkultur, und so ist die Urbanisierung ein untrügliches Zeichen römischer Kolonisierung. Von den Städten aus verbreiteten sich römische Kultur und Sprache in den Provinzen. Da die Hispania ulterior, insbesondere die spätere Baetica, schon vor der Eroberung durch die Römer stark städtisch geprägt war, vollzog sich hier die Romanisierung rascher und profunder als in der übrigen Hispania. Die Baetica war eine kulturell sehr hochstehende Region, die sich rasch assimilierte, daher früh als 'befrie-

---

[3] REICHENKRON, Günter (1965), *Historische Latein-Altromanische Grammatik*, I. Teil, Wiesbaden: 153—221.

1. Eroberung und Romanisierung der Pyrenäenhalbinsel

det' gelten konnte und somit eine senatorische Provinz wurde. Das Latein der Baetica wies konservative Züge auf, was für die Herausbildung der westlichen iberoromanischen Sprachen und teilweise auch des Kastilischen von Belang werden sollte. Die Tarraconensis (v. a. das Landesinnere) stand dagegen kulturell auf einem niedrigeren Niveau als die Südprovinz. Ihr Kolonisationstyp war von den Soldaten und den bäuerlichen Siedlern (darunter auch Italiker) geprägt, daher verlief die Romanisierung viel langsamer als in der Baetica. Die Tarraconensis war eine kaiserliche Provinz; sprachliche Besonderheiten dieser Provinz gelangten ebroaufwärts bis in die Region des künftigen Kastilien.

Die älteste römische Stadtgründung auf der Halbinsel ist die von Tarraco (≙ Tarragona) aus der Zeit des 2. Punischen Krieges; ebenfalls aus dieser Zeit stammt Italica (≙ Santiponce [Sevilla]) zur Ansiedlung von Veteranen; Carteia (bei Algeciras) wurde 171 v. Chr. für Kinder aus Verbindungen römischer Soldaten mit einheimischen Frauen gegründet.

Wichtige römische Städte im Süden: Corduba, Gades (≙ Cádiz; als Siedlung schon im 11. Jh. v. Chr. gegründet), Hispalis (≙ Sevilla), Malaca (≙ Málaga, phönizische Gründung), Olisipo (≙ Lisboa), Carthago Nova, Valentia (≙ Valencia).

Von Augustus wurden gegründet: Emerita Augusta (≙ Mérida), Caesaraugusta (≙ Zaragoza), Barcino (≙ Barcelona); zur Kontrolle der Nordgebiete: Bracara Augusta (≙ Braga), Lucus Augusti (≙ Lugo), Asturica Augusta (≙ Astorga).

— Ad 3.: Über die Veränderungen der administrativen Gliederung der Halbinsel haben wir oben bereits Angaben gemacht.

Es ist bekannt, daß die Römer die Meister des Straßenbaus in der Antike waren. Sie überzogen ihr Imperium mit Verbindungsstraßen, die zunächst militärischen Zwecken dienten, nach der 'Befriedung' aber Handelswege wurden und sich schließlich als Adern der Romanisierung erwiesen. So führte beispielsweise die Via Herculea von den Säulen des Hercules über Carthago Nova, Tarraco, Emporiae, Narbo bis zur Rhône. Neben dem Verkehr auf den Landstraßen war auch die Flußschiffahrt ein wichtiges Verkehrsmittel innerhalb des Landes bis zum Meer. H. Lüdtke[4] hat die Bedeutung des römischen Straßennetzes „für die wirtschaftlichen Beziehungen und die

---

[4] LÜDTKE, Helmut (1962/1978), „Die Verkehrswege des römischen Reiches und die Herausbildung der romanischen Dialekte", in: KONTZI, Reinhold (Hrsg.) (1978), *Zur Entstehung der romanischen Sprachen*, Darmstadt: 438—447, 439.

menschlichen Kontakte" hervorgehoben und sieht „die Wichtigkeit der römischen Straßen für die Sprache in der Potenzierung der menschlichen Beziehungen".

— Ad 4.: Der militärischen Eroberung folgten die römischen Kaufleute. Auf Handel und Warenaustausch als Faktoren für eine kulturelle Kontaktaufnahme braucht hier nur hingewiesen zu werden.

— Ad 5.: „Wohl keiner von den der Romanisierung dienenden Faktoren wurde von den Römern so bewußt verwendet wie die Verleihung des Bürgerrechts". (REICHENKRON 1965: 189)
Neben den Bürgerrechtsverleihungen durch einzelne Politiker wie Pompeius und Caesar an begrenzte Gruppen soll hier erinnert werden an die Verleihung des „ius Latii" durch Kaiser Vespasian an die Gemeinden der iberischen Halbinsel im Jahre 74 n. Chr. und an die Verleihung des vollen römischen Bürgerrechts durch Kaiser Caracalla (Constitutio Antoniniana, 212 n. Chr.) an alle freien Angehörigen des römischen Reiches.

— Ad 6.: Die Einrichtung von römischen Schulen diente u. a. auch dazu, die Söhne der vornehmen einheimischen Familien an die römische (und griechische) Kultur heranzuführen und sie politisch und sprachlich zu assimilieren (vgl. die berühmte Schule des Sertorius in Osca [≙ Huesca]).

— Ad 7.: Das Christentum wirkte mit seiner Ausbreitung als Religion auf der Pyrenäenhalbinsel — allerdings später als die o. a. Faktoren — zugunsten der Latinisierung v. a. der in ihrer Romanisierung noch rückständigen Gebiete.[5]
In den ersten beiden Jahrhunderten n. Chr. erlebte Hispanien eine wirtschaftliche und kulturelle Blütezeit; von letzterer zeugen Autoren wie die in Hispanien geborenen Senecas (Vater und Sohn), Lucan, Martial, Quintilian, Columella, Pomponius Mela, die aus dem römischen Schrifttum nicht wegzudenken sind. Auch die Kaiser Trajan, Hadrian und später (4. Jh.) Theodosius stammen aus Hispanien. Aus christlicher Zeit können Autoren wie Prudentius und Orosius angeführt werden.

Als Resümee und zugleich als Übergang zum nächsten Kapitel möge folgendes Zitat dienen:

> Einer der wesentlichsten Züge der Romanisierung Hispaniens ist seine Latinisierung, d. h. der Prozeß, in dessen Verlauf die einheimischen Sprachen verschwanden und gleichzeitig durch das Lateinische ersetzt wurden, aus welchem sich im Laufe der Jahrhunderte die romanischen Sprachen entwickelt haben, die heute auf der Halbinsel in Gebrauch sind. (GARCÍA Y BELLIDO 1972: 462)

[5] Vgl. z. B. auch VICENS VIVES, Jaime ([8]1972), *Aproximación a la historia de España*, Barcelona: 44.

2. Die sprachliche Grundlage: das sogenannte Vulgärlatein

Literaturhinweise

KIESLER, Reinhard (2006), *Einführung in die Problematik des Vulgärlateins*, Tübingen (Romanistisches Arbeitsheft, 48).

VÄÄNÄNEN, Veikko (³1981), *Introduction au Latin vulgaire*, Paris [¹1963/64] (Span. Übersetzung: *Introducción al latín vulgar*, Madrid ²1985; immer noch ein Standardwerk, stellt aber das Vulgärlatein primär als Epoche sprachlicher Dekadenz und weniger als Ausgangspunkt der romanischen Sprachen dar. Die 2. u. 3. Aufl. mit kleiner kommentierter Textauswahl).

VOSSLER, Karl (1954), *Einführung ins Vulgärlatein*, hrsg. und bearb. von Helmut Schmeck, München.

Kurze Darstellungen:

Zum Vulgärlatein auf der Pyrenäenhalbinsel:

LAPESA (⁹1981: Kap. III). DÍAZ Y DÍAZ, Manuel C. (1960), „Rasgos lingüísticos" in: *ELH* I: 153—197. MARINER BIGORRA, Sebastián (1960), „Léxico", in: *ELH* I: 199—236. DÍAZ Y DÍAZ, Manuel C. (1960), „Dialectalismos", in: *ELH* I: 237–250.

REICHENKRON, Günter (1965), *Historische Latein-Altromanische Grammatik. I. Teil: Einleitung. Das sogenannte Vulgärlatein und das Wesen der Romanisierung*, Wiesbaden.

Sammelband: KONTZI, Reinhold (Hrsg.) (1978), *Zur Entstehung der romanischen Sprachen*, Darmstadt.

Zum neueren Forschungsstand siehe die inzwischen erschienenen sechs Bände mit dem Titel *Latin vulgaire – latin tardif. Actes du Colloque international sur le latin vulgaire et tardif*, I: HERMAN, József (Hrsg.), Tübingen 1987; II: CALBOLI, Gualtiero (Hrsg.), Tübingen 1990; III: ILIESCU, Maria/MARXGUT, Werner (Hrsg.), Tübingen 1992; IV: CALLEBAT, Louis (Hrsg.), Hildesheim 1995; V: PETERSMANN, Hubert/KETTEMANN, Rudolf (Hrsg.), Heidelberg 1999; VI: SOLIN, Heikki/LEIWO, Martti/HALLA-AHO, Hilla (Hrsg.), Hildesheim 2003.

Zur systematischen linguistischen Beschreibung und zur Erlernung des klassischen Lateins sowie zur Auffrischung der Schulkenntnisse siehe jetzt: MÜLLER-LANCÉ, Johannes (2006), *Latein für Romanisten*, Tübingen.

2.1. Was versteht man unter „Vulgärlatein"?

Das sogenannte Vulgärlatein ist die Grundlage der romanischen Sprachen.

> Die einzelnen rom. Sprachen sind nicht die Töchter des Vlt., sondern selbst Vlt., d. h. seine Spielart. Sie sind das Latein von heute. (VOSSLER 1954: 48)
>
> ... las diferentes variedades romances representan, en cierta manera, los dialectos medievales y modernos del latín; no hay solución de continuidad. (VÄÄNÄNEN 1982: 26)

Die meisten romanischen Sprachen und Dialekte können als heutige lebende Varietäten des gesprochenen Lateins bestimmter mittlerer und westlicher Länder des Imperium Romanum aufgefaßt werden; für die Erklärung der sprachlichen Entwicklung vom Sprechlatein der römischen Zeit zu den vielfältigen Ausprägungen romanischer Sprachen und Mundarten (Problem der 'Ausgliederung der romanischen Sprachräume') kommen verschiedene Faktoren in Frage: so u. a. der Einfluß der Substrate und der Superstrate (vgl. dazu IV.3. und 4.).

Das sog. Vulgärlatein ist die gesprochene Form des Lateinischen in Rom und im römischen Reich, in Abhebung vom geschriebenen (literarischen) Latein. Daß die Bezeichnung „Vulgärlatein" kein glücklicher Terminus ist, wird von vielen Romanisten betont; trotzdem hat sich „Vulgärlatein" als Fachterminus heute in der romanischen Sprachwissenschaft fast allgemein durchgesetzt. Der Stein des Anstoßes bei dieser Bezeichnung liegt im Element „Vulgär-" (span.: [latín] vulgar), das als soziokulturelle oder stilistische Zuordnung dieser bestimmten Varietät des Lateins interpretiert werden könnte und auch wurde, z. B. als Latein der unteren und untersten Volksschichten („Pöbelsprache"). In der Tat geht das Modell dieser Bildung letztlich auf Ciceros Formel des „vulgaris sermo" — auch „plebeius sermo" — zurück (Daneben findet man auch „sermo cotidianus", „sermo rusticus", letzteres besonders in Opposition zur „urbanitas" des kultivierten literarischen Lateins). Wenn der Terminus „Vulgärlatein" jedoch ohne etymologische Deutungsversuche einfach als Fachterminus für „gesprochenes Latein" oder „Sprechlatein" ohne Einschränkung auf bestimmte Sprecherschichten verwendet wird, so dürften sich in der Fachwissenschaft keine Mißverständnisse mehr ergeben. Sprachwissenschaftler, die solchen terminologischen Schwierigkeiten vorbeugen wollen, behelfen sich z. T. damit, daß sie vom „sogenannten Vulgärlatein" sprechen (z. B. Tagliavini, Coseriu u. a.) oder sie führen ganz andere Termini ein, wie z. B. „Verkehrslatein" bzw. „Umgangslatein" (Reichenkron) oder „Sprechlatein (Spontansprache)" (H. Lüdtke).

2.2. Notwendigkeit der Annahme des Vulgärlateins für die romanische Sprachwissenschaft

In der Tat lassen sich viele sprachliche Fakten der romanischen Sprachen nicht als Entwicklung aus den bekannten sprachlichen Fakten des literarischen oder klassischen Lateins erklären. Greifen wir nur kurz einige Erscheinungen aus dem grammatischen und dem lexikalischen Bereich heraus: die spektakulärste Neuerung der romanischen Sprachen gegenüber dem klassischen Latein ist die Schaffung einer für dieses Latein völlig neuen Wortart

2. Die sprachliche Grundlage: das sogenannte Vulgärlatein

("pars orationis"), nämlich des Artikels. Alle romanischen Sprachen und Dialekte haben den bestimmten Artikel, das klassische Latein dagegen kennt einen solchen nicht, hingegen das Griechische. Die Tatsache, daß der bestimmte Artikel überall in der Romania existiert und daß er sich in der weitaus größten Zahl der romanischen Sprachen materiell aus demselben lateinischen Element, nämlich dem Demonstrativum *ille*, entwickelt hat, zwingt geradezu zur Folgerung, daß der Artikel noch in gemeinromanischer Zeit, d. h. im Vulgärlatein, entstanden sein muß. Eine Polygenese des Artikels in den romanischen Sprachen annehmen zu wollen, widerspricht jeglicher Wahrscheinlichkeit. — Auch die Ersetzung der synthetischen Formen des lateinischen Futurs (vom Typ *cantabo, dicam*) durch periphrastische Bildungen in den romanischen Sprachen, in den meisten Fällen zurückgehend auf den Typ *cantare habeo*, vgl. span. *cantaré*, frz. *(je) chanterai* (vgl. III.2.5.), muß im Vulgärlatein ihren Ursprung haben. HERMAN (1967: 10—11) verweist auf die kl.-lat. Wörter *ignis* 'Feuer', *loqui* 'sprechen' und *pulcher* 'schön', die in keiner romanischen Sprache in volkstümlicher Entwicklung weiterleben. Diese kl.-lat. Wörter wurden im Vulgärlatein durch andere Lexeme ersetzt, die in den romanischen Sprachen fortbestehen:

ignis ersetzt durch *focus* (eigentlich 'Feuerstelle'):
vgl. span. *fuego*, frz. *feu*, ital. *fuoco*

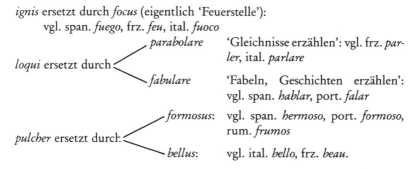

loqui ersetzt durch
- *parabolare* 'Gleichnisse erzählen': vgl. frz. *parler*, ital. *parlare*
- *fabulare* 'Fabeln, Geschichten erzählen': vgl. span. *hablar*, port. *falar*

pulcher ersetzt durch
- *formosus*: vgl. span. *hermoso*, port. *formoso*, rum. *frumos*
- *bellus*: vgl. ital. *bello*, frz. *beau*.

2.3. Zeitliche Abgrenzung des Vulgärlateins

Über die zeitliche Abgrenzung des Vulgärlateins sowohl nach rückwärts als auch nach vorwärts gibt es in der Forschung keine einheitliche Meinung. Eine maximalistische Auffassung der Chronologie des Vulgärlateins, vertreten z. B. von Autoren wie Väänänen und Haadsma/Nuchelmans (welche letzteren sich auf Vidos berufen), hält seine Existenz zu allen Zeiten der Latinität für gegeben, d. h. vom Ausgang der archaischen Epoche des Lateins (Ende 3. Jh. v. Chr.) bis zum Auftreten der ersten schriftlichen Texte in romanischer Sprache (9. Jh. n. Chr.).

IV. Etappen der spanischen Sprachgeschichte

Eine mittlere Position vertreten etwa Battisti (und ähnlich Herman sowie Kiesler): Hier wird für das Vulgärlatein der Zeitraum zwischen ca. 200 v. Chr. und 600 n. Chr. angesetzt (Gerade 600 n. Chr. wird in der Literatur häufig als Endpunkt angegeben). Chronologisch viel stärker eingegrenzt sieht dagegen Coseriu (etwa in KONTZI 1978: 264, 276) das Vulgärlatein. Seine hier übernommene Auffassung läßt sich an folgender Skizze verdeutlichen:

	ca. 200 v. Chr.	ca. 100 n. Chr.	ca. 400 n. Chr.	ca. 700	
Archaisches Latein	Literarisches Latein	Klassisches Latein	Spätlatein		Mittelalterl. Latein
Latein ohne feste Norm	Lateinische Umgangssprache	Vulgärlatein			
			Vorromanische Phase		Romanische Sprachen

Die horizontalen Linien deuten die verschiedenen Sprachniveaus und -register des Gesamtlateins an, wobei diese nicht alle spezifiziert werden. Zwischen ca. 200 v. Chr. und ca. 100 n. Chr. werden das literarische und das umgangssprachliche Latein unterschieden; in dieser Epoche existiert noch eine wechselseitige Beeinflussung dieser beiden lateinischen Traditionen. In der nachaugusteischen Zeit wird das literarische Latein zum klassischen Latein fixiert; es nimmt keine Neuerungen mehr aus der gesprochenen Sprache auf. Daher stellt man ein deutliches Sichwegentwickeln des Vulgärlateins vom klassischen Latein (angedeutet durch ↕) sowie eine sich verstärkende innere Differenzierung des Vulgärlateins fest. Coseriu setzt dann eine vorromanische Phase von ca. 400– ca. 700 n. Chr. an, an welche er schließlich die Phase der verschiedenen romanischen Sprachen — zunächst nur in angedeuteten Konturen — anschließt.

Dieses Schema verdeutlicht einerseits die Auffassung, daß es eine Kontinuität des gesprochenen Lateins von den Anfängen der lateinischen Sprache bis zur Gegenwart der heutigen romanischen Sprachen gibt, und andererseits die

2. Die sprachliche Grundlage: das sogenannte Vulgärlatein

These, daß die wichtigsten Neuerungen der späteren romanischen Sprachen zwischen ca. 100 n. Chr. und ca. 400 n. Chr. im Vulgärlatein entstanden seien, in einer Epoche, die einen anormal beschleunigten Rhythmus der Sprachentwicklung aufweise.

2.4. Die Frage nach der Einheitlichkeit des Vulgärlateins

In der älteren Forschung (so z. B. von E. Bourciez, H. F. Muller, z. T. auch von A. Meillet) wurde häufig die Meinung vertreten, das Vulgärlatein sei eine einheitliche Sprache gewesen. In der neueren Literatur wird dagegen der nichteinheitliche, d. h. differenzierte Charakter des Vulgärlateins hervorgehoben, so z. B. von Rohlfs, Straka, Väänänen, Lausberg, Tagliavini, Vidos; zitieren wir stellvertretend LAUSBERG (³1969: § 34):

> Das Vulgärlatein war nun aber keine einheitliche Sprache: weder in sozialer noch in chronologischer noch in geographischer Hinsicht.

HERMAN (1967: 17) fügt noch die Stilunterschiede hinzu.

Kurz zu diesen verschiedenen Differenzierungsfaktoren:

— Diatopische (d. h. regionale) Faktoren: Es ist nicht zu erwarten, daß bei der weiten geographischen Verbreitung des gesprochenen Lateins im Imperium Romanum, nicht zuletzt infolge von Substrateinwirkung, die Sprache einen völlig homogenen Charakter aufweist. So gibt es z. B. zweifellos Unterschiede zwischen dem Vulgärlatein in Mittel- und Süditalien und dem in Gallien.

— Diastratische (d. h. soziokulturelle) Faktoren: Die Kolonisierung der verschiedenen Provinzen erfolgte durch unterschiedliche soziale Gruppen mit unterschiedlichem Bildungsstand; diese Unterschiede spiegeln sich bis zu einem gewissen Grad in der Sprache wider.

— Diaphasische (d. h. stilistische) Faktoren: Die Unterschiedlichkeit der Ausdrucksabsichten kann sich mit den soziokulturellen Differenzierungsfaktoren kombinieren.

— Chronologische Faktoren:
1. Zwischen der Eroberung der ersten römischen Provinz, Sizilien (241 v. Chr.), und der letzten, Dacien (107 n. Chr.), liegt ein Abstand von rund 3½ Jahrhunderten: ein wichtiger Gesichtspunkt für die Beurteilung der sprachlichen Romanisierung, denn es ist nicht anzunehmen, daß das Latein über diese lange Zeitspanne hinweg unverändert blieb.

2. Selbst wenn man das Vulgärlatein nur für den Zeitraum zwischen 100 n. Chr. und 400 n. Chr. ansetzt, so muß auch für diese relativ kurze Epo-

che zumindest mit der „normalen" Rate an Sprachwandel gerechnet werden.

Beschließen wir diese Ausführungen mit einem Zitat von VIDOS (1968: 229—230), das ein abgewogenes Urteil zu dieser vieldiskutierten Streitfrage darstellt:

> Daß es wirklich das Verhältnis von Einheit und Differenzierung des Vulgärlateins ist, das uns den Schlüssel an die Hand geben kann, die Ursprünge der romanischen Sprachen zu erhellen, wird klar, wenn wir folgende Betrachtungen anstellen. Das Vulgärlatein war zweifellos wie jede andere gesprochene Sprache vertikal (gesellschaftlich) und horizontal (geographisch) differenziert. Trotzdem mußte es, um die Funktion der Umgangssprache des römischen Reichs erfüllen zu können, eine gewisse Homogenität aufweisen. Die Schriftsprache, wie sie sich in der klassischen Tradition verfestigt hatte, blieb dagegen sehr homogen.

2.5. Die Quellen des Vulgärlateins

Literaturhinweise

Neben den sehr knappen Anthologien von Texten zum Vulgärlatein, die die Handbücher von Väänänen und von Kiesler enthalten, verweisen wir noch auf drei umfangreichere Textsammlungen zum Vulgärlatein:

ROHLFS, Gerhard (³1969), *Sermo vulgaris latinus. Vulgärlateinisches Lesebuch*, Tübingen.

DÍAZ Y DÍAZ, Manuel C. (²1962), *Antología del latín vulgar*, Madrid.

ILIESCU, Maria — SLUSANSKI, Dan (Hrsg.) (1991), *Du latin aux langues romanes*, Wilhelmsfeld.

Nachdem das sog. „Vulgärlatein" als die gesprochene Form des Lateins bestimmt worden ist, kann es niemanden verwundern, wenn man feststellt, daß es keine eigentlich vulgärlateinischen Texte gibt und auch nicht geben kann. Was es jedoch gibt, sind Texte, die vulgärlateinische Elemente enthalten.

Im folgenden wollen wir die hauptsächlichen Arten von Quellen für unsere Kenntnis des Vulgärlateins kurz vorstellen; wir halten uns für die Reihenfolge der Aufzählung an die entsprechende Darstellung von VÄÄNÄNEN (³1981: 14—20).

1. Zeugnisse lateinischer Grammatiker:

Puristisch ausgerichtete Grammatiker tadelten die besondere Aussprache von bestimmten Wörtern oder gewisse Formen, die der normativen lateinischen Grammatik nicht entsprachen. Hier muß insbesondere die sogenannte *Appendix Probi* (wahrscheinlich aus dem 3. oder 4. Jh. n. Chr.; Datierung jedoch umstritten: evtl. erst aus dem 6. oder 7. Jh.) angeführt werden. Der

2. Die sprachliche Grundlage: das sogenannte Vulgärlatein

Verfasser ist nicht bekannt; der Name des Textes erklärt sich daraus, daß dieser als „Anhang" zu einer Abschrift der lateinischen Grammatik des Probus überliefert ist. Es handelt sich hier um eine Liste von 227 getadelten Vulgarismen, jeweils unter Voranstellung der vom Verfasser als korrekt empfohlenen Formen, vom Typ: *viridis non virdis, speculum non speclum, auris non oricla, persica non pessica*. Sehr häufig sind es gerade die kritisierten Formen, die die Grundlage für die späteren romanischen Formen bilden, vgl. span./ital. *verde*; span. *espejo*, it. *specchio*; span. *oreja*, it. *orecchia* neben *orecchio*, frz. *oreille*; it. *pesca*, frz. *pêche* (dagegen span. *albérchigo* — über eine mozarabische Form).

2. Lateinische Glossare (aus der vorromanischen Phase):
Hier geht es um Vorformen unserer Wörterbücher, in denen Wörter, Syntagmen oder kurze Sätze, die zu einer bestimmten Zeit offenbar nicht mehr verstanden wurden bzw. als erklärungsbedürftig empfunden wurden, mit geläufigen Sprachmitteln erklärt bzw. übersetzt wurden. Dem Romanisten am bekanntesten sind die allerdings recht späten *Reichenauer Glossen* (benannt nach der Abtei Reichenau, dem früheren Aufbewahrungsort der Handschrift), die wahrscheinlich gegen Ende des 8. Jh. in Nordfrankreich entstanden sind. Einige Belege zur Illustration:

pulcra: bella
forum: mercatum (vgl. span. *mercado*)
galea: helmus (vgl. span. *yelmo*)
emit: comparavit (vgl. span. *compró*)
cecinit: cantavit (vgl. span. *cantó*)
iecore: ficato (vgl. span. *hígado*)
in ore: in bucca (vgl. span. *boca*).

3. Lateinische Inschriften:
Wie zu erwarten, haben die öffentlichen Inschriften aufgrund ihres offiziellen Charakters kaum etwas an vulgärlateinischen Zügen zu bieten. Anders die Inschriften privater Natur: Hier sind für den Romanisten ganz besonders die pompejanischen Wandinschriften („graffiti") interessant. Sie wurden von VÄÄNÄNEN, Veikko (²1966), *Le latin vulgaire des inscriptions pompéiennes*, Berlin, ausführlich untersucht. Ein besonderer Unglücksfall für die Menschen jener Zeit, der Ausbruch des Vesuvs im Jahre 79 n. Chr., der die Städte Pompeji und Herculaneum verschüttete, erwies sich im Zuge der neuzeitlichen Ausgrabungen als ein echter Glücksfall für die Philologen, denn hier haben wir eine wahre Fundgrube für umgangssprachliches Material, das sogar datierbar ist (terminus post quem non), vor uns: Tausende solcher Graffiti sind uns heute bekannt und legen in einzigartiger Weise sprachliches Zeugnis ab vom täglichen Leben einer Kleinstadt in der Antike.

Des weiteren sind noch zu erwähnen: Inschriften auf Gräbern einfacher Leute, welche von ungebildeten Steinmetzen angefertigt wurden, sowie die *defixionum tabellae*, Fluch- oder Verwünschungstäfelchen, durch die man einem Rivalen oder Feind Böses anwünscht und ihn rächenden Gottheiten oder bösen Dämonen überantwortet. Es versteht sich von selbst, daß die emotionsgeladene Sprache dieser „tablettes d'exécration" frei von literarischen Prätentionen ist; jedoch zeigt sie oft formelhafte Züge.

4. Lateinische Autoren (z. T. aus der Zeit vor dem eigentlichen Vulgärlatein): Vereinzelt und zu ganz bestimmten Zwecken können auch lateinische Schriftsteller umgangssprachliche Elemente in ihren Texten verwenden.

a) Vorklassische Autoren: Hier ist vor allem Plautus zu nennen, der in den Dialogen seiner Komödien eine der Tendenz nach gesprochene Sprache anstrebt.

b) Klassische Autoren: Es ist selbstverständlich, daß man in den hohen literarischen Gattungen des „goldenen Zeitalters" der lateinischen Literatur keine umgangs- oder volkssprachlichen Züge erwarten darf. Doch finden sich solche vereinzelt in den weniger hoch eingestuften Genres, so z. B. in Briefen Ciceros (z. B. an Atticus) und in Satiren von Horaz.

c) Nachklassische Autoren: Neben den Satirikern Persius und Juvenal und dem Epigrammatiker Martial muß hier in erster Linie Petron (wahrscheinlich 1. Jh. n. Chr.) mit seinem Roman *Satyricon* und insbesondere mit dem darin enthaltenen „Gastmahl des Trimalchio" (*Cena Trimalchionis*) erwähnt werden. In der Cena Trimalchionis, deren Schauplatz eine Stadt bei Neapel in der frühen Kaiserzeit ist, gebrauchte Petron zur Charakterisierung der ungebildeten Teilnehmer am Gastmahl (neben dem Gastgeber Trimalchio — einstiger Sklave, inzwischen zum Neureichen avanciert — Freigelassene, Sklaven u. ä.) Züge der Umgangs- und Vulgärsprache, die ein Bild von der gesprochenen Sprache der niederen Schichten Mittelitaliens im 1. Jahrhundert vermitteln dürften.

5. Technische Traktate (Sachbücher):
Da die Abhandlungen über Technik (im weitesten Sinne) häufig von literarisch wenig gebildeten Autoren verfaßt und nicht den Normen des klassischen Sprachgebrauchs unterworfen waren, kommen sie zum Teil als Quellen für die Erforschung des Vulgärlateins in Frage. Hierzu gehören beispielsweise Abhandlungen über Architektur (von Vitruvius), über Ackerbau (von Cato d. Ä., Varro, Columella, Palladius), über Tiermedizin (die berühmte *Mulomedicina Chironis*, Vegetius), über Kochkunst (Apicius, *De re coquinaria*), über Heilmittel (von Marcellus Empiricus oder Burdigalensis) und Diätempfehlungen (Anthimus, *De observatione ciborum*).

2. Die sprachliche Grundlage: das sogenannte Vulgärlatein

6. Frühmittelalterliche Geschichtsschreibung (aus der vorromanischen Phase): Hier seien nur der Bischof Gregor von Tours (6. Jh.) mit seiner *Historia Francorum* sowie die sogenannte Fredegar-Chronik (7. Jh.; sie enthält eine interessante, bereits wieder synthetisch gewordene Form des periphrastischen romanischen Futurs: *daras*) erwähnt. Diese Texte stehen dem gesprochenen Latein faktisch näher als der klassisch-literarischen Norm (dies gilt auch für Nr. 7).

7. Frühmittelalterliche Gesetzessammlungen, Urkunden, Formulare (d. h. Sammlungen von Musterbeispielen für Urkunden und Briefe): Diese Texte gehen in Gallien von den Merowingerkönigen (z. B. Lex Salica), in Italien von den Langobardenkönigen (z. B. Edictus Rothari) und in Spanien von den Westgotenkönigen (Lex Visigothorum) aus.

8. Christliche Texte:
Da in der Frühzeit des Christentums seine Anhänger im lateinischsprachigen Teil des Imperium Romanum hauptsächlich den unterprivilegierten und daher den wenig oder kaum gebildeten Schichten angehörten, mußten die frühen Übersetzungen der Bibel diesem Faktum Rechnung tragen und eine Nähe zur gesprochenen Sprache anstreben.

> Tertullian, Augustin und andere Kirchenväter waren wohl hochgebildete Männer und konnten auch ein vorzügliches und elegantes Latein schreiben, doch in vielen vor allem zu propagandistischen Zwecken verfaßten Werken bedienen sie sich einer bewußt der Volkssprache angenäherten Ausdrucksweise, um damit auch das Volk anzusprechen: „Melius est reprehendant nos grammatici quam non intelligant populi" (Augustin, *In Psalm.* 138, 20). (TAGLIAVINI 1973: 162)

So sind die frühen Bibelübersetzungen, die nur bruchstückhaft überliefert sind und unter dem Namen *Vetus Latina* gesammelt und herausgegeben werden, wichtige Quellen für unsere Kenntnis des Vulgärlateins. Hieronymus' Neuübersetzung der Bibel, die *Vulgata* (Ende 4. Jh.), die allerdings bereits in eine Epoche gehört, in der das Christentum im römischen Reich offiziell anerkannt war, basiert sprachlich zwar teilweise auf älteren Übersetzungen, weist aber insgesamt ein ausgewogenes Verhältnis zwischen gesprochenem und literarischem Latein auf. Ein für Romanisten und vor allem für Hispanisten besonders interessantes Zeugnis aus der christlichen Sphäre (vgl. *ELH* I: 224—226)[5a] stellt das *Itinerarium Egeriae* — auch: *Peregrinatio Aetheriae ad loca sancta* — dar, die Reisebeschreibung einer Pilgerfahrt ins Heilige Land, verfaßt von einer Dame vornehmer Abstammung und geistlichen Standes

---

[5a] Dazu jetzt auch: VÄÄNÄNEN, Veikko (1987), *Le journal-épître d'Egérie (Itinerarium Egeriae). Étude linguistique*, Helsinki.

(Äbtissin? Nonne?) wahrscheinlich aus dem Nordwesten Hispaniens. Der Text wird auf Ende 4. Jh. / Anfang 5. Jh. (evtl. 415/418) datiert und

> enthält eine ganze Reihe von Ausdrücken, die in klarem Widerspruch zum klassischen Sprachgebrauch stehen und eine beginnende Fixierung volkstümlicher Züge erkennen lassen. (TAGLIAVINI 1973: 163)

9. Entlehnung lateinischer Wörter in nichtromanische Sprachen: Lateinische Lehnwörter in Sprachen der „verlorenen Romania" (d. h. von Gebieten, die früher zwar zum Imperium Romanum gehört haben, jedoch nicht oder nur oberflächlich romanisiert wurden oder aber ihre Romanisierung durch Fremdeinwirkung wieder verloren haben) können zuweilen Informationen phonetischer oder lexikalischer Natur liefern, worüber die bisher angeführten Arten von Quellen stumm bleiben.
Als Beispiel kann man die Auskunft über die Aussprache von lat. *c* vor *e* oder *i* im Anlaut anführen: Aus lat. Lehnwörtern im Baskischen, Berberischen, Inselkeltischen und in germanischen Sprachen (vgl. deutsch *Keller* < *cellarium*, *Kiste* < *cista*) kann man schließen, daß die velare Aussprache als [k] die ursprüngliche phonetische Realisierung darstellt und daß wir es bei der palatalisierten Aussprache in den meisten romanischen Sprachen nicht mit einem sehr alten Lautwandel zu tun haben (Die Verhältnisse im Sardischen weisen übrigens in dieselbe Richtung).

10. Die romanischen Sprachen selbst:

> Die letzte und wichtigste Hilfe aber zur Kenntnis des Vlt. bieten uns die *rom. Sprachen*. Man kann aus der Gestalt der rom. Sprachen Rückschlüsse auf die Gestalt des Vlt. tun. Man kann, bis zu einem gewissen Grade, aus dem späteren Stand der rom. Sprachen ihren früheren erschließen. Aber auch hier ist die allergrößte kritische Umsicht geboten. Die Rekonstruktion von alten sprachlichen Formen, die nicht belegt sind, ist immer hypothetisch. (VOSSLER 1954: 72)

Die Rekonstruktion vulgärlateinischer Formen beruht auf der vergleichenden Betrachtung der romanischen Sprachen. Je größer die Zahl der romanischen Sprachen, in denen ein Fortsetzer des zu rekonstruierenden Elementes existiert, und je enger ihre geographische Verbindung ist, desto wahrscheinlicher ist im Prinzip, daß die Rekonstruktion einer im Vulgärlatein realiter vorhandenen Form entspricht. So hat man z.B. aus frz. *charogne*, prov. *caronha*, it. *carogna* (span. *carroña* ist aus dem Ital. entlehnt) eine lat. Ausgangsform **carōnia* bzw. **carōnea* (zu lat. *caro*) rekonstruiert; da dieses Etymon bisher in Quellen faktisch nicht nachgewiesen werden konnte, bleibt es eine — wenn auch sehr wahrscheinliche — Hypothese (daher die Markierung mit einem Sternchen). Vgl. auch it. *avanzare*, frz. *avancer* aus vlt. **abantiare* (span. *avanzar* ist nach Corominas aus dem Katal. entlehnt).

2. Die sprachliche Grundlage: das sogenannte Vulgärlatein

Nun ein Beispiel für ein zunächst rekonstruiertes Etymon, das dann in der Folgezeit belegt und damit bestätigt werden konnte: it. *avanti*, frz. *avant* < vlt. *ab ante*.

Zum Abschluß soll noch thesenhaft auf einige ernsthafte Schwierigkeiten bei der im Bereich der Romanistik sonst sehr fruchtbar angewandten Rekonstruktionsmethode hingewiesen werden:

1. Fakten des Sprachsystems lassen sich leichter rekonstruieren als solche der „Norm" (im Sinne von Coseriu, vgl. II.4.3.).
2. Nur für das, was sprachlich fortlebt, ist Rekonstruktion möglich; so könnte das lat. synthetische Passiv des Präsensstammes nicht auf der Basis der romanischen Sprachen rekonstruiert werden.
3. Das zeitliche Verhältnis von sprachlichen Fakten zueinander kann in der Rekonstruktion nicht, bzw. nur eingeebnet, erscheinen.
4. Es ist äußerst schwierig, Bedeutungen zu rekonstruieren;

vgl. dazu BENVENISTE, Émile (1954), „Problèmes sémantiques de la reconstruction", *Word* 10: 251—264; wieder abgedruckt in: BENVENISTE, Émile (1966), *Problèmes de linguistique générale*, I, Paris: 289—307; in deutscher Übersetzung in: GECKELER, Horst (Hrsg.) (1978), *Strukturelle Bedeutungslehre*, Darmstadt: 338—361.

N. B.: An dieser Stelle müßte sich nun eine systematische Darstellung der sprachlichen Fakten des Vulgärlateins anschließen, also eine Behandlung der Phonetik/Phonologie, der Grammatik (Morphologie und Syntax), der Wortbildung sowie der Lexik. Abgesehen von den theoretischen Schwierigkeiten, die eine solche Untersuchung einer in sich nicht einheitlichen Sprache, wie sie das Vulgärlatein darstellt, aufwirft, kann dieser Überblick im Rahmen der vorliegenden Einführung nicht geleistet werden. Wir verweisen dafür auf das immer wieder zitierte Handbuch von VÄÄNÄNEN (³1981: 27—169).

Aufgaben

Zeigen Sie die spanischen Fortsetzungen bzw. Entsprechungen auf:

1. zu den folgenden, in der Appendix Probi getadelten (vulgär-)lateinischen Formen: also z. B. *auris* non *oricla*: span. *oreja* < vlt. *oricla*, wobei *oricla* < *auricula(m)*: Hier handelt es sich um eine Diminutivbildung von *auris*, diese wurde synkopiert und der Diphthong [au̯] monophthongiert zu [o].

Phonetische Fakten:
tabula non *tabla*
oculus non *oclus*
masculus non *masclus*

Morphologische Fakten:
socrus non *socra*
nurus non *nura*

vetulus non *veclus*
februarius non *febrarius*
rivus non *rius*

2. zu den folgenden, in den Reichenauer Glossen als Interpretament (Erklärung) angegebenen lat. Wörtern bzw. Formen:
also z. B. *semel : una vice; una vice* > span. *una vez*

fletus : planctus
lamento : ploro   *canere : cantare*
hiems : ibernus   *ingredi : intrare*
induti : vestiti   *atram : nigram*
sus : porcus   ----------------------------------
istus : colpus   *saniore : meliore, plus sano*
utilitas : profectus   *optimos : meliores*
rerum : causarum   *optimum: valde bonum*

3. Substrate des Spanischen

Literaturhinweise

JUNGEMANN, F. K. (1955), *La teoría del sustrato y los dialectos hispano-romances y gascones*, Madrid.

KONTZI, Reinhold (Hrsg.) (1982), *Substrate und Superstrate in den romanischen Sprachen*, Darmstadt.

MEIER, Harri (1941), *Die Entstehung der romanischen Sprachen und Nationen*, Frankfurt.

MENÉNDEZ PIDAL, Ramón ([6]1968), *Orígenes del español. Estado lingüístico de la Península Ibérica hasta el siglo XI*, Madrid.

TOVAR, Antonio (1961), *The Ancient Languages of Spain and Portugal*, New York.

TOVAR, Antonio ([3]1989), *Einführung in die Sprachgeschichte der Iberischen Halbinsel*, Tübingen (Kap. V).

TOVAR, Antonio, *Iberische Landeskunde, Zweiter Teil: Die Völker und Städte des antiken Hispanien*, Baden-Baden, *I (Baetica)* 1974; *II (Lusitanien)* 1976; *III Tarraconensis* 1989.

UNTERMANN, Jürgen (1961), *Sprachräume und Sprachbewegungen im vorrömischen Hispanien*, Wiesbaden.

Ausführliche Information ist auch zu finden in BALDINGER ([2]1972), *ELH* II (1967), ENTWISTLE ([3]1980, Kap. 2), LAPESA ([9]1981), Kap. 1 („Las lenguas prerromanas") und in allen romanistischen Handbüchern (VIDOS 1968, TAGLIAVINI [2]1998, ELCOCK, W.D. ([2]1975), *The Romance Languages*, London/New York.

3.1. Der Begriff des Substrats, Superstrats und Adstrats

Unter einem **Substrat** (*su(b)strato*) versteht man eine besondere Form des historischen Sprachkontakts. Er besteht darin, daß eine in einer bestimmten

3. Substrate des Spanischen

Gegend autochthone Bevölkerung die Sprache eines Eroberungsvolkes, meist aus Gründen des größeren Prestiges dieser neuen Sprache, annimmt und nach einer Epoche der Zweisprachigkeit die eigene, als historische Schicht unter der neuen liegende Sprache, eben das Substrat, aufgibt. Im Munde der einheimischen Sprecher wirkt sich deren alte Sprache, das Substrat, nun so aus, daß sie Sprechgewohnheiten in die neue Sprache übernehmen und diese so verändern. In schematischer Darstellung:

weiterlebende Sprache
Substratsprache

Solche Veränderungen betreffen im allgemeinen die Lautung (Aussprache), den Wortschatz und die Namen (Ortsnamen, Flußnamen usw.), seltener auch Morphologie und Syntax. Im Falle des Spanischen handelt es sich um die Kontakteinflüsse zwischen dem Latein der Eroberer und den verschiedenen im antiken Hispanien ansässigen Völkerschaften, die aus dem Blickwinkel der römischen Eroberung als vorrömisch bezeichnet werden. Man nimmt an, daß sich verschiedene regionale Ausprägungen des Lateins auch dadurch herausbildeten, daß die jeweilige lokale Bevölkerung Latein als Fremdsprache lernte bzw. als Verkehrssprache benutzte und ihre eigenen Aussprachegewohnheiten und Bezeichnungsbedürfnisse (Namen und Benennungen von Dingen, für die es im Latein kein Äquivalent gab) unbewußt tradierten. Problematisch ist die Erforschung der Substrateinwirkung vorrömischer Sprachen, da diese in den meisten Fällen gar nicht oder nur sehr wenig bekannt sind. Einer befriedigenden Erklärung bedarf noch die Tatsache, daß Substrateinflüsse häufig erst lange, teilweise Jahrhunderte nach dem Aussterben der Substratsprache in der weiterlebenden Sprache dokumentiert worden sind. Die Frage ist dabei, ob bestimmte Lautwandel wirklich erst so spät wirksam werden[6] oder ob sie nur erst spät in der Schriftsprache (in unserem Fall also im Spanischen) akzeptiert, d. h. auch geschrieben werden, weil sie vorher kein Prestige hatten und deshalb in der Schriftnorm vermieden wurden (siehe dazu unten 3.4.).

Der Begriff des **Substrats** wurde 1864 von dem bedeutenden italienischen Sprachforscher G. I. Ascoli in die Forschung eingeführt. Analog dazu entwickelte W. v. Wartburg 1932 den Begriff des **Superstrats** (span. *superestrato*). Er bezeichnet ein Kontaktverhältnis, bei dem die Sprache der Invasoren in ei-

---

[6] Siehe den Begriff des „estado latente" bei R. Menéndez Pidal (in KONTZI 1982: 55–62).

nem bestimmten Gebiet sich aus machtpolitischen Gründen ebenfalls über eine einheimische Sprache legt, jedoch wegen geringeren Prestiges von der alteingesessenen Bevölkerung nicht im ganzen angenommen wird, sondern mit der Zeit selbst von den Eroberern aufgegeben wird. Diese gehen ethnisch und sprachlich in den Einheimischen auf, bewahren jedoch in ihrer neuen Sprache alte Sprachgewohnheiten und geben diese an die einheimische Sprachgemeinschaft weiter.

In schematischer Darstellung:

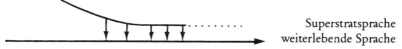

Seit der Einführung durch M. Valkhoff 1932 spricht man in der Linguistik von **Adstrat**, wenn zwei Sprachen sich gegenseitig oder die eine die andere einseitig beeinflußt. Dieser Begriff ist kein historischer, er setzt auch nicht voraus, daß eine Sprache siegreich bleibt und die andere untergeht, wie es bei Substrat und Superstrat der Fall ist. Man sollte also von Adstrat sprechen, wenn eine Berührung und Beeinflussung nicht zu einem Dominanzverhältnis wird, bei dem die eine Sprache mit der Zeit aufgegeben wird.

3.2. Die Völker im vorrömischen Hispanien

Das vorrömische Hispanien war nicht nur von Iberern bewohnt, wie der Name „Iberische Halbinsel" glauben machen könnte. Vielmehr bewohnten die **Iberer** nur den Osten der Halbinsel, von Narbonne und Béziers nördlich der Pyrenäen bis Almería und Granada im Süden. Sie waren keine Indoeuropäer, möglicherweise hamitischer Herkunft aus Nordafrika. Sie hatten aus dem Süden der Halbinsel die Schrift erhalten und zu ihrer eigenen, der iberischen Silbenschrift umgeformt. Diese Schrift kann nach ihrer weitgehenden Entzifferung durch Gómez Moreno in den zwanziger Jahren erst in den letzten Jahrzehnten dank der Forschungen von Antonio Tovar und anderen richtig gelesen werden[7], wenn auch die kurzen Texte nicht immer eindeutig verstanden werden. So hellt sich auch erst langsam das Dunkel um die frühen sprachlichen Zusammenhänge auf der Halbinsel auf.

Im Zentrum und im Westen saßen die **Keltiberer**, ein Mischvolk aus Kelten und durch sie indoeuropäisierten Iberern. Deren keltische Sprache, das Keltiberische, wurde von A. Tovar aus Inschriften erschlossen. Keltisch beein-

---

[7] Es sind etwa 100 Votivinschriften auf Stein, in Ton und Blei, sowie etwa 100 Münzinschriften erhalten (vgl. TOVAR 1977: 105).

3. Substrate des Spanischen

flußt scheinen auch die in Mittel- und Nordportugal beheimateten **Lusitaner** gewesen zu sein. Für das heutige Galicien erwähnen antike Geographen wie Strabon die **Gallaeci**.

Im Süden der Halbinsel haben wir zwischen Atlantik und Almería Zeugnisse der nichtindoeuropäischen **Tartessier**, deren sagenhafte Hauptstadt Tartessos mit dem alttestamentarischen Tarschisch König Salomos in Verbindung gebracht wird. Nördlich von den Tartessiern waren in der Sierra Morena verschiedene kleine Völkerschaften ansässig (**Turduler** und **Turdetaner**), die jedoch als sprachliches Substrat noch weniger faßbar sind als die Tartessier. Am Südzipfel der Halbinsel, um Cádiz, dem antiken Gadir, römisch Gades, hatten die **Phönizier** ihre Stützpunkte, die an den reichen Silber-, Zinn- und Kupfervorkommen in der Sierra Morena und dem Hinterland von Almería interessiert waren. Sie wurden abgelöst von den **Karthagern**, die Carthago Nova (Cartagena), Ebusus (Ibiza) und Portus Mago (Mahón, auf der Baleareninsel Menorca) gründeten. Auf der Suche nach den Edelmetallen Spaniens legten auch die Griechen seit dem 7. Jh. v. Chr. an der Mittelmeerküste Kolonien an, im Süden von Kleinasien aus, im Norden von Massilia (Marseille) aus (z. B. Empórion, heute Ampurias).

Vermutlich nur wenig weiter nach Westen und Osten verbreitet als heute waren die **Basken**. Im Norden trägt die Gascogne (< *Vasconia*) ihren Namen, im Süden reichten sie vielleicht bis an den Ebro. Heute kann als gesichert gelten, daß das Baskische nicht, wie man lange Zeit geglaubt hat, ein Nachfahre des Iberischen ist, ja, daß es wahrscheinlich nicht einmal mit ihm verwandt ist. Die irrtümliche Annahme auch z. B. Wilhelm v. Humboldts, das Baskische sei ein modernes Iberisch, wird als Basko- (oder Vasko-)Iberismus bezeichnet. In Wirklichkeit gab es im alten Hispanien die beiden Sprachen in teilweise nachbarschaftlichem Kontakt. Auch das Baskische ist wahrscheinlich nordafrikanischen, hamitischen Ursprungs. Die These einer kaukasischen Herkunft, die auf typologischen Überlegungen beruht, ist schon allein aus chronologischen Gründen nicht haltbar, da dies einen enormen zeitlichen Abstand voraussetzen würde. Nichts deutet aber in antiken Quellen oder in archäologischen Zeugnissen darauf hin, daß es in den letzten 5000 Jahren Wanderungen aus der Gegend des Kaukasus nach Spanien gegeben hat. Alle Quellen führen eher zu der Annahme, daß die Basken auch bei der Einwanderung indoeuropäischer Völker nach Spanien zu Beginn des ersten Jahrtausends vor Christus schon in ihrem heutigen Gebiet saßen. Es ist aber damit zu rechnen, daß sich sprachliche Strukturen in so langen Zeiträumen so stark verändern, daß sie nicht mehr als Grundlage für genetische Beziehungen herangezogen werden können. Es ist also davon auszugehen, daß die Basken das älteste westeuropäische Volk in seinem heutigen Siedlungsgebiet sind. Als nichtindoeuropäisierte und nur schwach romanisierte Sprache hat sich das Baskische ohne weitere Sprachverwandte wie eine einsame Insel in einem Meer indoeuropäischer Sprachen erhalten (Literaturhinweise unter 3.4.). — Nicht klar ist das Verhältnis der Basken zu den anderen von Strabon so genannten „Gebirgsvölkern", den **Cantabri, Astures** und **Gallaeci**, denen gerade für die Entstehung der Dialekte im Norden Spaniens besondere Bedeutung zukommt. Greifbar ist hier allein das Baskische.

3.3. Die Substrateinflüsse der vorrömischen Sprachen

Insgesamt mögen die Substrateinflüsse wenig spektakulär erscheinen. Dieser Eindruck stimmt wohl für die nicht allzu zahlreichen Wortschatzelemente in der spanischen Standardsprache, also ohne Einbeziehung des bäuerlichen Fachwortschatzes der Dialekte. Aber in der Lautung und in den vorrömischen Namen ist das Substrat allgegenwärtig.

3.3.1. Einem **iberischen** Substrat können möglicherweise Ortsnamen im Osten und Südosten der Halbinsel zugeschrieben werden, die mit dem Element *ili-/ilu-* gebildet sind (*Ilera* > *Lérida*, *Ilici* > *Elche*). Dieses Element erinnert an bask. *iri* 'Stadt', ohne daß diese dem Baskischen wie dem Iberischen gemeinsamen Elemente die Verwandtschaft der beiden Sprachen bedeuten würden. Auch das Tartessische (oder Turdetanische?) lebt wohl nur in Ortsnamen, wie denen auf *-ippo* (*Ulisippo* > *Lisboa*, *Ostippo* > *Estepa*) und *-uba* (*Corduba* > *Córdoba*) fort.

3.3.2. Bedeutender ist das **keltiberische** Substrat, das zum einen durch zahlreiche Ortsnamen in dem Gebiet vertreten ist, das durch die Inschriften auch als keltiberisches Wohngebiet ausgewiesen ist. Namen mit dem auch aus anderen keltischen Regionen bekannten Suffix *-briga* 'befestigter Ort' finden sich im Westen und im Zentrum (*Conímbriga* > *Coimbra*), mit *-dunum* 'befestigter Ort' im Nordosten (*Besalú* (Gerona) < *Bisuldunum*), mit *-acum* 'Zugehörigkeit (eines Gutes zu einer Person)' in Ortsnamen wie *Buitrago*, *Sayago*, *Luzaga*. Das indoeuropäische Element **segh-* 'Kraft, Sieg' lebt fort in keltiberischen Ortsnamen wie *Segovia*, *Sigüenza*, *Sigüeya*. Die keltische Verehrung der Gewässer als Gottheiten zeigt sich noch in Flußnamen wie *Deva* (Guipúzcoa, Santander; vgl. lat. *diva*) und *Riodeva* (Teruel).

Besonders tiefgreifend ist das keltische Substrat in der Lautung.

a) Als mögliches Ergebnis keltischer Aussprachegewohnheiten finden wir im Spanischen wie in allen westromanischen Sprachen die Sonorisierung der intervokalischen Verschlußlaute *-p-, -t-, -k-* > *-b-, -d-, -g-* (*amica* > *amiga*). Schon

3. Substrate des Spanischen

in Inschriften aus römischer Zeit ist zu sehen, daß diese Laute nicht klar differenziert wurden. Dies hängt wohl mit dem zusammen, was man die keltische „Lenition" nennt, d. h. die artikulatorische Abschwächung gespannt gesprochener Konsonanten wie der Verschlußlaute in intervokalischer Position. Aus der span. Phonetik ist die Erscheinung bekannt, daß auch die intervokalischen sonoren Verschlußlaute [b], [d], [g] nicht als Verschlußlaute, sondern als Reibelaute ([β], [δ], [γ]) realisiert werden (siehe III.1.3.3.). Auch dies ist eventuell ein Resultat der keltischen Lenition.

b) Von überall her, wo keltisches Substrat anzunehmen ist (Gallien, Norditalien außer dem Veneto, Iberische Halbinsel) kennen wir die Lenition des Nexus (der Lautverbindung) -kt-, der wohl über [çt] zu [jt] geworden ist, bei dem also wiederum der Verschlußlaut zum palatalen Reibelaut (dem Ich-Laut) abgeschwächt und dann weiter zum palatalen Halbkons. [j] in einem fallenden Diphthong (z. B. *nocte* > **[noçte] > noite*, phonetisch [nojte]), geschwächt wurde. Im Kastilischen (vgl. oben I.4.2.1.) wurde [jt] > [č] entwickelt, d. h. es wurde [t] durch den Einfluß des vorhergehenden Palatals zu [č] palatalisiert (*noite* > *noche*, *factu* > *feito* > *fecho* > *hecho*).

Im Wortschatz ist zu unterscheiden zwischen Keltismen, die in der Kaiserzeit von Gallien aus in das allgemein verbreitete Sprechlatein des Römischen Reiches gedrungen waren, wie z. B. *camisia* > *camisa*, *capanna* > *cabaña*, *leuca* > *legua*, *cerevisia* > *cerveza*, *alauda* > *alondra*, *salmone* > *salmón*, *carru* > *carro*, und solchen, allerdings sehr viel schwerer bestimmbaren, die dem Keltiberischen entstammen könnten, wie vielleicht *lanza* < *lancea* 'Lanze', das der lat. Autor Varro als hispanisch beschreibt. *Puerco* und *toro* können sowohl dem Lateinischen als auch dem damit ja verwandten Keltiberischen entstammen, zumal sie dort auch inschriftlich belegt sind. Nicht sicher zuzuordnen sind z. B. *álamo* 'Pappel', *losa* 'Steinplatte, Fliese', *colmena* 'Bienenkorb'.

3.3.3. Eine Reihe lateinischer Wörter, die im Span. fortleben, werden von römischen Autoren als **hispanischen** Ursprungs benannt, ohne daß sie allerdings einer bestimmten Substratsprache zugeordnet werden könnten. Dazu gehören z. B. *arrugia* 'Wasserröhre' (span. mask. *arroyo*) und *cuniculus* > *conejo*. Der große Lexikograph des 7. Jh., Isidor von Sevilla, erwähnt in seinen *Etymologiae* die Wörter *cama* und *sarna*, die in der Tat keine lat. Herkunft haben. Vorrömischen Ursprungs ist wohl auch das Wort für das hauptsächlich in Spanien abgebaute *plumbum* > *plomo* 'Blei'.

Ebenfalls ohne lat. Etymologie und in Hispanien verwurzelt sind Wörter wie *perro*, *manteca*, *barro* 'Lehm, Ton', *charco* 'Lache', *tojo* 'Ginster', *páramo* 'Hochsteppe, Ödland', *pestaña* 'Wimper'. Für sie wird eine Herkunft aus einer Substratsprache ebenso angenommen wie für das Suffix -z in Familiennamen wie *Sánchez, Jiménez, Rodríguez*.

3.4. Der baskische Einfluß

TOVAR, Antonio (²1954), *La lengua vasca*, San Sebastián. TOVAR, Antonio (1959), *El euskera y sus parientes*, Madrid. TOVAR, Antonio (unter Mitarbeit von Wolf DIETRICH) (1975), „Das Baskische", in: HAENSCH, Günther/HARTIG, Paul (Hrsg.), *Handbücher der Auslandskunde*, Bd. 2, Frankfurt/M., 77—85. TRASK, Robert L. (1997), *The history of Basque*, London/New York. UHLIG, Birte (2002), „Baskisch", in: JANICH/GREULE (2002), s. S. 21, 7—12.

Das Baskische, das an der Entstehung des Kastilischen wohl einen nicht zu unterschätzenden Anteil hat, ist eher als ein Adstrat denn als ein Substrat eben des Kastilischen zu betrachten. Die Basken sind niemals völlig romanisiert worden, wenngleich sie viele lateinische Wörter aufgenommen haben. Sie haben nicht ihre Sprache zugunsten der der Sieger aufgegeben, sondern leben bis heute in einem Gebiet fort, das dem Ursprungsgebiet des Kastilischen direkt benachbart ist.[8] Sie haben ihre Nachbarn unter den „Gebirgsvölkern" nicht nur zur Römerzeit, sondern auch in späteren Jahrhunderten sprachlich beeinflußt. Der für das Kastilische des Nordens so typische Sprechrhythmus, der mit seinen kurzen Vokalen in straff artikulierten Silben auch gegenüber dem südlichen Kastilischen, dem Andalusischen, einen „ratternden" Eindruck macht, ist auch für das Baskische charakteristisch und wahrscheinlich von ihm beeinflußt.[9]

Ein typisches kastilisches Dialektmerkmal ist der Ersatz von anlautendem /f-/ durch /h-/.[10] Das Baskische kannte und kennt das Phonem /f/ nicht, auch in lat. Lehnwörtern des Baskischen fehlt /f/ (*filiu* > *iru*) oder ist durch /b/ (*fagu* 'Buche' > *bago*) oder /p/ (*festa* > *pesta*) ersetzt. Der Ersatz von /f/ durch /h/ erscheint im Kastilischen zuerst, d. h. im 9.—12. Jh., nur im kantabrischen Gebiet nördlich von Burgos. Im Westen, d. h. im astur.-leones. Gebiet, reicht er bis zur Grenze des alten kantabrischen Substrats, während auf dem Boden des alten asturischen Substrats /f/ erhalten bleibt. Der Lautersatz geht also wohl auf Sprachgewohnheiten des Gebirgsvolks der Kan-

---

[8] Die im Kastilischen zu beobachtenden Einflüsse sind z. T. auch im Gaskognischen auf der anderen Seite der Pyrenäen festzustellen, was sich auch aus dem direkten Kontakt erklärt.
[9] Die um das heutige baskische Gebiet herum verbreiteten Ortsnamen baskischen Ursprungs sollen hier nicht weiter behandelt werden.
[10] Von inlautendem /f/ ist deswegen nicht die Rede, weil es im Lateinischen so gut wie nicht vorkam.

3. Substrate des Spanischen

tabrer zurück, die eine dem Baskischen ähnliche Sprache besaßen oder von diesem durch engen Kontakt beeinflußt wurden. Auch im Gaskognischen wird durch die gleiche Adstratwirkung /f/ zu /h/ (*filiu* > *hilh* [hiʎ]). Schwierigkeiten hat in der Forschung die Erklärung der Tatsache gemacht, daß das kast. *h-* in der Schriftsprache erst spät erscheint und offensichtlich nur zögernd akzeptiert wurde. R. MENÉNDEZ PIDAL ([6]1964: 193—233) hat überzeugend nachgewiesen, daß der Lautwandel *f-* > *h-* nicht erst da einsetzte, wo er in den literarischen Texten in der Schreibung <h-> auftaucht, sondern schon früh dokumentiert ist, also auf baskischem Einfluß seit der Römerzeit beruht. In der frühen Schriftsprache wurde aber dieser Kastilianismus, der sich von den übrigen Dialekten so deutlich abhebt, vermieden. Noch im Jahre 1276 ließ König Alfons der Weise (Alfonso X el Sabio) dieses lokale Merkmal des Dialekts von Burgos für das „castellano drecho" des Toledaner Hofes nicht zu. Erst im 15. Jh. wird <h-> allgemein in der Schriftsprache akzeptiert.

Sowohl das Baskische als auch das Kastilische kennen zwei r-Laute (/r/ und /r̄/) in komplementärer Verteilung (vgl. III.1.2.): Die beiden span. Phoneme bilden nur im Inlaut eine Opposition, wohingegen im Anlaut stets nur [r̄], im Auslaut nur [r] erscheint. Auch hier, d. h. in der Verwendung von [r̄] im Anlaut, scheint baskische Adstrateinwirkung vorzuliegen. Das Baskische hat hier wie das Gaskognische, teilweise auch das Aragonesische, stets eine vokalische Prothese (bask. *errota* < lat. *rota*, gask. *arrodo*; hocharag. *arriér* < lat. *ridere*). So wurden auch Verben wie *rancar, rastrar, repentir* letztlich in ihrer typisch kastilischen, baskisch beeinflußten Form *arrancar, arrastrar, arrepentir(se)* fixiert.

Seit dem frühen Mittelalter sind Namen baskischen Ursprungs belegt, wie *Garsea* (> *García*), *Enneco* (> *Íñigo*), *Xemeno* (> *Ximeno, Jimeno*, daraus der Familienname *Jiménez*). Im Cid-Epos hat der treue Vasall des Cid, Alvar Fáñez, den Beinamen *Minaya* (< span. *mi* + bask. *anai-a* 'Bruder'). Einige Wörter eindeutig baskischen Ursprungs sind in das Spanische gedrungen, so *izquierdo* 'link' < *eskerr-/eskerd-* 'halbhändig', d. h. 'einhändig'; *pizarra* 'Schiefer(tafel)'; *chaparro* 'Zwergsteineiche'; *boina* 'Baskenmütze'; *aquelarre* 'Hexensabbat'.

3.5. Griechisch

Das Griechische stellt für das Spanische kein eigenes Substrat dar, vielmehr ist es ein umfassendes Kulturadstrat des Lateinischen und insofern in zahlreichen Bereichen auch im Wortschatz und in der Morphologie des Spanischen vertreten[11] (*idea, fantasía, música, poesía* etc.; im populären Wortschatz *baño, bodega, cuerda, zampoña, tío, gobernar, cansar*; im christlichen Bereich *ángel, iglesia, diablo, bautizar, cementerio* etc.; die Kategorie des bestimmten Artikels, der distributive Determinant *cada*, aspektuelle Verbalperiphrasen des Typs *estoy trabajando, se va llenando* etc.).

4. Das germanische Superstrat

Literaturhinweise

GAMILLSCHEG, Ernst (1934—36), *Romania Germanica. Sprach- und Siedlungsgeschichte der Germanen auf dem Boden des alten Römerreichs*, 3 Bde., Berlin/Leipzig. (Für die Iberische Halbinsel wichtig Bd. I, Berlin/Leipzig 1934, Kap. III. „Die Goten. A. Die Westgoten").
GAMILLSCHEG, Ernst (1967), „Elementes constitutivos del español. Germanismos", in: *ELH = Enciclopedia Lingüística Hispánica*, II, Madrid, 79—91.
LAPESA, Rafael (⁹1981), *Historia de la lengua española*, Madrid, Kap. IV.
MEIER, Harri (1977), „Zur Geschichte der Erforschung des germanischen Superstrat-Wortschatzes im Romanischen", in: *Sprachliche Interferenz. Festschrift für Walter Betz zum 65. Geburtstag*. Tübingen, 292—334 (Kritisch zur Annahme von Germanismen).
Siehe außerdem die Darstellung bei TAGLIAVINI (²1998, 223—229, 242—246).

4.1. Germanische Elemente im Vulgärlatein

In diesem Fall handelt es sich nicht um ein Superstrat (siehe oben 3.1.), sondern um ein Kulturadstrat. Seit dem Ende des 2. Jh. v. Chr. waren die Germanen in das Blickfeld der Römer geraten. Vom ersten nachchristlichen Jahrhundert an gab es engere, nicht nur kriegerische Beziehungen durch Handel und germanische Söldnerdienste im römischen Heer. Dadurch wurden einige germanische Wörter ins Vulgärlatein entlehnt, wie z. B. germ. *saipôn (≈ dt. *Seife*) 'Art Schmierseife zum Blondfärben der Haare' > vglt. *sapone* > *jabón*; germ. *thahs* 'Dachs' > lat. *taxo, taxonis* > *tejón*; germ. *werra* '(Kriegs)wirren' > *guerra*; germ. *wardôn (≈ dt. (ein Gerät) *warten*) > *guardar*; germ. *raubôn* (≈ dt. *rauben*) > vglt. *raubare > *robar*; *guisa* ≈ dt. *Weise*. In gleicher Weise gehen durch lat. Vermittlung aufs Germanische zurück u. a. *guarnir, guarnecer, yelmo, albergue, sala, tregua, rico, fresco, blanco*. Es soll nicht verschwiegen werden, daß die Feststellung germanischer Elemente, hier insbesondere von Lehnwörtern, recht schwierig hinsichtlich der chronologischen und dialek-

---

[11] Siehe LAPESA (⁹1981: § 11); DIETRICH, Wolf, „Griechisch und Romanisch", in: *LRL* VII (1998), 121—134.

4. Das germanische Superstrat

talen Zuordnung ist. Die meisten dieser Wörter sind auch in den anderen romanischen Sprachen vorhanden, was für eine vulgärlateinische Vermittlung spricht, doch ist in manchen Fällen auch eine eigene Herkunft aus dem Westgotischen in Spanien oder eine spätere Entlehnung aus dem galloromanischen Raum möglich. Dabei ist zu bedenken, daß wir die germanischen Dialekte zur Zeit der hier in Frage kommenden ersten nachchristlichen Jahrhunderte nur in sehr beschränktem Maße kennen.

Auffällig bei den german. Elementen im Romanischen ist der Wandel des Anlauts des labiovelaren Halbvokals *w-*, der im späteren Latein und den romanischen Volkssprachen nicht existierte und durch den Nexus *gu-* [gw] ersetzt wurde, welcher sich im Span. vor *a* voll erhielt.

4.2. Das westgotische Superstrat in Spanien

Durch die von der Westwanderung der Hunnen ausgelöste Völkerwanderung insbesondere germanischer Stämme gelangten mehrere solcher Stämme auch auf die Pyrenäenhalbinsel. Die ostgerm. **Wandalen** stießen im Verlauf mehrerer Jahrhunderte von Jütland über Polen und Dakien im Jahre 406 zusammen mit einem Teil der westgerm. **Sueben** aus Süddeutschland und Resten des iranischen Reitervolkes der Alanen nach Gallien vor und drangen 409 in Spanien ein. Wandalen und Alanen hielten sich nur kurze Zeit in der Baetica, die nach ihnen den Namen *(W)andalucía* (arab. *Al-Andalus*) erhielt. Nach ihrer teilweisen Vernichtung durch die Westgoten zogen Wandalen und Alanen 429 nach Nordafrika und errichteten dort ein eigenes Reich. Abgesehen von wenigen Ortsnamen haben sie keine sprachlichen Einflüsse hinterlassen. Die Sueben siedelten sich in Galicien (bis hinunter zum Douro/ Duero) an und sind mit ihrer Sprache ein Superstrat für das Galicische geworden. Ihr Reich wurde 585 von den Westgoten eingenommen.

Die **Westgoten** (visigodos)[12] hatten ebenfalls schon eine jahrhundertelange Wanderung durch den Balkan und Italien (410 Plünderung Roms unter Alarich) hinter sich, bevor sie von den Römern, die einen Unruheherd aus der Welt schaffen wollten, 418 in Aquitanien (Südwestfrankreich) angesiedelt wurden und das Tolosanische Reich gründeten (Hauptstadt Toulouse), zu dem nach 484 auch Spanien gehörte. Nachdem die Westgoten 507 durch den Frankenkönig Chlodwig besiegt worden waren, zogen sie mit etwa 200 000 Mann in den Restteil des Reiches und gründeten dort ein neues westgotisches Reich mit der Hauptstadt Toledo, das bis zum Arabereinfall 711 dauerte. Die Westgoten siedelten in Spanien hauptsächlich in der nördlichen Meseta,

---

[12] Das Element *West-* hat nichts mit der Himmelsrichtung zu tun.

IV. Etappen der spanischen Sprachgeschichte

besonders um Segovia. Sie waren seit langem Christen, allerdings wie zunächst fast alle Germanen im Römerreich Arianer.[13] Dadurch waren Mischehen mit Einheimischen nicht möglich und die Assimilation der Germanen erschwert. Erst 589 gaben sie den Arianismus auf und erhielten die Unterstützung der römischen Kirche. Die Schriftsprache des westgotischen Reiches war das Lateinische, in dem einige bedeutende germanische Rechtssammlungen abgefaßt wurden.

Der sprachliche Einfluß der Westgoten auf das hispanische Romanisch ist nicht besonders groß:

> Romanizados pronto, abandonaron el uso de su lengua, que en el siglo VII se hallaba en plena descomposición. No hubo en España un período bilingüe tan largo como en Francia. (LAPESA ⁹1981: 118).

Es handelt sich um einige lexikalische Elemente und um eine größere Anzahl von Namen (Personen- und Ortsnamen). Superstratelemente im Wortschatz: *sacar, espiar, espía, ropa* (ursprünglich 'Beute (aus einem *Raub*zug)'), *brote, brotar, ganso, agasajar, gana, ganar, ufano, triscar, rapar*. Ein Rest der germ. a-Deklination auf -*a*, -*anis*, die uns in lat. Vermittlung überliefert ist, findet sich in *guardia* (≈ dt. *Wart*), *guardián*.

Personennamen westgotischen Ursprungs sind im Spanischen reichlich vertreten, z. B. *Álvaro, Fernando/Hernando, Rodrigo, Gonzal(v)o, Alfonso, Adolfo, Ramiro, Elvira*. Mittelalterliche Königsnamen wie *Fruela/Froilán* zeigen wiederum Reste der a-Deklination. Bemerkenswert ist die Verbreitung und Konsolidierung, die das Substratsuffix -*z* bei Personennamen durch die Westgoten erfahren hat. Der Besitz einer Person wurde offensichtlich ausgedrückt durch den PN + -*z* im gotischen Genitiv als '(Besitz) des zur Familie des X Gehörigen'. Patronymika (vom Namen des Vaters abgeleitete Familiennamen) dieses Typs sind als *Roderici, Gunterici* (> *Gondriz*) usw. belegt. Dies dürfte der Ursprung spanischer Familiennamen wie *Rodríguez* (< *Roderígici), *González* (< *Gundisálvici), *Ramírez* (< *Ramírici) sein. Ortsnamen westgotischen Ursprungs sind vor allem in Galicien und Nordportugal zu finden. Sie stammen aus der Zeit der arabischen Invasion, als die Westgoten sich in dieses ehemals suebische Gebiet geflüchtet hatten. Auch hier herrscht der eben beschriebene patronymische Typ vor (*Guitiriz, Mondariz, Gomariz, Estreviz, Allariz, Guimarães* (< *Wimar-anis*).

---

[13] D. h. Anhänger der Sekte des alexandrinischen Priesters Arius, der nicht die Gottgleichheit (griech. *homousía*), sondern lediglich die Gottähnlichkeit (*homoiousía*) Christi predigte. Nach der ostgot. Bibelübersetzung durch Ulfila lebte diese durch das Konzil von Nizäa (325) verurteilte Irrlehre besonders bei den germanischen Völkern fort.

5. Kulturadstrate

5.1. Der arabische Einfluß

Literaturhinweise

CORRIENTE, Federico (1999), *Diccionario de arabismos y voces afines en iberorromance*, Madrid. KONTZI, Reinhold (1982), „Das Zusammentreffen der arabischen Welt mit der romanischen und seine sprachlichen Folgen", in: R. KONTZI (Hrsg.), *Substrate und Superstrate in den romanischen Sprachen*, Darmstadt, 387—450. LAPESA, Rafael (⁹1981), *Historia de la lengua española*, Madrid, Kap. V. INEICHEN, Gustav (1997), *Arabisch-orientalische Sprachkontakte in der Romania*, Tübingen. KIESLER, Reinhard (1994), *Kleines vergleichendes Wörterbuch der Arabismen im Iberoromanischen und Italienischen*, Tübingen. STEIGER, Arnald (1967), „Elementos constitutivos des español. Arabismos", in *ELH* II, Madrid, 93—126.

Den nach der Romanisierung deutlichsten Einschnitt in der spanischen Sprachgeschichte bildet die arabische Eroberung der Halbinsel. Die alte Gliederung mit einem kulturellen Schwerpunkt in der Baetica wird überlagert. Das ursprüngliche südliche Romanisch ist zwar im Mozarabischen noch greifbar, aber nun entstehen neue Zentren im Norden, dessen bis dahin unbedeutende Dialekte im Zuge der Reconquista nach Süden getragen werden. Das Kastilische erlangt seine entscheidende Ausbildung in Altkastilien, während das nach Süden getragene Galicische erst im Süden zum Portugiesischen umgeformt wird. Das Kastilische wird dagegen erst heute durch andalusischen und hispanoamerikanischen Einfluß meridionalisiert (vgl. 10.1.).

Das arabische Kulturadstrat entsteht hauptsächlich bei der Reconquista, wenn Städte den Arabern entrissen werden, deren maurische Bewohner vertrieben werden, deren mozarabische Einwohner aber verbleiben.[14] Diese waren als Christen unter den Mauren stark arabisiert, sprachen aber Romanisch, wenn auch ein anderes Romanisch als die Rückeroberer aus dem Norden. Die sich integrierenden Mozaraber bringen eine große Menge arabischer Lehnwörter in das Kastilische hinein, besonders aber auch ins Aragonesische. Als Toledo 1085 und Zaragoza 1118 fallen, gelangen zwei große mozarabische Zentren mit zahlreicher Bevölkerung in den Bereich der nördlichen spani-

---

[14] Unter **mudéjares** versteht man dagegen die während der Reconquista in den wiedereroberten Gebieten verbliebenen islamischen Mauren, unter **moriscos** (Morisken) die nach dem Ende der Reconquista in Spanien verbliebenen Mauren, die nach dem vergeblichen Versuch der Hispanisierung und wirklichen Christianisierung 1609—1614 vertrieben wurden.

schen Dialekte.[15] Eine kurze Darstellung der Geschichte der arabischen Herrschaft in Spanien findet sich in IV.7.1.

Der arabische Einfluß betrifft in ganz überwiegendem Maße den Wortschatz im Bereich von Gegenständen, Fertigkeiten und Kenntnissen, die die Romanen nicht, z. T. seit der Völkerwanderungszeit nicht mehr hatten, oder die die Araber als Vermittler aus dem Orient (Indien, Persien, Byzanz) mitbrachten. In geringerem Maße gibt es auch Entlehnungen im Bereich der Morphologie, möglicherweise auch der Syntax. Zahlreiche Zeugen der arabischen Präsenz enthält die spanische Toponymie (Gesamtheit der Ortsnamen, *toponimia*) und Hydronymie (Gesamtheit der Gewässernamen, *hidronimia*). Nicht alle Arabismen sind früh belegt. Manche, von eher volkstümlicher Natur, wurden möglicherweise von den frühen Dichtern im Norden gemieden und werden erst später als Allgemeingut akzeptiert.

5.1.1. Ihre Popularität zeigen jedoch die Arabismen nicht nur dadurch, daß sie häufig zahlreiche Ableitungen aufweisen, sondern ferner dadurch, daß auch die Grundwörter mit einem romanischen Suffix versehen sein können. Insgesamt gibt es heute 1300 spanische Wörter arabischer Herkunft, ein Vielfaches davon, wenn man Ableitungen und Ortsnamen einschließt. Viele von ihnen gehören nicht mehr der modernen Sprache an. Aber auch in der heutigen Zeit werden schon lange aus dem Gebrauch gekommene Arabismen manchmal wieder „reaktiviert", wie sich z. B. zeigte, als man im modernen Luftverkehr ein Wort für „Stewardess" benötigte. Das alte Wort *azafata* 'Kammerfrau' erhielt die gewünschte neue Bedeutung und wurde so wieder in den lebendigen Wortschatz eingereiht.

Typisch für die spanischen Entlehnungen aus dem Arabischen ist die funktionslose Agglutination des arab. Artikels *al-* (in assimilierten Formen *as-*, *ar-*, *aš-*), der in Arabismen, die über Sizilien nach Europa gekommen sind, fehlt (vgl. *azúcar*, aber it. *zucchero*, frz. *sucre*, dt. *Zucker*).[16] Bedeutungsentwicklungen werden durch > angegeben, Wortableitungen durch →.

---

[15] Diese historische Lage spricht nicht dafür, den arabischen Einfluß auf das Spanische als ein Superstrat zu betrachten, wie es oft geschieht. Die Araber sind nicht in den Romanen aufgegangen. Es handelt sich bei ihnen wie bei den Morisken um ein Kulturadstrat. Aber auch die Mozaraber, die in den kastilischen „reconquistadores" aufgingen, entsprechen nicht der im Begriff Superstrat enthaltenen Definition eines Eroberervolkes. Eher kann man sie als eine Art Substrat für das nach Süden vorrückende Kastilische ansehen.

[16] Siehe dazu jetzt NOLL, Volker (1996), „Der arabische Artikel *al* und das Iberoromanische", in LÜDTKE, Jens (Hrsg.), *Romania Arabica. Festschrift für Reinhold Kontzi zum 70. Geburtstag*, Tübingen, 299–313.

5. Kulturadstrate

5.1.2. Zahlreiche Begriffe sind aus der militärischen Terminologie der Araber übernommen worden, von denen jedoch nur einige bis heute in Gebrauch geblieben sind, wie z. B.

> *alcazaba* 'Festung, festes Schloß', *alférez* 'Reiter' > 'Fähnrich', *jinete* 'Angehöriger der leichten Reiterei', *alazán* '(Pferde-)Fuchs', vgl. frz. *alezan; tambor, atalaya* 'Wache' > 'Wachturm'.

Die Araber erneuerten und vervollkommneten das antike Bewässerungssystem und zeichneten sich durch einen blühenden Acker- und Gartenbau aus, der zu zahlreichen Entlehnungen Anlaß gab:

> *acequia* 'Bewässerungsgraben', *aljibe* 'Zisterne', *azud* 'Wasserpumpe', *alberca* 'offener Sammelbrunnen', *noria* 'Schöpfrad', *alcachofa, algarroba* 'Johannisbrot' → *algarrobo* 'Johannisbrotbaum' → *algarrobal* 'Johannisbrotbaumpflanzung' und *algarrobilla* 'Wicke'; *alubia, zanahoria, berenjena, alfalfa* 'Luzerne', *azafrán, azúcar, algodón, aceituna, aceite, azucena, azahar, alhelí, arrayán*. Für 'Lavendel' gibt es die Dublette *alhucema* (aus dem Arab.) und *espliego* (aus dem Lat.).

Aus dem Bereich Arbeit und Handwerk wäre zu nennen:

> *tarea, recamar* 'sticken', *alfarero* 'Töpfer', *taza* 'Trinkschale, (Kaffee-, Tee-)Tasse', *jarra, jarro, marfil, alfiler* 'Schmucknadel'; *azogue* 'Quecksilber' neben *mercurio* (aus dem Lat.).

Das ausgeprägte Handelswesen der Araber hat zahlreiche Termini und Maßeinheiten geliefert, wie z. B.

> *arancel* '(Steuer-, Zoll-)Tarif', *tarifa* 'Preisliste, Tarif', *aduana, almacén, zoco* 'Suk, Markt(platz)' (veraltet), *arroba* (= 25 libras = 11,5 kg), *quintal* (= 4 arrobas = 46 kg), *azumbre* (Hohlmaß, ca. 2 Liter).

Die Architektur der Städte und Häuser und die Innenausstattung der arabischen Häuser waren sehr viel raffinierter und luxuriöser als bei den Romanen Hispaniens, was ebenfalls Anlaß zu zahlreichen Entlehnungen gab, von denen einige bis heute lebendig sind:

> *aldea, arrabal* 'Vorstadt', *barrio* 'Stadtviertel', *albañil, azulejo, adobe* 'Lehmziegel', *zaguán* 'Diele, Vorhalle', *azotea* 'Söller, (begehbares) flaches Dach, Altan', *alcoba* 'Alkoven, Bettnische, Schlafgemach', *aldaba* 'Türklopfer', *almohada, alfombra, alhaja* 'Kleinod', *alhajar* '(eine Wohnung) ausstatten, möblieren'.

Verfeinerte Lebensart zeigt sich auch in Speisen und Gegenständen, die der Geselligkeit dienen:

> *albóndiga* 'Fleischklößchen', *almíbar* 'Zuckerseim, süßer Fruchtsaft, Sirup', *arrope* 'Mostsirup'; *laúd, ajedrez, azar* 'Würfel(spiel)' > 'Glück, Zufall'.

IV. Etappen der spanischen Sprachgeschichte

Aus der arabischen Verwaltung:

alcalde 'Bürgermeister', *alguacil* 'Wesir' > 'Amtsdiener', *albacea* 'Testamentsvollstrecker'.

5.1.3. Von großer Bedeutung nicht nur für das Spanische, sondern für alle westlichen Sprachen sind die Beiträge der arabischen Wissenschaften zu den europäischen. Vielfach sind hier die Araber Vermittler indischen, persischen oder griechischen Wissens:

In der **Mathematik** wird z. B. entlehnt *algoritmo, álgebra, cifra* '(Null-)Stelle' > 'Ziffer', während für den Begriff 'Null' *cero* < it. *zero* < mlat. *zephirum* < arab. *sifr* über Sizilien eingeführt wird. In der **Chemie** (*alquimia* aus dem Griech. über das Arabische) finden wir *alambique* 'Destillierkolben', *alcohol, álcali, elixir*, in der Medizin z. B. *nuca* 'Nacken'; in der **Astronomie** *cenit, nadir* und Sternnamen wie *Aldebarán, Algol, Rigel, Vega*; in der Pharmazie *jarabe* 'Sirup'.

5.1.4. Als Vermittlersprache tritt das Arabische z. B. bei folgenden Wörtern auf:

Aus dem Sanskrit Indiens *alcanfor* 'Kampfer' und *ajedrez* 'Schachspiel'; aus dem Persischen *jazmín, naranja, azul, escarlata* 'Scharlach, scharlachrot'; aus dem byzantinischen Griechisch *arroz, alquimia, alambique, acelga* 'Mangold'. Auch lat. Wörter sind z. T. nur in arabischer Vermittlung erhalten, wie z. B. *alcázar* (< *castrum*), *albaricoque* 'Aprikose' (< *praecoquus*).

5.1.5. Auffällig ist, daß der Großteil der Entlehnungen Elemente der arabischen Sachkultur und somit Substantive sind. Darunter sind nur wenige Bezeichnungen für Abstrakta, wie z. B. *alboroto* 'Empörung, Aufstand, Lärm', *alborozo* 'Freude, Entzücken', *hazaña* (< aspan. *fazaña* 'Heldentat'). Auch Adjektive sind selten: *mezquino* 'winzig, dürftig, knauserig', *azul, carmesí*. Als Adverb ist (*de/en*) *balde* 'umsonst' zu nennen, als einzige Präposition *hasta* (< aspan. *fasta*). Interessant ist die Entstehung von Namensubstituten aus dem Arabischen (*fulano, -a* 'Herr/Frau Soundso', *mengano* 'der und der') und die eines Präsentativ *he* (*¡helo aquí!* 'hier ist er/es!').

5.1.6. Die spanische Toponymie und Hydronymie weisen viele Elemente arabischen Ursprungs auf, die im Arabischen sprechende Namen sind, wie z. B. *Algarbe* 'Westen', *La Mancha* 'Hochfläche', *Alcalá* 'Schloß', *Alcolea* 'Schlößchen', *Medina, Almedina* 'Stadt', *Medinaceli* 'Stadt des Selim', *Calatayud* 'Schloß des Ayud', *Guadalajara* 'Fluß der Steine', *Guadalquivir* 'großer Fluß', *Gibraltar* 'Berg des Tarik', *Algeciras, Alcira* 'Insel', *Almazán* '(die) Befestigte', *Benicásim* 'Söhne des Kassim'. Außerdem existieren viele hybride Bildungen, die aus einem arabischen und einem hispanischen Element zusammengesetzt sind, wie z. B. *Guadiana* 'Fluß Anas', *Guadalupe* 'Wolfsfluß',

5. Kulturadstrate

Guadix < *wadi Acci*. In *Almonaster* und *Alpuente* ist nur der arabische Artikel vor das romanische Wort gesetzt worden.

Auf die phonetischen, morphologischen und syntaktisch-phraseologischen Fragestellungen, die sich im Zusammenhang mit dem arabischen Einfluß ergeben, kann hier nicht eingegangen werden.

5.2. Der occitanisch-französische Einfluß

Literaturhinweise

COLON, Germán (1967), „Elementes constitutivos del español. Occitanismos", in: *ELH*, II, Madrid, 153—192.
LAPESA, Rafael (^{9}1981), *Historia de la lengua española*, Madrid, §§ 42 und 51.
METZELTIN, Michael (1973), *Einführung in die hispanistische Sprachwissenschaft*, Tübingen, 8—10.
POTTIER, Bernard (1967), „Elementos constitutivos del español. Galicismos", in: *ELH*, II, Madrid, 127—151.

Beziehungen zwischen Spanien und Frankreich hat es schon seit der Gründung der germanischen Reiche gegeben. Zwischen dem 11. und dem 13. Jh. erreichen sie jedoch einen Höhepunkt, der vielfältige Ursachen hat: Zu schon alten feudalen Abhängigkeiten zwischen spanischen und occitanischen Landen kommen dynastische Beziehungen zwischen Kastilien, Burgund und Portugal. Der Pilgerweg nach Santiago de Compostela zum Grab des Apostels Jakobus tritt an die Stelle der durch die arabische Eroberung nicht mehr möglichen Pilgerreise nach Jerusalem. Der baskisch-navarrische König Sancho el Mayor (1000—1035) öffnet den Weg der Pilger nach Santiago durch Wegebau im baskischen Bergland. Dieser Weg wird zum „camino francés", an dem viele „Franken", d. h. Ausländer von jenseits der Pyrenäen, in der Mehrheit Franzosen, Burgunder und Occitanier, angesiedelt werden.

So bilden sich „fränkische" Siedlungen am Rande der navarrischen Städte Sangüesa, Estella, Puente la Reina, aber auch in Zaragoza und Logroño. Das bisher eher abgeschlossene Spanien kommt dadurch auch im kirchlichen Bereich in Kontakt mit den neuen Entwicklungen z. B. der cluniacensischen Reform, in deren Folge die bisherige westgotisch-mozarabische Liturgie abgelöst wird. Zahlreiche Baumeister aus Frankreich (bis hin nach Köln) kommen nach Nordspanien. So kommt es zu zahlreichen Entlehnungen im Wortschatz: *mensaje, homenaje,* später auch *linaje, peaje, salvaje, doncel, doncella, roseñor > ruiseñor, ligero.* Mit dem höfischen Leben und der Nachahmung

IV. Etappen der spanischen Sprachgeschichte

der Troubadourlyrik kommen *cosiment* 'Gunst', *deleyt* 'Ergötzen' und *vergel* 'lauschiger Garten'. Im Bereich der Kirche und des Pilgerwesens werden *monje, fraile, mesón, manjar, vianda* und *vinagre* entlehnt. Ein Occitanismus ist wohl auch die Bezeichnung *español*, die wegen fehlender Diphthongierung des /o/ nicht spanisch sein kann; demselben Einfluß entspringt die Apokope des Auslautvokals:

> El prestigio de los „francos" en el ambiente señorial y eclesiástico hizo que los extranjerismos con final consonántico duro lo conservasen frecuentemente en español arcaico (*ardiment* 'atrevimiento', *arlot* 'vagabundo, pícaro', *duc > franc, tost* 'en seguida'). Además, incrementó en voces españolas la apócope de /-e/ final tras consonantes y grupos de donde apenas se perdía antes... y donde más tarde ha vuelto a ser de regla la vocal (*noch* 'noche', *dix* 'dije', *recib* 'recibe', *mont, part, allend, huest, aduxist*). LAPESA (⁹1981): 200—201.

Nicht eingehen können wir hier auf den französischen Einfluß im 18. und 19. Jh., auf den italienischen Einfluß im 15. und 16. Jh., auf den anglo-amerikanischen Einfluß im 20. Jh. (siehe auch 10.3.).

5.3. Der gelehrte lateinische Einfluß (Cultismos)

Literaturhinweis

BUSTOS TOVAR, José Jesús (1974), *Contribución al estudio del cultismo léxico medieval*, Madrid.

Zum Schluß dieses Kapitels sei noch bemerkt, daß das Lateinische (als klassisches Latein) zu allen Zeiten ein lexikalisches, grammatisches und syntaktisches Reservoir war und bis heute ist, aus dem das Spanische wie alle anderen hochentwickelten romanischen Sprachen (außer dem Rumänischen) schöpfen konnte, um den Wortschatz zu bereichern und feinere semantische Differenzierungen, vor allem im abstrakten Bereich, zu erreichen. Beispiele gibt es seit den ersten Texten (*caridad, cristiano, encarnación, monasterio*). Zu unterscheiden ist zwischen gelehrten Worten (*cultismos*), die die spanische Lautentwicklung etwa zwischen dem 3. und 8. Jh. n. Chr. so gut wie nicht mitgemacht haben (*absolución* mit der Anpassung lediglich von lat. *-tione* an span. *-ción*, statt eines möglichen **asojón*, das die Lautwandel der Erbwörter (*voces populares*) zeigen würde) und halbgelehrten Wörtern (*semicultismos*), die nur einen Teil der normalen Lautentwicklung zeigen (*iglesia* < vlt. *eclesia*, statt *igreja* (so vulgär und dialektal, vgl. COROMINAS/PASCUAL, *DECH*, s. v.); *siglo* < *saec[u]lu* mit Sonorisierung von [k] vor [l], aber ohne Weiterentwicklung zu **sejo*).

6. Die frühesten Sprachdenkmäler des Spanischen

6.1. Die Glossen

Literaturhinweise

DÍAZ Y DÍAZ, Manuel C. (1978), *Las primeras glosas hispánicas*, Barcelona. (Grundlegend).
GARCÍA LARRAGUETA, Santos (1984), *Las glosas emilianenses. Edición y estudio*, Logroño. (Beste kommentierte Ausgabe).
Glosas Emilianenses (1977), Reproducción facsímil. Introducción de Juan B. Olarte Ruiz, Madrid.
WOLF, Heinz-Jürgen (1991), *Glosas Emilianenses*, Hamburg.
WRIGHT, Roger (1982), *Late Latin and Early Romance (in Spain and Carolingian France)*, Liverpool. Span. Übers. Madrid 1989.

Schon in den lateinischen Urkunden der Westgotenzeit gibt es indirekte Bezeugungen der Volkssprache, da manchmal aus Unachtsamkeit oder Unkenntnis des Schriftlateins das Romanische nur notdürftig in ein lateinisches Gewand gekleidet ist. Direkte Zeugnisse des Spanischen erscheinen allerdings erst recht spät, nämlich Anfang des 11. Jh., in Form von Glossen, d. h. Interpretamenten eines (in diesen Fällen lateinischen) Textes mittels Rand- oder Interlinearbemerkungen.[17] Die „Glosas emilianenses" befinden sich in einem Kodex aus dem Kloster San Millán de la Cogolla (Prov. Logroño), der nach den neuesten Erkenntnissen von DÍAZ Y DÍAZ (1978) um das Jahr 900 aus zwei schon bestehenden Teilen, nämlich einer Bearbeitung von Aussprüchen von Kirchenvätern und einem Homiliar (d. h. einer Predigtsammlung), zusammengesetzt und geschrieben wurde. Die Glossen wurden jedoch nach DÍAZ Y DÍAZ von verschiedenen Händen erst in den ersten Jahrzehnten des 11. Jh. hinzugefügt, zuerst wohl zum Zwecke des Grammatikunterrichts in einem Kloster, was auch die Hinzufügung zahlreicher lateinischer Glossen erklärt, die der grammatischen Erklärung bzw. syntaktischen Analyse dienten. Die spanischen Glossen, die sich vorwiegend im Homilienteil finden, waren wohl zur Vorbereitung einer Übersetzung in die Volkssprache gedacht. Die „Glosas silenses" finden sich in einer Handschrift aus der 2. Hälfte des 10. Jh., die früher im Kloster Santo Domingo de Silos (südöstl. von Burgos) aufbewahrt wurde, jetzt im Britischen Museum. MENÉNDEZ Pidal (*Orígenes del español*, [6]1968: 9) nimmt an, daß Kodex und Glossen aus

---

[17] Die ersten Zeugnisse romanischer Sprachen überhaupt sind Glossen, und zwar die nach dem ursprünglichen Aufbewahrungsort so benannten Reichenauer Glossen, „wahrscheinlich aus der Zeit gegen Ende des 8. Jahrhunderts stammend" (TAGLIAVINI [2]1998: 368), und die Kasseler Glossen vom Anfang des 9. Jh. (idem [2]1998: 370–372).

IV. Etappen der spanischen Sprachgeschichte

der gleichen Zeit stammen; DÍAZ Y DÍAZ datiert die Glossen in das 11. Jh. Der Inhalt des Codex Silensis ist dem aus San Millán ähnlich. In beiden Codices markieren die Glossen natürlich nicht die „Geburt" des Spanischen, es war längst geboren. Sie bezeugen seine Existenz.

Die Sprache der „Glosas emilianenses" ist eindeutig navarro-aragonesisch, ja, es finden sich als frühes Zeugnis auch zwei baskische Glossen. Die „Glosas silenses" zeigen stellenweise einige kastilische Züge (*o* statt *au*, *-ero/-era* statt *-airo/-aira*). Die Glossen bestehen meist aus einzelnen Wörtern, z. T. aber auch aus Syntagmen.

Die Glossen selbst sind ein Zeugnis für das Bewußtsein, daß die gesprochene Sprache, das Romanische, nicht mehr nur eine Variante des Schriftlateins ist, sondern eine eigene Sprache, und daß diese daher auch eine Schriftform besitzen sollte und könnte. Dabei mußte sich das Problem ergeben, wie Laute, die dem Lateinischen fremd waren, geschrieben werden sollten. Die Glossen machen nicht den Eindruck, daß dieses Problem hier zum ersten Mal angegangen wird, sondern zeigen im Gegenteil schon eine gewisse Praxis[18], wenngleich die Schreibung natürlich noch weit davon entfernt ist, einheitlich zu sein. Volkssprachliche Züge treten häufig auch gemischt mit latinisierenden auf (z. B. ist in *lueco* 'luego' der Diphthong spanisch, die Schreibung <c> statt <g> aber wohl lateinisch (≈ loco). Da Spanien keine karolingische Reform mit ihrer Restituierung der klassischen Aussprache des Lateins hatte, dürfte das Schriftlatein in Spanien ähnlich wie die entsprechenden volkssprachlichen Formen ausgesprochen worden sein, so daß sich das Problem der Niederschrift des Hispano-Romanischen z. B. in der Westgotenzeit noch nicht stellte.[19]

Beispiele zu den emilianensischen Glossen:

Glosse	für lat.	Neuspanisch
tales muitos fazen nonse bergudian.	*talia plura committunt non erubescunt.*	*muchas tales (cosas) hacen no se vergüenzan.*

---

[18] Z. B. werden die Diphthonge durchgehend geschrieben, <g> vor *i, e* steht wie <i> für [j] (*siegat* [siejat] ≈ neuspan. *sea*); <ingn>, <gn> oder <in> für [ñ] (*seingnale* 'señal', *pugna* [puña], *uergoina* [vergoña] 'vergüenza'; <is>, <isc> für [š] (*laiscaret* [lašaret] 'dejare', *eleiso* [elešo] 'elegido').

[19] Siehe zu dem allgemeinen Problem auch LÜDTKE, Helmut (1964), „Die Entstehung romanischer Schriftsprachen", *VRom* 23: 3–21.

6. Die frühesten Sprachdenkmäler des Spanischen

conoajutorio de nuestro dueno, dueno Christo, dueno Salbatore, qual dueno get ena honore, equal duenno tienet ela mandatione cono Patre, cono Spiritu Sancto, enos sieculos delosieculos. Facanos Deus omnipotes tal serbitjo fere ke denante ela sua face gaudioso segamus.	adjubante domino Jhesu Christo cui est honor et imperium cum Spiritu Sancto in secula seculorum.	con la ayuda de nuestro dueño, dueño Cristo, dueño Salvador, cual dueño es en el honor y cual dueño tiene la mandación con el Padre, con el Espíritu Santo en los siglos de los siglos. Háganos Dios omnipotente tal servicio hacer que delante de su faz estemos (wörtl. seamos) gozosos.
ego lebantai	suscitabi (= -avi)	yo levanté
trastorne	submersi	trastorné
elo terzero diabolo	tertius (diabolus)	el tercer diablo
aflarat	inueniebit	hallará
ansiosusegamus	solliciti simus	ansiosos seamos
nos non kaigamus	ne ... precipitemur	no caigamos
sepat	sentiat	sepa
partirsan	diuidunt se	partirse han = se partirán
fezot	gessit	hizo
tu siedes	manes	eres (aber Form von sedere [> ser] statt von esse).

Lautung, Morphologie und Wortschatz sind hier eindeutig volkssprachlich. Der bestimmte Artikel ist voll ausgebildet (in der Form *elo* < *illu*, mit der Präposition *en* zu *eno* verschmolzen). Das romanische Futur ist vertreten, ebenso romanische Reflexivkonstruktionen. Das *pretérito indefinido* erscheint sogar schon in der monophthongierten Form auf *-é* (neben *-ai*). Unerklärt ist hier *fere*.

6.2. Die mozarabischen Jarchas

Literaturhinweise

GARCÍA GÓMEZ, Emilio (²1975). *Las jarchas romances de la serie árabe en su marco*, Barcelona. ¹1965, Madrid.
GALMÉS DE FUENTES, Álvaro (1994), *Las jarchas mozárabes: forma y significado*, Barcelona.
HEGER, Klaus (1960), *Die bisher veröffentlichten Hargas und ihre Deutungen*, Tübingen.
HITCHCOCK, Richard (1977), *The Kharjas. A Critical Bibliography.* London.

Zu den ältesten Sprachdenkmälern des Spanischen sind auch Zeugnisse des Mozarabischen (der Aljamía, siehe I.4.4.) aus dem 11. und 12. Jh. zu rechnen. Diese insgesamt recht spärlichen Zeugnisse bestehen neben hispano-arabi-

IV. Etappen der spanischen Sprachgeschichte

schen Glossen (auch in arabischen Werken zur Botanik, Medizin und Pharmakologie) und Glossaren, die also keine mozarabischen „Texte" sind, auch aus „Harǧas[20], in den Mund von Frauen gelegte[n] spanische[n] Schlußstrophen in arabischen und hebräischen Strophengedichten" (HEGER 1960:1). Diese Strophengedichte werden „muwaššah" oder „muwaššaha" (span. auch *moaxaja*) genannt.[21] Sie entstanden in Al-Andalus in der Mehrzahl von bekannten arabischen und jüdischen Dichtern zwischen 1042 und 1150, also in der Zeit zwischen den Glosas Emilianenses und Silenses und dem ersten großen Dokument des Kastilischen, dem Cid-Epos (um 1140). Jarchas und andere Aljamiadotexte aus späteren Jahrhunderten, zumeist von Morisken, die in den letzten Jahren in größerem Umfang publiziert und damit bekannt werden[22], lassen wir hier unberücksichtigt. Strophengedichte und Schlußstrophen (jarcha) sind entweder arabisch oder hebräisch geschrieben, wobei sich für die Jarchas das Problem der Transliterierung des Romanischen aus dem arabischen bzw. hebräischen Alphabet ergibt, die ja beide im Prinzip nur die Konsonanten, nicht die Vokale zu notieren pflegen.

Als Beispiele seien zwei Jarchas angeführt. Zunächst eine der frühsten, von Yosef al-Katib, einem hebräisch schreibenden Dichter (vor 1042, HEGER 1960: 107—108). Die romanischen Wörter sind kursiv gedruckt:

> *Tant' amáre, tant' amáre,*   'Tanto amar, tanto amar,
> habib, *tant' amáre,*   amigo, tanto amar,
> *enfermaron welyoš gayos*   enfermaron ojos (antes) alegres
> *e dolen tan male.*   y que (ahora) sufren tan grandes males'.

Auffällig ist die Erhaltung des auslautenden *-e* des (lat.) Infinitivs und bei *male*, die Entwicklung des Nexus *-k'l-* in *oc(u)los* zu *-ly-* [ʎ] und die Diphthongierung von *ó* vor diesem Palatal (vgl. oben I.4.4.a und i). Nicht sicher zu beurteilen ist die Tatsache, daß in *dolen* kein Diphthong notiert zu sein

---

[20] Für die früher übliche Transliteration aus dem Arabischen ist heute aber die hispanisierte Form „jarcha(s)" gebräuchlich, in der angloamerikanischen Forschung auch *kharja*. — Ein farbiges Bild der Zeit des 10. Jhs. zeichnet Jesús SÁNCHEZ ADALID in dem historischen Roman *El Mozárabe*, Barcelona 2002.

[21] Bezüglich ihrer großen Bedeutung für die Entstehungsproblematik der romanischen Lyrik siehe HEGER (1960), GARCÍA GÓMEZ (²1975). Muwaššahāt (so die arab. Pluralform) mit romanischem „Abgesang" sind der Wissenschaft dank neuer Funde erst seit etwa 55 Jahren bekannt. Die große Mehrheit der Muwaššahāt ist rein arabisch und schon lange bekannt.

[22] Siehe z. B. KONTZI, Reinhold, *Aljamiadotexte*. Ausgabe mit einer Einleitung und Glossar. Wiesbaden, I, 1974; II, 1984; VESPERTINO RODRÍGUEZ, Antonio (1983), *Leyendas aljamiadas y moriscas sobre personajes bíblicos. Introducción, edición, estudio lingüístico y glosario*. Madrid.

scheint (statt *duelen*; im hebräischen Text nur < dwln >). Die Lesung *gayos* ist unsicher.

Das zweite Beispiel stammt von einem arabischen Dichter aus Badajoz aus der 2. Hälfte des 11. Jh. (GARCÍA GÓMEZ 1965: 320—321):

ifen, 'indi, habībi! '¡ven a mi lado, mi amigo!
seyas sabiṭore: has de saber que
tu huyda^h samaŷa^h tu huída es una fea acción.
¡imši, *adunu*-ni! ¡anda, únete conmigo!'

Die Schreibung *fen* für *ven* rührt von dem Fehlen eines entsprechenden labiodentalen Lautes und Graphems im Arabischen her. Hisp.-ar. '*indi* bedeutet 'bei mir', *habīb* ist der in den meisten Jarchas auftretende 'Freund, Geliebte'. *Seyas* ≈ *seas*, *sabitore* ≈ *sabedor*, wobei <ṭ> häufig eine Schreibung für [d] bzw. [ð] ist. Im 3. Vers ist *samaŷa* 'Schändlichkeit, Bosheit' als Lexem arabisch, aber auch in der Konstruktion (ohne Kopula) arabisch. Hisp.-ar. *imši!* 'geh' ist ein Imperativ. Im folgenden ist das Verb *adunare* (neuspan. *aunar*) romanisch, die Form jedoch die eines arabischen Imperativs mit dem Poss.-Suffix der 1. Pers. Sg. bei Verben *-ni*.

Die Jarchas sind ein Beispiel für die Symbiose dreier Kulturen und Sprachen. Sie zeigen, daß eine ausgebildete volkssprachliche Tradition existierte, die in die arabische Lyrik integriert wurde.

6.3. Hinweise zum Altspanischen

Mit dem Cid-Epos (um 1140) befinden wir uns dann schon außerhalb dessen, was wir hier als frühe Sprachdokumente verstehen wollen. Wir sind damit schon im Stadium einer Volkssprache mit mehr als nur bruchstückhaften Texten und mit hohen literarischen Ansprüchen, ohne daß damit allerdings schon eine einheitliche kastilische Schriftsprache geschaffen wäre. Unter **Altspanisch** (*español medieval*) versteht man allgemein die Epoche zwischen dem Cantar de Mio Cid und dem Siglo de Oro, also dem 12.—15. Jh. Im Verlaufe des 16. Jh. entsteht dann das sog. klassische, im 18. Jh. das moderne Spanische. Aus Platzgründen müssen wir uns hier auf die Angabe der wichtigsten bibliographischen Hilfsmittel beschränken (siehe auch Kap. IV.8.):

ALONSO PEDRAZ, Martin (1986), *Diccionario medieval español*, 2 Bde., Salamanca.
MÜLLER, Bodo (1987—) *Diccionario del español medieval*, Heidelberg. Bd. III (2005).
MENÉNDEZ PIDAL, Ramón (^{5}1976), *Cantar de Mio Cid. Texto, Gramática y Vocabulario*, 3 Bde., Madrid. (Ist auch als Grammatik und Wörterbuch des Altspanischen zu benutzen).

IV. Etappen der spanischen Sprachgeschichte

MENÉNDEZ PIDAL, Ramón (1965—66), *Crestomatía del español medieval*, 2 Bde., Madrid. (Ist auch als Grammatik und Wörterbuch des Altspanischen zu benutzen).
LÓPEZ GARCÍA, Ángel (2000), *Cómo surgió el español: Introducción a la sintaxis histórica del español antiguo*, Madrid.
LATHROP, Thomas A. (^{2}1989), *Curso de gramática histórica española*, Barcelona.

7. Die Reconquista und der Aufstieg des Kastilischen

Da die heutige Konfiguration der sprachlichen Gliederung der Pyrenäenhalbinsel im wesentlichen als eine Folge der Reconquista zu sehen ist, ist es angezeigt, an dieser Stelle einen — wenn auch notwendigerweise sehr knappen — Überblick über diese Epoche der Geschichte der Halbinsel zu geben.

7.1. Die Reconquista

Literaturhinweise

Auswahl von kürzeren Darstellungen der Geschichte Spaniens:

BERNECKER, Walther L./PIETSCHMANN, Horst (^{4}2005), *Geschichte von der frühen Neuzeit bis zur Gegenwart*, Stuttgart.
VICENS VIVES, Jaime (^{8}1972), *Aproximación a la historia de España*, Barcelona (Deutsche Übersetzung: *Geschichte Spaniens*, Stuttgart-Berlin-Köln-Mainz 1969).
PÉREZ-BUSTAMANTE, C. (^{14}1974), *Compendio de historia de España*, Madrid.

Herangezogen werden können auch folgende Hilfsmittel:

PLOETZ, Carl (^{33}2002), *Der Große Ploetz. Die Daten-Enzyklopädie der Weltgeschichte*, Frechen.
RUHL, Klaus-Jörg (1986), *Spanien-Ploetz*, Freiburg-Würzburg.
KINDER, Hermann/HILGEMANN, Werner (^{2}1965 u. ö.), *dtv-Atlas zur Weltgeschichte*, Band 1, München.

Sehr illustrativ:

UBIETO ARTETA, Antonio (^{2}1970), *Atlas histórico. Como se formó España*, Valencia.

Monographie zur Reconquista:

LOMAX, Derek William (1978), *The Reconquest of Spain*, London-New York.

Für die umfassenden Darstellungen der Geschichte Spaniens: s. Kap. IV.1.

Unter der „Reconquista" versteht man die Gegenbewegung zur „Conquista" der Pyrenäenhalbinsel in den Jahren 711 bis 718 durch die Muslime oder Araber — wie man meist pauschal sagt; „Reconquista" bedeutet also die 'Wiedereroberung' oder 'Rückeroberung' der unter islamische Herrschaft geratenen Gebiete der Pyrenäenhalbinsel durch die Christen zwischen 718 bzw. 722 und 1492. So steht einer nur wenige Jahre dauernden linearen Conquista eine

7. Die Reconquista und der Aufstieg des Kastilischen

sich letztlich über fast 8 Jahrhunderte erstreckende peripetienreiche Reconquista gegenüber.

Im schwer zugänglichen asturischen Bergland bildete sich der erste Widerstand gegen die moslemische Herrschaft auf der Halbinsel (die *Al-Andalus* genannt wurde): Unter der Führung des Westgoten Pelagius (Pelayo) errangen die Christen bei Covadonga im Jahre 718 oder 722 (unsicheres Datum) einen ersten eher symbolischen als folgenreichen Sieg gegen die erfolgsgewohnten Moslems, die ihre Herrschaft auf der Halbinsel — dagegen nicht im Reich der Franken (Niederlage bei Tours und Poitiers 732 gegen Karl Martell) — in der Folgezeit noch stabilisieren konnten, nämlich durch die Gründung des von Damaskus nunmehr unabhängigen omajjadischen Emirats mit Zentrum in Córdoba durch Abd ar-Rahman I. im Jahre 756 und gar im Jahre 929 durch die Erhebung des Emirats zum Kalifat unter Abd ar-Rahman III., dessen Regierungszeit (912—961) als Höhepunkt maurischer Herrschaft und Kultur auf der Pyrenäenhalbinsel gilt.

Das erste christliche Königreich im von den Arabern wenig oder nicht kontrollierten Norden der Halbinsel entstand in Asturien, wo das Gefühl für das Erbe des Westgotenreiches noch lebendig war. Das Königreich Asturien, dessen Hof sich zunächst in Cangas de Onís, dann in Oviedo befand, breitete sich nach Galicien und im Süden bis an den Duero aus; König Alfons III. (866—910) verlegte die Hauptstadt erneut, und zwar nach León, daher nunmehr die Bezeichnung Königreich León.

Aus der von Karl dem Großen 795 gegen die Mauren begründeten „Marca hispanica" gingen verschiedene katalanische Grafschaften hervor, von denen die wichtigste die Grafschaft Barcelona (Eroberung der Stadt: 801) wurde. Ein weiterer christlicher Randstaat im Norden war das Königreich Navarra mit der Hauptstadt Pamplona, das unter seinem Herrscher Sancho III. dem Großen (1000—1035) eine Hegemonialstellung unter den Staaten, die im Kampf gegen die Araber standen, einnahm. Kulturgeschichtlich wichtig: Sancho el Mayor förderte die Pilgerreisen nach Santiago de Compostela und führte die cluniacensische Reform ein. Folgenschwer für die weitere Entwicklung war, daß Navarra früh von der Reconquistabewegung abgeschnitten wurde. Sanchos großes christliches Reich zerfiel nach seinem Tode 1035 und wurde unter seine Söhne aufgeteilt.

Einer der Söhne Sanchos III., Ramiro I., erhielt von seinem Vater die Grafschaft Aragón, die zum Königreich erhoben wurde. Aragón gewann durch die Reconquista nach Süden einen beträchtlichen Zuwachs an Territorien: so wurden 1096 Huesca, 1118 Zaragoza erobert, welches letztere dann zur Hauptstadt Aragons wurde. Durch Heirat wurde 1137 Aragón mit Kataloni-

IV. Etappen der spanischen Sprachgeschichte

en vereinigt und damit eine für die Zukunft der Pyrenäenhalbinsel äußerst bedeutsame Konföderation („Corona de Aragón") geschaffen. Im 13. Jh. eroberte dann das verstärkte Königreich Aragón die Balearen (1229—1235) und schließlich das vielumkämpfte Valencia (1238). Die durch den Teilungsvertrag von Cazorla (1179) vereinbarte Expansionsrichtung Kastiliens schnitt Aragón den Weg für weitere Landgewinne auf der Halbinsel durch die Reconquista ab. Deshalb orientierte sich Aragón in der Folgezeit um auf die Schaffung eines Imperiums im Mittelmeerraum.

Kommen wir nun zu dem für die Geschichte der Pyrenäenhalbinsel in unserem Jahrtausend wichtigsten Staatsgebilde, zu Kastilien. Die kleine Grafschaft Kastilien war ursprünglich eine östliche Grenzmark des Königreichs Asturien-León gegen die Mauren im kantabrischen Bergland südlich von Santander (der Name *Castilla* < *castella* leitet sich von den zahlreichen Burgen zum Schutze gegen die Araber her). Unter dem Grafen Fernán González konnte Kastilien sich 961 von León unabhängig machen, fiel 1029 nach Erlöschen seiner Dynastie an das Königreich Navarra und wurde nach dem Tode Sanchos III. (1035) unter dessen Sohn Ferdinand I. zu einem eigenständigen Königreich. Ferdinand I. beerbte 1037 den letzten König von León und verlagerte das Schwergewicht der beiden Reiche nach Kastilien. Kastilien war stets sehr aktiv in der Reconquista: bereits 884 wurde Burgos gegründet (und wurde nach Amaya zur Hauptstadt); unter Fernán González wurde Kastilien im Süden bis nach Sepúlveda ausgedehnt. (siehe S. 165, Karte I).

Ungeachtet der erfolgreichen Raubzüge von Almansor in die christlichen Reiche im Norden der Halbinsel (z. B. Plünderung von Santiago de Compostela im Jahre 997) zerfiel zu Beginn des 11. Jh. das Kalifat von Córdoba immer mehr, und 1031 wurde der letzte Omajjadenkalif vertrieben. Der bisher einheitliche islamische Herrschaftsbereich löste sich in eine Vielzahl von Teilkönigreichen, sog. Taifas, auf (z. B. Zaragoza, Valencia, Toledo, Sevilla). Diese Schwächung der Zentralgewalt erlaubte der Reconquista einen kräftigen Schub nach Süden. So eroberte König Alfons VI. (1072—1109) im Jahre 1085 Toledo und erreichte damit die Tajo-Linie; Toledo, die alte Hauptstadt des Westgotenreiches, wurde nun Hauptstadt des kastilisch-leonesischen Reiches (unter der Herrschaft von Alfons VI. lebte und kämpfte auch der insbesondere aus dem spanischen Epos bekannte Rodrigo Díaz de Vivar, mit dem Beinamen Cid Campeador). Aufgehalten wurde die weitere Reconquistabewegung vom Tajo in Richtung Süden durch die wirkungsvolle Intervention der nordafrikanischen Almoraviden (1086—1145) in Al-Andalus, die den Süden und den Nordwesten der Halbinsel unter ihre Gewalt brachten und in ihr nordafrikanisches Reich eingliederten. Alfons VI., der sich „Imperator

7. Die Reconquista und der Aufstieg des Kastilischen

totius Hispaniae" in der Tradition der leonesischen Könige nannte, erlitt gegen sie mehrere Niederlagen. Die Herrschaft der Almoraviden auf der Halbinsel wurde von der der Almohaden (ebenfalls eine berberische politisch-religiöse Reformbewegung) ab 1146 abgelöst. Die Könige Alfons VII. und Alfons VIII. (nur König von Kastilien) mußten sich zwar den Almohaden verschiedentlich militärisch beugen, so insbesondere Alfons VIII. in der Schlacht von Alarcos (1195), aber der glänzende Sieg der vereinigten Heere von Kastilien, Aragón und Navarra bei Las Navas de Tolosa (nahe Jaén) im Jahre 1212 gegen die Almohaden zwang sie zum Rückzug und öffnete Kastilien den Weg zur Eroberung des Südens der Halbinsel. König Ferdinand III. der Heilige (1217—1252) vereinigte im Jahre 1230 nun auf Dauer die beiden Königreiche Kastilien und León. In der Folgezeit wurden rasch nacheinander die moslemischen Reiche von Córdoba (1236), Cartagena (1246), Jaén (1246), Sevilla (1248) und unter König Alfons X. (Alfonso X el Sabio, 1252—1284) Cádiz (1262) und Murcia (endgültig 1266) erobert. Damit war die Reconquista der Pyrenäenhalbinsel bis auf Granada, das Reich der Nasriden, abgeschlossen, und Kastilien hat sich klar als Vormacht auf der Halbinsel etabliert (siehe S. 165, Karte II).

Zur Erklärung der Unterbrechung der Reconquista zu diesem Zeitpunkt können u. a. Gründe innenpolitischer (Auseinandersetzungen zwischen dem Adel und der königlichen Gewalt, Erbfolgewirren, Bürgerkriege, europäische Verflechtungen) und wirtschaftlicher Natur (wichtig wegen der Tributzahlungen Granadas und des sich dort abwickelnden Goldhandels) angeführt werden.

Erst nach der Vereinigung (Personalunion) der beiden Kronen Kastilien und Aragón 1479 infolge der Heirat von Isabella von Kastilien und Ferdinand von Aragón (1469) — wichtigstes Ereignis für die Schaffung des spanischen Nationalstaates — schritten die „Reyes Catolicos" zum letzten Akt der Reconquista: Nach langer Belagerung eroberten sie Granada, die letzte maurische Bastion auf der Halbinsel, gegen König Boabdil, am 2. Januar 1492, im selben Jahr, in dem Christoph Kolumbus die Neue Welt (wieder-)entdecken sollte. So endete eine beinahe 8 Jahrhunderte dauernde fast rein peninsulare Unternehmung quasi am Vorabend der Eröffnung einer neuen, der transozeanischen Epoche der Menschheitsgeschichte.

Zwei kurze Nachträge:

— 1512 wurde das Königreich Navarra der Krone von Kastilien angegliedert.
— Portugal: Auch Portugal in seiner heutigen kontinentalen Gestalt entstand im Laufe der Reconquista. Keimzelle war die Grafschaft Portucale,

IV. Etappen der spanischen Sprachgeschichte

ein Gebiet mit Zentrum in Portucale (≙ Porto), welches zum Königreich Kastilien-León gehörte und sich durch dessen Eroberungen nach Süden hin vergrößerte (Einnahme von Coimbra: 1064). Alfons VI. von Kastilien-León belehnte 1095/96 seinen Schwiegersohn Heinrich von Burgund mit der Grafschaft Portugal, der gegenüber Galicien die Selbständigkeit gewann und schließlich die Lehnsoberhoheit der Könige von Kastilien und León ablehnte. Heinrichs Sohn Afonso Henriques nahm 1139 den Königstitel an; Portugal wurde schließlich 1143 von Alfons VII. von Kastilien und Leon als selbständiges Königreich anerkannt. Afonso Henriques trieb die Reconquista voran und nahm im Jahre 1147 Lissabon ein. Mit der Eroberung des Südens und Westens der Algarve endete 1249 die Reconquista in Portugal früher als in Spanien. Mit Portugal war also ein zweiter Staat auf der Pyrenäenhalbinsel entstanden; Portugal blieb von Spanien unabhängig (außer in den Jahren 1580—1640).

Aufgabe

Lesen Sie selbst die entsprechenden Kapitel zur Reconquista in einer der oben angegebenen kürzeren Darstellungen der Geschichte Spaniens.

7.2. Der Aufstieg des Kastilischen

Literaturhinweise
Alle zu Beginn von Kap. IV aufgeführten Sprachgeschichten gehen auf dieses Thema ein.
Vgl. außerdem:
MENÉNDEZ PIDAL, Ramón ([6]1968), *Orígenes del español. Estado lingüístico de la Península ibérica hasta el siglo XI*, Madrid.
MENÉNDEZ PIDAL, Ramón ([7]1968), *El idioma español en sus primeros tiempos*, Madrid (≙ Auszug aus: *Orígenes*..).
MEIER, Harri (1930), *Beiträge zur sprachlichen Gliederung der Pyrenäenhalbinsel und ihrer historischen Begründung*, Hamburg.
WINKELMANN, Otto (1985), „Vom Dialekt zur Nationalsprache. Die Entwicklung des Kastilischen während der Reconquista", in: *Entstehung von Sprachen und Völkern. Akten des 6. Symposions über Sprachkontakt in Europa, Mannheim 1984*, Tübingen: 193—208.

7.2.1 Die Sprachensituation auf der Pyrenäenhalbinsel in der Frühphase der Reconquista

Im Norden der Halbinsel wurden — von West nach Ost gesehen — folgende hispanoromanische Idiome gesprochen: das Galicische bzw. das Galicisch-

7. Die Reconquista und der Aufstieg des Kastilischen

Aufstieg und Ausbreitung des Kastilischen

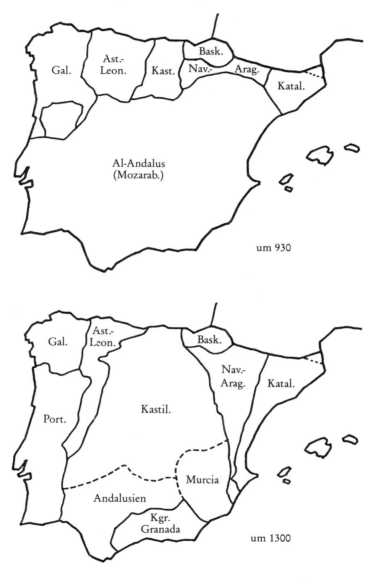

(adaptiert aus ENTWISTLE 1962: 146—147, 160—161)

Portugiesische, das Asturisch-Leonesische, das Kastilische, das Navarro-Aragonesische und das Katalanische; dazu als nicht-indogermanische Sprache — im Kontakt mit dem Kastilischen und dem Navarro-Aragonesischen — das Baskische. In den maurisch besetzten Gebieten der Halbinsel wurde Arabisch und Mozarabisch (romanische Dialekte der christlichen hispano-romanischen Bevölkerung im moslemischen Herrschaftsraum der Halbinsel) gesprochen.

7.2.2. Zur Entstehung des Kastilischen

Das Kastilische, das als der innovatorischste, ja revolutionärste der ursprünglichen iberoromanischen Dialekte gilt, ist einerseits durch Neuerungen, die durch seine Einbindung in die Kontaktsituation mit den romanischen Nachbardialekten bedingt sind, bestimmt, andererseits ist es durch seine genuinen Neuerungen charakterisiert.

Für die Fakten verweisen wir auf Abschnitt IA.2.1.

7.2.3. Das Kastilische — vom Dialekt zur Nationalsprache

Die Reconquista und die Ausbreitung des Kastilischen — aber auch die des Portugiesischen und des Katalanischen — auf der Pyrenäenhalbinsel sind untrennbar miteinander verbunden. Die wichtige politische und militärische Rolle, die Kastilien — wie wir oben gesehen haben — schon recht früh in der Reconquistabewegung einnahm, zeigt sich in der territorialen Expansion in Richtung Süden, zunächst schon in Altkastilien (z. B. Verlegung der Hauptstadt von Amaya nach Burgos), dann aber ganz besonders nach Neukastilien (neue Hauptstadt: Toledo, von 1086 bis 1561, danach Madrid), nach dem Sieg von Las Navas de Tolosa (1212) schließlich fächerförmig in Richtung SO, S und SW nach Murcia, Andalusien und Extremadura. Der militärischen Eroberung folgte die Neubesiedlung („repoblación") zunächst des durch die Kriegszüge der Moslems und der Christen verwüsteten Niemandslandes zwischen den beiden Herrschaftsbereichen, dann aber auch der den Mauren im Krieg entrissenen Gebiete und Städte. Mit den Siedlern gelangte auch die Sprache, hier das Kastilische, in die eroberten Territorien. Sie kam mit den dort zum Teil noch gesprochenen mozarabischen Dialekten in Kontakt und bildete neue „sekundäre" Dialekte — die sog. Reconquistadialekte (vgl. Kap. I.4.), wie etwa das Andalusische —, die das Arabische ersetzten. Die das Kastilische flankierenden ursprünglichen iberoromanischen Dialekte, das Asturisch-Leonesische und das Navarro-Aragonesische, deren Ausbreitung in der Reconquista doch recht eingeschränkt blieb, wurden gebietsweise vom Kastilischen verdrängt bzw. in ihren Rückzugsgebieten zum Teil kastilianisiert. Nach der von Menéndez Pidal vertretenen Auffassung hat in der Recon-

7. Die Reconquista und der Aufstieg des Kastilischen

quista das Kastilische wie ein 'Keil' eine bestimmte alte iberoromanische Einheit dialektaler Züge zwischen West und Ost der Pyrenäenhalbinsel gespalten und die damals noch existierenden mozarabischen Dialekte, die ein Bindeglied bildeten, zum Erlöschen gebracht. Damit haben die Reconquista und ganz besonders der Aufstieg und die Verbreitung des Kastilischen die Sprachlandschaft der Halbinsel tiefgreifend verändert.

Für den Aufstieg des Kastilischen war auch wichtig die Existenz von sprachlichen Ausstrahlungszentren wie zunächst das von Burgos für die sprachlichen Charakteristika Altkastiliens, dann das von Toledo für die neukastilische Norm. Diese wirkten im Sinne einer sprachlichen Vereinheitlichung des Kastilischen, was dessen Durchsetzungsfähigkeit erhöhte. Dazu gehörte auch die allmähliche Herausbildung einer Tradition der Texterzeugung in Konkurrenz zum Latein mit dessen selbstverständlicher Funktion als Schriftsprache im romanisch-germanischen Mittelalter. Diese Tradition begann zaghaft mit den Glossen im 11. Jh. (vgl. Kap. IV.6.). In der epischen Literatur („cantares de gesta"; am berühmtesten der „Cantar de mio Cid", auf ca. 1140 datiert), die aber primär eine mündliche war, dominierte das Kastilische; so auch bei den Anfängen des volkssprachlichen Theaters (vgl. „Auto de los Reyes Magos"). Dagegen wurde die frühe Lyrik in romanischer Sprache einerseits in Mozarabisch (vgl. die „Jarchas"), andererseits in Galicisch (sogar Alfons der Weise dichtete seine „Cantigas de Santa Maria" in galicischer Sprache) bzw. in (Alt-)Provenzalisch (v. a. in Katalonien) verfaßt.

Im Laufe des 13. Jh. wird das Kastilische zur Sprache der königlichen Kanzlei, zunehmend unter König Ferdinand III. (1217–1252), bereits fest etabliert unter Alfons X. (König von 1252–1284) — außer in der Korrespondenz mit dem Ausland (diese erfolgte weiterhin in Latein). Dazu kam in der Rechtssphäre die Abfassung der „fueros" (verbriefte Sonderrechte) in kastilischer Sprache. Das Kastilische war somit de facto zur Amtssprache des vereinigten Königreichs Kastilien-León geworden. Durch die rege literarische und wissenschaftliche sowie Übersetzertätigkeit am Hofe Alfons' des Weisen — in der Tradition der berühmten Toledaner Übersetzerschule — setzte sich das Kastilische als Sprache der wissenschaftlichen, juristischen und historiographischen Prosa durch. Dies beinhaltete einen Ausbau des Kastilischen in syntaktischer und lexikalischer Hinsicht. Das Kastilische der alfonsinischen Epoche war nach gewissen Normierungen und Vereinheitlichungen (v. a. in der Graphie) auf dem Wege zur Hochsprache. Doch erst nach und nach eroberte es sich auch die übrigen literarischen Genres und sonstige Textsorten.

Erst nach den großen politischen Ereignissen in der zweiten Hälfte des 15. Jh. wird man vom Kastilischen als von der Nationalsprache Spaniens sprechen können, deren erste maßgebliche Grammatik — von Antonio de Nebrija — im Jahre 1492 erschien. Im Prolog zu seiner Grammatik ahnte Nebrija allerdings bereits die zukünftige Rolle des Kastilischen nicht nur als National-, sondern als Weltsprache voraus.

Welches ist nun die Sprachensituation der Pyrenäenhalbinsel am Ende der Reconquista? Als der große Sieger ist das Kastilische aus den Kämpfen der Reconquistaepoche hervorgegangen. Das Portugiesische könnte man als zweiten Gewinner bezeichnen; das Katalanische folgt an dritter Stelle. Die romanischen Paralleldialekte zum Kastilischen und das Galicische (im engeren Sinne) blieben auf den Norden beschränkt, so auch das Baskische. Ganz von der europäischen Sprachenkarte verschwunden sind die mozarabischen Dialekte und das Arabische.

8. Mittelalterliches Spanisch/modernes Spanisch

Wenn man das Altspanische (bibliogr. Hinweise in IV.6.3.) mit dem Neuspanischen vergleicht, so kann man feststellen, daß sie einerseits weniger unterschiedlich sind als z. B. Altfranzösisch und Neufranzösisch, da beide Sprachstufen andererseits aber stärker untereinander differieren als z. B. Altitalienisch und Neuitalienisch.

Die Sprachwandelprozesse, die das Altspanische zum Neuspanischen werden ließen, vollzogen sich im Siglo de Oro, besser: in den Siglos de Oro, d. h. im 16. und 17. Jh.

Literaturhinweis

EBERENZ, Rolf (1991), „Castellano antiguo y español moderno: reflexiones sobre la periodización en la historia de la lengua", *RFE* 81, 79—106.

Im folgenden führen wir in knapper Form die wichtigsten Unterschiede zwischen dem Alt- und dem Neuspanischen auf, wobei wir uns auf den phonischen und den grammatischen Bereich beschränken.

8.1. Phonischer Bereich

Während der Vokalismus des Spanischen (Kastilischen) sich seit dem frühesten Altspanisch bis heute als sehr stabil erwies — stabil zumindest im Phoneminventar, allerdings mit gewissen Schwankungen in der Phonemdistribution —, ereignete sich im Zeitraum der Siglos de Oro im Konsonantismus das, was bestimmte Autoren die „revolución fonética" nannten, besser wäre „revolución fonológica".

8. Mittelalterliches Spanisch/modernes Spanisch

Un cambio radical del consonantismo, iniciado ya en la Edad Media, pero generalizado entre la segunda mitad del siglo XVI y la primera del XVII, determinó el paso del sistema fonológico medieval al moderno. (LAPESA ⁹1981: 370) Die Umgestaltung im Konsonantensystem vollzog sich bei den Frikativen und bei den Affrikaten. Behandeln wir zunächst den Lautwandel bei den Sibilanten.

Im phonologischen System des mittelalterlichen Spanisch existierten drei sibilantische Phonempaare, die sich untereinander nur durch den unterscheidenden Zug 'stimmhaft' bzw. 'stimmlos' differenzierten:

Phonem	/ś/ — /ź/	/ts/ — /dz/	/ʃ/ — /ʒ/	(oder [dʒ])
Graphische Wiedergabe	s-, -s -ss-	-s-	c^{e,i} ç	z	x g^{e,i} j
Altspan. Beispiele	señor tres passar	casa	cielo braço	fazer	baxo fijo	muger

Der Lautwandel vollzog sich nun in der Weise, daß die Affrikaten /ts/ und /dz/ — jedoch nicht das isoliert existierende /tʃ/ (graphisch: *ch*)—ihr okklusives Element verloren und zu Frikativen wurden und daß dann bei der gesamten Korrelation der Unterschied zwischen stimmhaft/stimmlos zugunsten der stimmlosen Phoneme aufgegeben wurde (Entsonorisierung).

Schematische Darstellung (nach QUILIS ²1987: 233, 463):

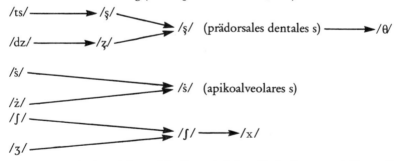

Vom Altkastilischen dehnte sich die typisch kastilische Lautentwicklung /f/- > /h/- > ø immer weiter aus und setzte sich schließlich (bis auf konservative Restzonen) durch; z. B. lat. *facere* > altspan. *fazer* > neuspan. *hacer*. In der Graphie blieb die Stufe *h*- bis heute erhalten (vgl. IV.3.4.).

Schließlich ist noch der Zusammenfall der folgenden altspanischen Opposition anzuführen:

IV. Etappen der spanischen Sprachgeschichte

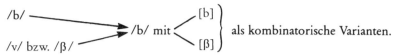

Altspanische Beispiele: *lobo, saber,* aber: *cavallo, haver.* Die heutige Graphie ist im Prinzip etymologisch orientiert, d. h. Wörter, die lat. *-p-* oder *b* fortsetzen, werden mit *b* geschrieben, z. B. *lobo, haber,* solche, die auf lat. *v* zurückgehen, weisen auch im Spanischen *v* auf, z. B. *ave* (Ausnahmen sind z. B. *boda* < *vota, bermejo* < *vermiculu(m)*).

8.2. Grammatischer Bereich

Von den zahlreichen Veränderungen grammatischer Natur vom Altspanischen zum Neuspanischen (vgl. dazu LAPESA ⁹1981: 391—408) kann hier nur eine Auswahl vorgestellt und kurz besprochen werden; unser Hauptaugenmerk soll dem Verbum und den Pronomina gelten.

1) Verbum:

— Es vollzog sich eine Selektion bei bestimmten Verbalformen, d. h. es wurden Varianten eliminiert: so beim Futur, z. B. *porné ~ pondré ⟶ pondré, terné ~ tendré ⟶ tendré,* und bei den Endungen der 2. Person Plural des Imperfekts u. a., z. B. *amávades ~ amavais ⟶ amavais (amabais).*

— Die noch analytischen Futur- und Konditionalformen des Altspanischen wurden zu synthetischen: z. B. *engañar me ha > engañaráme* oder *me engañará.*

— Die Verbalformen mit der Endung *-ra* (z. B. *cantara*) verloren ihre ursprüngliche Funktion des Plusquamperfekts Indikativ — Ersetzung durch analytische Formen vom Typ *había cantado* — und nahmen über die Zwischenstufe „Plusquamperfekt Konjunktiv" schließlich die Funktion „Konjunktiv Imperfekt" — in Konkurrenz zu den Formen auf *-se* — an (siehe dazu auch DIETRICH (1981), vgl. S. 182 Anm. 27).

— In dieser Epoche bildete sich die moderne Abgrenzung zwischen *haber* und *tener* und zwischen *ser* und *estar* heraus.

— *Haber* wurde zum einzigen Hilfsverb bei den zusammengesetzten Zeiten im Aktiv und eliminierte damit seinen altspanischen Konkurrenten *ser* aus dem Paradigma des Aktivs.

Als Übergang vom Verbum zu den Pronomina sei die Selektion bei den Formen angeführt, die eine Kombination von Imperativ oder Infinitiv + Personalpronomen als Objekt bilden: z. B. *dalde* ~ *dadle* ⟶ *dadle, teneldo* ~ *tenedlo* ⟶ *tenedlo; leello* ~ *leerlo* ⟶ *leerlo, servilla* ~ *servirla* ⟶ *servirla*.

2) Pronomina:

— Veränderung bei den Anredepronomina: Abwertung von *vos*; zu *tú* kam als Höflichkeitsform *vuestra merced* > *usted* hinzu;
— verstärkte Verwendung des 'Leísmo' (z. B. *Le veo a Juan*);
— an die Stelle von *nos* und *vos* traten *nosotros, -as* und *vosotros, -as*; *vos* in Objektfunktion wurde zu *os*;
— in der Kombination des Dativpronomens *le* mit einem Akkusativpronomen in der 3. Person wurde *ge* (< *(il)li̯ élo*) zu *se* (*lo*):

altspan. *ge* $\left\{\begin{array}{l} lo \\ la \\ los \\ las \end{array}\right\}$ ⟶ neuspan. *se* $\left\{\begin{array}{l} lo \\ la \\ los \\ las \end{array}\right.$

— zum Pronomen *quien* wurde die Pluralform *quienes* gebildet.

3) Weitere Veränderungen:

— Herausbildung eines synthetischen Superlativs aus *-ísimo, -a* unter lateinischem und italienischem Einfluß, z. B. *hermosísimo*.
— Ausweitung des Gebrauchs des sog. präpositionalen Akkusativs mit *a* bei als handlungsfähig gesehenen persönlichen oder personifizierten Objekten.
— Einschränkung des Gebrauchs des bestimmten Artikels *el* bei femininen Substantiven mit vokalischem Anlaut, z. B. altspan. *el espada* ⟶ neuspan. *la espada, el otra* ⟶ *la otra*. Die heutige Form der sehr restriktiven Regel der Verwendung von femininem *el* (< *ela*) — nur vor betontem [a] wie in *el alma, el habla* — war noch nicht erreicht.

Aufgabe

Informieren Sie sich über den Wandel im spanischen Wortschatz während der Siglos de Oro auf der Grundlage von LAPESA (⁹1981: § 98) und/oder QUILIS (²1987: 245—254).

9. Das Spanische in Amerika
9.1. Zum geschichtlichen Hintergrund

Auswahlbibliographie

KONETZKE, Richard (1986), „Überseeische Entdeckungen und Eroberungen", in: *Propyläen Weltgeschichte*, Band 6, Berlin — Frankfurt/Main: 535—634.

IV. Etappen der spanischen Sprachgeschichte

FISCHER WELTGESCHICHTE: Band 21: *Altamerikanische Kulturen* (L. Séjourné), Frankfurt/Main 1971; Band 22: *Süd- und Mittelamerika I* (R. Konetzke), Frankfurt/M. 1965.

CÉSPEDES DEL CASTILLO, Guillermo (1983), *América Hispánica (1492—1898)*, Barcelona, = *Historia de España*, tomo VI.

Mit umfangreicher Bibliographie und Information zu den Archiven:
CHAUNU, Pierre (1969), *L'expansion européenne du XIIIe au XVe siècle*, Paris (Nouvelle Clio, Vol. 26).

CHAUNU, Pierre (1969), *Conquête et exploitation des nouveaux mondes (XVIe siècle)*, Paris (Nouvelle Clio, Vol. 26 bis).

THE CAMBRIDGE ENCYCLOPEDIA OF LATIN AMERICA AND THE CARIBBEAN (1985), Cambridge.

Sehr umfassend:
THE CAMBRIDGE HISTORY OF LATIN AMERICA (1984—1986), 5 Bde., Cambridge.

Die Entdeckung und Eroberung der Neuen Welt eröffnete Europa und seiner Geschichte eine neue Dimension, und nicht umsonst lassen viele Historiker die abendländische Neuzeit mit diesem Ereignis beginnen. Mit der Phase der europäischen Expansion begann auch der neuzeitliche europäische Kolonialismus.

Der Genuese Christoph Kolumbus (span. *Cristóbal Colón*) unternahm im Auftrag der Katholischen Könige seine Entdeckungsreise mit der Absicht, auf dem westlichen Seeweg über den Atlantischen Ozean die Ostküste Asiens bzw. Indien zu erreichen. Er brach mit drei Schiffen am 3. August 1492 vom südspanischen Hafen Palos auf, und nach einer Zwischenlandung auf den Kanarischen Inseln (seit dem ersten Drittel des 15. Jahrhunderts z. T. unter spanischer Herrschaft, 1477 durch Vertrag an die spanische Krone) stieß er am 12. Oktober 1492 auf die erste Insel der Neuen Welt, eine Insel der Bahama-Gruppe, die er San Salvador taufte. Auf der Weiterfahrt entdeckte er die Inseln Kuba und Hispaniola (Haiti), welche der Ausgangspunkt für weitere Entdeckungen und Eroberungen werden sollten (Gründung von Santo Domingo auf Hispaniola als erste spanischsprechende Stadt in der Neuen Welt 1496 auf seiner zweiten Reise). Auf der dritten Reise erreichte Kolumbus 1498 erstmals das südamerikanische Festland nahe der Orinocomündung; auf seiner vierten und letzten Fahrt (1502—1504) entdeckte er die Ostküste Mittelamerikas. 1506 starb Kolumbus in Valladolid und war überzeugt, Indien („Las Indias") auf der Westroute entdeckt zu haben.

Im Staatsvertrag von Tordesillas (1494) grenzten Spanien und Portugal ihre Interessensphären hinsichtlich ihrer kolonialen Expansion jenseits des Atlantiks durch Modifizierung früherer päpstlicher Entscheidungen ab. Der festgelegte Demarkationslängengrad bildete die Grundlage für die Entstehung

9. Das Spanische in Amerika

des Kolonialreiches der Spanier und des der Portugiesen (Brasilien, entdeckt im Jahre 1500) in Amerika. Die Herausbildung des spanischen Imperiums in Amerika war die Voraussetzung dafür, daß Hispanoamerika spanischsprachig werden konnte; es macht den Hauptteil der „Romania nova" aus.

Der Name Amerika wurde von dem deutschen Kartographen Martin Waldseemüller 1507 in Anlehnung an den Vornamen des florentinischen Entdeckers und Seefahrers Amerigo Vespucci geprägt und verbreitet.

Die Geschichte der Entdeckung und Eroberung Hispanoamerikas kann man in folgende Etappen einteilen:

1. Etappe: 1492—1519. Der Schwerpunkt dieser Phase liegt im Bereich der Antillen: Besitznahme von Hispaniola, Puerto Rico, Jamaika, Kuba. Von hier aus erfolgten Erkundungsfahrten an die Küste von Venezuela, nach Mittelamerika — von Panama aus 1513 Entdeckung des Pazifiks durch Núñez de Balboa —, sogar bis nach Nordamerika (z. B. Florida) und im Süden bis zum Río-de-la-Plata-Gebiet. Expeditionen nach Yucatán (erste Kontakte mit der Mayakultur) und Panama.

2. Etappe: 1519—1531. Das Hauptereignis dieser Epoche ist die Eroberung (von Kuba aus) des von Moctezuma beherrschten Aztekenreiches durch die Spanier unter der Führung des Konquistadoren Hernán Cortés zwischen 1519 und 1521. 1521 wurde die Hauptstadt Tenochtitlán zerstört und an der gleichen Stelle Mexiko(-Stadt) gegründet. Cortés wurde zum Gouverneur von „Nueva España" ernannt. 1527 wurde dort die erste Audiencia (Gerichts- und Verwaltungsbehörde), 1535 das erste Vizekönigreich eingerichtet. An die Unterwerfung des Aztekenreiches, bei der die Spanier erstmals mit einer indianischen Hochkultur Altamerikas in enge Berührung kamen, was sich auch sprachlich in der Übernahme von Lehnwörtern (span. *indigenismos*) auswirkte, schloß sich die Entdeckung und Eroberung Guatemalas (unter Pedro de Alvarado) und weiterer Gebiete Mittelamerikas an.

3. Etappe: 1531—1556. In diese Phase fällt die Eroberung der Andenhochländer, insbesondere des ausgedehnten Inkareiches — einer anderen altamerikanischen Hochkultur — durch die Spanier unter der Führung des Konquistadoren Francisco Pizarro, der 1531 von Panama aus nach Süden aufbrach, 1532 in Cajamarca den Inka Atahualpa überraschend gefangennehmen konnte und ihn, obwohl er gewaltige Mengen an Gold als Lösegeld beibrachte, dann doch umbringen ließ. 1533 zogen die Spanier in die heilige Stadt Cuzco ein; 1535 wurde Lima als Hauptstadt von „Nueva Castilla" gegründet. Von Peru — Peru wurde 1542 Vizekönigreich — ausgehend eroberten die Spanier unter Belalcázar einen weiteren Teil des Inkareiches, das heutige Ecuador mit seiner

Hauptstadt Quito, und drangen von dort weiter vor in das Reich der Chibchas, in das heutige Kolumbien, wohin von Norden her bereits Jiménez de Quesada mit seinen Eroberern eingedrungen war. 1538 wurde Santa Fe de Bogotá in Nueva Granada gegründet. Diego de Almagro, ein Partner Pizarros, unternahm Züge in das heutige Bolivien, nach Nordwestargentinien und bis ins nördliche Chile. Mit Pedro de Valdivia begann die zweite Phase der Eroberung des heutigen Chile — Gründung von Santiago im Jahre 1541 — insbesondere gegen den erbitterten Widerstand der Araukaner (vgl. Ercillas Epos „La Araucana", 1569—1589), der bis in das 19. Jh. fortdauerte. Die von Spanien ausgegangene Expedition des Pedro de Mendoza in die Río-de-la-Plata-Region führte zu einer ersten Gründung von Buenos Aires (1536), das aber 1541 wieder aufgegeben werden mußte und dann 1580 neu gegründet wurde; 1537: Gründung von Asunción (im heutigen Paraguay). 1545: Entdeckung der Silberadern von Potosí.

Anders verlief die anfängliche Kolonisierung des heutigen Venezuela: Das Augsburger Handelshaus der Welser hatte 1528 von Kaiser Karl V. das Privileg zur Ausbeutung des Landes erhalten. Das Unternehmen scheiterte,1546 Rückzug der Welser aus Venezuela; Venezuela wird keine deutsche, sondern eine spanische Kolonie.

Bis zum Ende der Regierungszeit Kaiser Karls V. (1556) war das Unglaubliche geschehen: die Eroberung der damals eroberbaren Territorien Spanisch-Amerikas war weitgehend abgeschlossen; es begann nun die Phase der Organisation und der Ausbeutung der eroberten Länder.

Den Studierenden der Hispanistik wird empfohlen, sich mit Fragen, die hier nicht behandelt werden konnten, wie die der Kolonialverwaltung (Vizekönigreiche, „capitanías generales", „audiencias"), und der Rechtsverhältnisse, der Gesellschaftsstruktur und der Bevölkerungsvermischung („mestizaje"), der Kirche und der Missionsarbeit (damit zusammenhängend die Rolle der „lenguas generales"), der altamerikanischen Hochkulturen und ihres Einflusses, der Siedlungs- und Wirtschaftspolitik sowie der kulturellen Verhältnisse zumindest in ihren Grundzügen zu befassen, denn all diese Themen stellen auch Faktoren in der Sprachentwicklung dar. Es zeigt sich, daß Sprachgrenzen in Hispanoamerika im Normalfall nicht mit den modernen nationalstaatlichen Grenzen zusammenfallen, welche bestenfalls aus der Zeit der Unabhängigkeitskriege (ca. 1810—1826, z.T. bis 1898) datieren. Die Sprachgrenzen in Hispanoamerika sind im allgemeinen staatenübergreifend, da sie von Faktoren bedingt sind, die vor den Befreiungskriegen wirksam waren, Faktoren, die auf die Zeit der Eroberungen und auf die Kolonialepoche zurückgehen.

9. Das Spanische in Amerika

9.2. Zur Entstehung des amerikanischen Spanisch: Die Andalucismo-These

Auswahlbibliographie

Über den Gang der Diskussion — mit weiterführender Bibliographie — informieren umfassend bzw. im Überblick:

GARRIDO DOMÍNGUEZ, Antonio (1992), *Los orígenes del español de América*, Madrid.
FRAGO GRACIA, Juan Antonio (1999), *Historia del español de América. Textos y contextos*, Madrid.
SÁNCHEZ MÉNDEZ, Juan (2003), *Historia de la lengua española en América*, Valencia.
FONTANELLA DE WEINBERG, María Beatriz (^{2}1993), *El español de América*, Madrid, 32—54.
NOLL, Volker (2001), *Das amerikanische Spanisch*, Tübingen, 67—80.

Häufig wird dem „amerikanischen Spanisch" das „europäische Spanisch" gegenübergestellt. Diese Bezeichnungen sind jedoch irreführend, wenn man darunter Varietäten des Spanischen versteht, deren Besonderheiten jeweils exklusiv auf diese Kontinente beschränkt sein sollen. Fast alle Charakteristika des amerikanischen Spanischen (oder Hispanoamerikanischen) existieren auch im Spanischen Europas, nämlich im Südspanischen, insbesondere im Andalusischen, und auch im Spanischen der Kanarischen Inseln, nicht aber im Spanischen des Zentrums und Nordens der Pyrenäenhalbinsel. Daher empfiehlt es sich, — wenn es um die Hervorhebung der Unterschiede geht — anstatt von „europäischem" oder „peninsularem Spanisch" von „standardkastilischem Spanisch" zu sprechen. D. Catalán schlug die Bezeichnung „español atlántico" für Südspanisch, kanarisches Spanisch und Amerikanischspanisch vor.[22a]

Die sprachlichen Gemeinsamkeiten — insbesondere auf phonischem Gebiet, hauptsächlich im Konsonantismus, vgl. 9.3.1 — zwischen einem Andalusischsprecher und einem Sprecher des Amerikanischspanischen (besonders aus den Tieflandzonen) sind sehr auffällig; man hat sie schon zumindest seit Ende des 17. Jh. bemerkt. Sie wurden dann auch genetisch interpretiert in dem Sinne, daß man für die Besonderheiten des amerikanischen Spanisch andalusischen Ursprung annahm (Andalucismo-These). Diese eher impressionistisch begründete These entsprach in etwa der communis opinio, bis sie von P. Henríquez Ureña in einer Aufsatzfolge in der *RFE* ab 1921 angegriffen und als unhaltbar verworfen wurde, vgl.:

[22a] J. Lüdtke, der eine Geschichte des amerikanischen Spanisch vorbereitet, bevorzugt „überseeisches Spanisch".

IV. Etappen der spanischen Sprachgeschichte

> Ante tanta diversidad fracasa una de las generalizaciones más frecuentes: el *andalucismo* de América; tal andalucismo, donde existe — es sobre todo en las tierras bajas —, puede estimarse como desarrollo paralelo y no necesariamente como influencia del Sur de España.[23]

Der Antiandalucismo-These von Henríquez Ureña, nach der die Übereinstimmung sprachlicher Fakten in Andalusien und in Hispanoamerika als parallele, aber voneinander unabhängige Entwicklungen interpretiert wurde, schloß sich auch ein so bekannter Hispanist wie Amado Alonso an.

Die von Guitarte[24] in einem wissenschaftsgeschichtlich sehr interessanten Aufsatz entwickelte Interpretation der Position Henríquez Ureñas als angeblich ideologisch begründet wurde inzwischen als Überspitzung erkannt (siehe NOLL 2005, unten S. 178 unter „Aufgabe"). Der sogenannte „Antiandalucismo" ist vielmehr als komplementäre Erklärung der unterschiedlichen Herausbildung bestimmter lautlicher Merkmale des amerikanischen Spanisch (siehe S. 179—181) im südlichen Südamerika (z. B. in Argentinien) und im zirkumkaribischen Raum zu sehen.

Ab Mitte der 50er Jahre begann eine neue Phase in der wissenschaftlichen Diskussion um die Andalucismo- bzw. Antiandalucismo-These. Auf zwei verschiedenen Wegen der Forschung wurde die Antiandalucismo-These aus ihren Angeln gehoben, wobei sie mit ihren eigenen Kriterien konfrontiert wurde. Vor allem Lapesa, aber auch Catalán gelang es, auf sprachwissenschaftlich-sprachgeschichtlichem Gebiet durch Funde älterer Dokumentation die Ergebnisse der Forschungen von A. Alonso zu korrigieren und zu zeigen, daß die meisten der Südspanien und Hispanoamerika gemeinsamen konsonantischen Fakten auf der Pyrenäenhalbinsel früher nachweisbar sind als in Amerika — A. Alonso war aufgrund seiner begrenzteren Materialbasis gerade zu einem umgekehrten Ergebnis gelangt. Im Sinne einer solchen Neufundierung der Andalucismo-These wirkten auch die an einem gegenüber Henríquez Ureña dreifach so umfangreichen Material durchgeführten Untersuchungen von P. Boyd-Bowman[25] zur regionalen Herkunft der ersten Siedler in Hispanoamerika. Anders als Henríquez Ureña fand Boyd-Bowman heraus, daß die Andalusier das Hauptkontingent der 'Kolonisten' in der frühen und wichtigen Phase der Eroberung der Antillen stellten (60 % zwi-

---

[23] HENRÍQUEZ UREÑA, Pedro (1921), „Observaciones sobre el español en América", *RFE* 8: 357—390, 358—359.

[24] GUITARTE, Guillermo L. (1959), „Cuervo, Henríquez Ureña y la polémica sobre el andalucismo de América", *Thesaurus* 14: 20—81.

[25] BOYD-BOWMAN, Peter (1964), *Índice geobiográfico de cuarenta mil pobladores españoles de América en el siglo XVI*, Tomo I: 1493—1519, Bogotá.

9. Das Spanische in Amerika

schen 1493 und 1508, 37 % zwischen 1509 und 1519). Von großem Gewicht ist auch die Tatsache, daß ⅔ der zwischen 1509 und 1519 nach Amerika ausgewanderten Frauen andalusischer Herkunft waren. Der Autor hebt zudem besonders die bedeutsame Rolle und das Prestige von Sevilla für die frühe Phase der Eroberung und Kolonisierung Amerikas hervor, auch im Hinblick auf die Übernahme seiner sprachlichen Normen durch Nichtandalusier während der Zeit ihres Wartens auf die Überfahrt nach Amerika oder während der Überfahrt selbst. Auch andere Hispanisten wie Menéndez Pidal („Sevilla frente a Madrid") und Catalán haben die Wichtigkeit von Sevilla für die Herausbildung des amerikanischen Spanisch unterstrichen; Catalán gebraucht sogar zuweilen den Terminus „sevillanismo" anstelle von „andalucismo". Er verweist außerdem auf die sprachlichen Verhältnisse im Spanischen der Kanarischen Inseln als zusätzliche Stütze für die neue Andalucismo-These.

So wird heute in der Hispanistik die neu begründete Andalucismo-These weitestgehend akzeptiert, vgl. dazu:

> De todo lo expuesto se deduce que hoy no cabe ya duda posible respecto al origen andaluz de algunos de los rasgos más peculiares de la pronunciación americana: el más general, el seseo; muy probablemente, el yeísmo; seguros, aunque no generales en América, la confusión de *r* y *l* finales, la aspiración de la -*s* final y la sustitución de *j* por *h* aspirada. Todos, salvo el seseo, propios en España no sólo de Andalucía, sino de otras regiones meridionales, sobre todo Extremadura.[26]

Es wird aber auch anerkannt, daß das Amerikanischspanische nicht nur eine Varietät des Andalusischen ist. So gibt es Fakten im Hispanoamerikanischen, die sich nicht auf das Andalusische zurückführen lassen: Denken wir nur an die Indigenismen im Wortschatz oder im phonischen Bereich an die Assibilierung der Phoneme /r̄/, /r/ im Auslaut sowie im Nexus [tr], die von Mexiko diskontinuierlich bis Argentinien und Chile verbreitet ist und die in Spanien dagegen nur im Norden (Rioja, Navarra, Vascongadas) zu finden ist.

Gleichsam als eine Reverenz an die Altmeister P. Henríquez Ureña und A. Alonso, deren Antiandalucismo-These er maßgeblich entkräften half, beschließt Lapesa seine o. a. Betrachtungen wie folgt:

> La tesis del andalucismo de ciertos rasgos no merma la fuerte personalidad del habla hispanoamericana.

---

[26] LAPESA, Rafael (1964), „El andaluz y el español de América", in: *Presente y futuro de la lengua española*, II, Madrid: 182.

IV. Etappen der spanischen Sprachgeschichte

Aufgabe
Lesen Sie zum aktuellen Stand der Diskussion:
NOLL, Volker (2005), „Bemerkungen zum 'Antiandalucismo': Henríquez Ureña, Guitarte und die Gegenwart", in: NOLL, Volker/SYMEONIDIS, Haralambos (Hrsg.), *Sprache in Iberoamerika. Festschrift für Wolf Dietrich zum 65. Geburtstag*, Hamburg, 65—84.

9.3. Grundzüge des amerikanischen Spanisch
Auswahl aus der sehr reichhaltigen älteren und neueren Literatur

ALEZA IZQUIERDO, Milagros/ENGUITA UTRILLO, José María (2002), *El español de América: aproximación sincrónica*, Valencia.
ALVAR, Manuel (Hrsg.) (1996), *Manual de dialectología hispánica. El español de América*, Barcelona.
FONTANELLA DE WEINBERG, María Beatriz (^{2}1993), *El español de América*, Madrid.
FRAGO GRACIA, Juan Antonio/FRANCO FIGUEROA, Mariano (^{2}2003), *El español de América*, Cádiz.
GARCÍA MOUTON, Pilar (2003), *El español de América*, Madrid.
KUBARTH, Hugo (1987), *Das lateinamerikanische Spanisch. Ein Panorama*, München.
LIPSKI, John M. (^{3}2004), *El español de América*, Madrid.
LOPE BLANCH, Juan Manuel (2001), *Español de América y español de México*, México.
MORENO DE ALBA, José G. (1988), *El español en América*, México.
NOLL, Volker (2001), *Das amerikanische Spanisch*, Tübingen.
PÁEZ URDANETA, Iraset (1981), *Historia y geografía hispanoamericana del voseo*, Caracas.
RIVAROLA, José Luis (2001), *El español de América en su historia*, Valladolid.
SEBEOK, Thomas A. (Hrsg.) (1968), *Current Trends in Linguistics*, vol. IV: *Ibero-American and Caribbean Linguistics*, The Hague.
ZAMORA MUNNÉ, Juan C./GUITART, Jorge M. (^{1}1982, ^{2}1988), *Dialectologia hispanoamericana. Teoría — descripción — historia*, Salamanca.

Das amerikanische Spanisch ist historisch gesehen ein Kolonialdialekt des Spanischen bzw. Kastilischen, vergleichbar mit dem Andalusischen in seinem Verhältnis als Reconquistadialekt zum Kastilischen.

Es ist selbstverständlich, daß das Amerikanischspanische zwischen New Mexico und Feuerland keine völlig homogene Sprache ist, „pero, aunque no exista uniformidad lingüística en Hispanoamérica, la impresión de comunidad general no está injustificada: sus variedades son menos discordantes entre sí que los dialectalismos peninsulares, y poseen menor arraigo histórico." (LAPESA ^{9}1981: 535)

Die Einteilung Hispanoamerikas in Dialektzonen ist ein schwieriges Unternehmen, das noch nicht zu allseits akzeptierten Ergebnissen geführt hat (vgl. im Überblick und mit dem Versuch einer neuen Lösung: ZAMORA MUNNÉ/

9. Das Spanische in Amerika

GUITART (1982: Kap. VI)). Für unsere Zwecke mag ein Zurückgreifen auf die nur scheinbar geographisch begründete Einteilung der Sprachräume in „tierras bajas" und „tierras altas" — die auf P. Henríquez Ureña zurückgeht — ausreichen. Die „tierras bajas" umfassen die Küstenregionen und Ebenen (llanos) Hispanoamerikas, die durch ihre besseren Verkehrsbedingungen für sprachliche Neuerungen zugänglicher sind als die „tierras altas", die den Gebirgsregionen und Hochländern entsprechen (Es existieren auch andere Begründungen).

9.3.1. Phonischer Bereich

Folgende Generalregel für das 'Verhalten' der phonischen Fakten in den beiden o. a. Typen von Sprachräumen mag an den Anfang gestellt werden:

Tierras bajas: Labiler Konsonantismus, stabiler Vokalismus;
Tierras altas: Stabiler Konsonantismus, labiler Vokalismus.

Da wir uns in unserer Darstellung beschränken müssen, gehen wir nicht näher auf den Vokalismus ein, der insgesamt weniger Abweichungen vom kastilischen Standard aufweist als der Konsonantismus und daher auch weniger Kommentar erfordert. Wir können hier nur auf die Elision von unbetonten Vokalen im Hochland von Mexiko und in den Andenregionen z. B. von Ecuador und Bolivien verweisen, etwa *bloqu(e)s para apunt(e)s, of(i)cina, accident(e)s, Pot(o)sí*, und auf eine im Hochland von Peru und Ecuador festgestellte, durch Interferenz mit dem Quechua-Vokalsystem bewirkte Reduktion der fünf spanischen Vokalphoneme auf drei: /a/, /i/, /u/.

Konsonantismus

Im folgenden führen wir eine Auswahl der wichtigsten konsonantischen Fakten an, die das amerikanische Spanisch (und das Andalusische) kennzeichnen.

1) Das einzige phonische Charakteristikum, das dem Hispanoamerikanischen sowohl der tierras altas als auch der tierras bajas eigen ist und es vom kastilischen Spanisch unterscheidet, ist der Seseo. Unter „seseo" versteht man rein deskriptiv den Zusammenfall der kastilischen Phoneme /s/ und /θ/ in /s/, also /ś/ /θ/ > /s/, d. h. das Phonem /θ/ existiert im phonologischen Inventar des amerikanischen Spanisch nicht. Lexeme wie *casa* und *caza, coser* und *cocer* sind in Amerika homophon, d. h. sie werden identisch ausgesprochen (Diese Fälle von „homonymie gênante" werden durch ein Ausweichen auf *cocer* → *cocinar* oder *coser* → *costurar; caza* → *cacería* 'saniert'). Vereinzelt ist in der Gruppe der ungebildeten älteren Männer in Amerika Ceceo (nur /θ/, statt /s/) zu beobachten, ein eher soziokulturelles als diatopisch zu beschreibendes Phänomen. Die Opposition /s/ — /θ/ des europäischen Spanisch ist überall unbekannt.

2) Das zweite phonische Faktum, das zwar kein generelles ist, das aber weite Teile Hispanoamerikas gegenüber dem Normkastilischen charakterisiert, ist der Yeísmo. Unter „yeísmo" versteht man den Zusammenfall der Phoneme /ʎ/ und /j/ in /j/, also /ʎ/j/ > /j/, d. h. das Phonem /ʎ/ existiert im phonologischen Inventar dieser Varietäten des amerikanischen Spanisch nicht (Der Yeísmo ist inzwischen auch in weiten Teilen Spaniens verbreitet, vgl. Kap. IV.10.1.). In Yeísmogebieten unterscheiden sich beispielsweise *pollo* und *poyo*, *halla* und *haya*, *calló* und *cayó* in der Aussprache nicht. Da die Sprachräume, in denen die Opposition /ʎ/ — /j/ aufrechterhalten wird, weitaus begrenzter sind als die Yeísmozonen, führen wir der Einfachheit halber nur diese — in großen Zügen — auf. Yeísmo herrscht in Amerika überall mit Ausnahme der Ostkordillere der kolumbianischen Anden, des ecuadorianischen Hochlandes, Perus (dagegen Yeísmo in Lima und Küstenstreifen), Boliviens und Paraguays. Dabei muß noch angeführt werden, daß der Yeísmo in Hispanoamerika — wie auch in Spanien — mehr und mehr an Boden gewinnt. Eine phonetische Sonderform der phonologisch relevanten Erscheinung Yeísmo stellt der „žeísmo" dar, so wie er vor allem im Großteil von Argentinien und Uruguay existiert; dort werden z. B. *calló* und *cayó* als [ka'ʒo] ausgesprochen. Es gibt in diesen Regionen inzwischen auch eine Tendenz, den stimmhaften „žeísmo" unter bestimmten Voraussetzungen (z.B. je nach Geschlecht und Alter der Sprecher) durch den stimmlosen „šeísmo" zu ersetzen, vgl. z. B. [ka'ʒo] → [ka'ʃo].

Das Gesamtbild ist jedoch noch komplexer, denn man kennt auch Gebiete in Amerika, in denen die Opposition /ʎ/ — /j/ erhalten bleibt, diese aber phonetisch 1° als [ʒ] — [j] realisiert wird, so in der argentinischen Provinz Santiago del Estero; 2° als [ʎ] — [dj] realisiert wird, so in Paraguay.

3) Eine weitere phonische Besonderheit, die nur die tierras bajas Hispanoamerikas kennzeichnet, ist die Aspirierung bzw. das Verstummen von [s] in implosiver Stellung (d. h. im absoluten Auslaut oder im Silbenauslaut) — betrifft also nicht das Phonemeinventar, sondern die Phonemdistribution; vgl. z.B. *espalda* [ɛh'palda], [ɛʰ'palda], [ɛ'palda]; *lobos* ['loβoh], ['loβoʰ], ['loβo] oder ['lɔβɔ]. Da das auslautende *-s* die wichtige Aufgabe der Markierung grammatischer Kategorien (Numerusendung am Nomen, z. B. *casa/casas*; Personenendung am Verb, z. B. *cantas/canta*) im Spanischen erfüllt, kann es nicht ohne Beeinträchtigung der Kommunikationsfunktion der Sprache einfach verschwinden. Sein Verstummen kann eine Öffnung des Auslautvokals (mit Fernassimilationswirkung auf die übrigen Vokale des Wortes) verursachen, so daß die Funktionsmarkierung von einer konsonantischen (-ø/-s) zu einer vokalischen (z. B. o/ɔ) übergeht — was ein Novum in der Westromania

9. Das Spanische in Amerika

darstellt (vgl. I.4.2.1.2.). Anzumerken bleibt, daß die phonetische Realisierung von /s/ im größten Teil Hispanoamerikas eine dorsoal-veolare (wie weitgehend in Andalusien) ist, während sie im Kastilischen apikoalveolar erfolgt (so aber auch im kolumbianischen Departamento Antioquia).

4) Auch die Neutralisierung von /r/ und /l/ in implosiver Stellung ist eine phonische Eigenart vorwiegend der tierras bajas; sie betrifft nur die Phonemdistribution. Mögliche Resultate der Neutralisierung können /L/ (z. B. /'toLpe/ statt /'toRpe/, /peL'deL/ statt /peR'deR/ oder /R/ (z. B. /koR'miʎo/ statt /koL'miʎo/, /pa'peR/ statt /pa'peL/ sein.

5) Dem kastilischen Velarfrikativ /x/ entspricht insbesondere im karibischen Raum die Realisierung [h], z. B. in ['hefe] <jefe>.

N. B.: [h] kann in Hispanoamerika erscheinen als Allophon von /x/ (s. oben), von /s/ (s. oben), von /r/: z. B. ['pɛhla] (perla), von /f/: z. B. ['hwɛrte] (fuerte) und als konservativ-archaische Realisierung der Lautentwicklung lat. [f]- > altspan. [h]-: z. B. ['hečo] <hecho>.

6) Über weitere konsonantische Fakten, wie z. B. die velare Realisierung von auslautendem -/n/ als [ŋ], die Assibilierung von /r̄/ und von /r/ im Auslaut sowie im Nexus [tr], informiert die o. a. Literatur.

9.3.2. Grammatisch-morphologischer Bereich

Unter den zahlreichen Erscheinungen können nur einige genannt werden. Zu unterscheiden ist allgemein zwischen Erscheinungen, die diaphasisch-diastratisch als populär bzw. vulgär stark markiert sind, und solchen, die, wie die im folgenden behandelten, in den Gebieten ihres Vorkommens auch in der gepflegten Umgangssprache nicht anstößig, sondern normal sind. Freilich schwanken die Kriterien der sprachlichen Korrektheit sehr stark.

1) Wie im Westandalusischen und Kanarischen fehlt generell die 2. P. Pl. beim Personalpronomen und im Verbalparadigma. Als Anredepronomen fungiert nur die Höflichkeitsform *ustedes* mit der 3. P. Pl. des Verbs. Mit *vosotros* ist auch *vuestro* und *os* aufgegeben worden. Auch in der 2. P. Sg. stellt man in den Zonen, die fern von den „Virreinatos" der Kolonialzeit lagen, eine Besonderheit fest, nämlich den sogenannten „voseo", d. h. den Gebrauch von *vos* statt *tú*. Im La-Plata-Raum, Paraguay und Mittelamerika ist altes *vos* statt *tú* für die intime Anrede, wie es in Spanien um 1500 üblich war, beibehalten worden. Die entsprechende Verbform ist aus der alten Form der 2. P. Pl. ohne Diphthong entwickelt worden (vgl. III.2.5.). Als Beispiel der argentinische Typ im Präsens: *vos andás/tenés/salís, vos sos* 'tú eres'. Genaueres bei Páez Urda-

neta (1981); siehe jetzt auch SONNTAG, Eric (2005), „Zur historischen Rekonstruktion des *voseo*", in: NOLL, Volker/SYMEONIDIS, Haralambos (Hrsg.), *Sprache in Iberoamerika*, Hamburg: 27—47.

2) Im Gebrauch der Tempora ist die Bevorzugung des gegenwartsbezogenen, zusammengesetzten statt des einfachen, vom Jetzt des Sprechers getrennten Futurs weit verbreitet (*va a venir, van a decir* statt *vendrá, dirán*). Umgekehrt ist der „pretérito compuesto" ('Vergangenheitsbezug aus der Gegenwart des Sprechers heraus') in der Umgangssprache weiter Gebiete unpopulär, so daß der „pretérito indefinido" ('Vergangenheitsbezug außerhalb des Jetzt des Sprechers') in einer in Spanien ungewöhnlichen Weise gebraucht wird (*¿Cómo dormiste esta noche?*). Die *-ra*-Form wird noch wie im Altspanischen indikativisch als inaktuelles Präteritum (neben der Verwendung als Konjunktiv) gebraucht (*Perdí la carta que me escribiera su madre* 'ich habe den Brief verloren, den mir seine Mutter schrieb').[27]

3) Im Unterschied zum Gebrauch im Mutterland ist man in Amerika sehr frei in der Bildung von geschlechtsbezogenen Personenbezeichnungen. Dabei drückt auch abweichend von der Etymologie *-a* immer das weibliche, *-o* das männliche Geschlecht aus. So findet man *jefa, huéspeda, comedianta, presidenta* ebenso wie *pianisto, bromisto*.

4) Das Diminutivsuffix *-ito/-a* wird bei Adverbien und dem Totalitätspronomen *todo* in der Funktion eines Elativs gebraucht (*ahorita* 'genau jetzt', *perdió todito* 'er hat aber auch alles verloren'). Ähnlich wirkt das Augmentativsuffix *-azo* in *estaba enfermaza* 'sie war sehr krank'.

9.3.3. Lexikalischer Bereich

Im lexikalischen Bereich wollen wir nur kurz auf den in mancher Hinsicht archaistischen Charakter des hispanoamerikanischen Wortschatzes hinweisen. Viele Wörter haben die Bedeutung bewahrt, die sie in Spanien bis zum Siglo de Oro hatten, wie z. B. *lindo* 'bonito, hermoso', *liviano* 'ligero (de peso)', *recordar* 'despertar', *vidriera* 'escaparate', *sabe venir los martes* 'suele venir los martes' usw. Beispiel für eine Bedeutungsveränderung ist *quebrada*, das den Platz von span. *arroyo* (Form und Bedeutung) einnimmt. Auffällig sind die aus der Zeit der Eroberung stammenden Metaphern aus dem Seefah-

---

[27] Vgl. zum Tempus- und Aspektsystem des Spanischen COSERIU, Eugenio (1976), *Das romanische Verbalsystem*, Tübingen; DIETRICH, Wolf (1983), *El aspecto verbal perifrástico en las lenguas románicas*, Madrid; idem (1981), „Zur Funktion der spanischen Verbform auf *-ra*" *RJb* 32: 247—259.

rerbereich. So sagt man in Amerika *embarcarse en el tren* statt *subir al tren*, z. T. *playa* für 'aparcamiento de automóviles'. Nicht verwunderlich sind geographisch bedingte Umdeutungen wie *invierno* 'tiempo lluvioso', *verano* 'tiempo despejado', was je nach Gegend verschiedenen europäischen Jahreszeiten entsprechen kann. Z. T. sind in Spanien harmlose Wörter wegen obszöner Implikationen tabuisiert: So wird *coger* in der Bedeutung 'greifen, packen' in Argentinien, Mexiko, Venezuela und Kuba durch *agarrar* o. ä. ersetzt, *acabar* in Argentinien durch *terminar*. Da *beber* in Argentinien mit Betrunkenheit assoziiert wird, sagt man für 'trinken' *tomar*.

Von den zahlreichen Amerikanismenwörterbüchern seien hier einige neuere aufgeführt. Auch bei diesen besteht allgemein das Problem der Abgrenzung des Begriffs „Amerikanismus" und der Beschreibung solcher Wörter bezüglich der regionalen Verbreitung, der jeweiligen Bedeutungsnuancierung in den verschiedenen Gegenden, der Übereinstimmung mit Regionalvarianten in Spanien usw. Das Pionierwerk des 20. Jahrhunderts war das von Augusto Malaret, *Diccionario de americanismos*, Mayagüez (Puerto Rico) 1925, (³1946 Buenos Aires). In Bearbeitung ist jetzt ein großer *Nuevo diccionario de americanismos* unter der Leitung von Reinhold Werner, der z. T. nach Ländern gegliedert sein wird. Wichtige amerikanistische Wörterbücher sind:

HAENSCH, Günther/WERNER, Reinhold (1993, ed.), *Nuevo diccionario de americanismos*, Santafé de Bogotá. Tomo I: *Nuevo diccionario de colombianismos*; tomo II: CHUCHUY, Claudio/HLAVACKA DE BOUZO, Laura, *Nuevo diccionario de argentinismos*; tomo III: KÜHL DE MONES, Úrsula, *Nuevo diccionario de uruguayismos*.

CÁRDENAS MOLINA, Gisela/TRISTÁ PÉREZ, Antonia María/WERNER, Reinhold (2000), *Diccionario del español de Cuba. Español de Cuba – español de España*, Madrid.

CHUCHUY, Claudio (2000), *Diccionario del español de Argentina. Español de Argentina – español de España*, Madrid. Ein Band zu Bolivien ist in Vorbereitung.

MORÍNIGO, Marcos A. (1998), *Nuevo diccionario de americanismos e indigenismos*, actualizado por M. A. Morínigo Vázquez-Prego, Buenos Aires.

9.4. Das indianische Adstrat des Spanischen in Amerika

Literaturhinweise

BUESA OLIVER, Tomás/ENGUITA UTRILLA, José María (1992), *Léxico del español de América. Su elemento patrimonial e indígena*, Madrid.

FABRE, Alain (1998), *Manual de las lenguas indígenas sudamericanas*, I–II, München.

LENZ, Rudolf (1905/10), *Diccionario etimológico de las voces chilenas derivadas de lenguas indígenas americanas*, 2 Bde., Santiago de Chile.

Vgl. dazu jetzt auch DIETRICH, Wolf (2005), „Substrat, Superstrat, Adstrat, Interstrat. Zum Sprachwandel durch Sprachkontakt in der Neuen Romania", in: STEHL, Thomas (Hrsg.), *Unsichtbare Hand und Sprecherwahl, Typologie und Prozesse des Sprachwandels in der Romania*, Tübingen: 123—152.

9.4.1. Das Spanische ist in Amerika vielfältigen Einflüssen durch die einheimischen indianischen Sprachen ausgesetzt gewesen und ist es z. T. noch heute. Die Einflüsse betreffen unbestritten vor allem den Wortschatz des Hispanoamerikanischen, wobei allgemein verbreitete und auch in das europäische Spanisch eingegangene Wörter zu unterscheiden sind von den viel zahlreicheren, welche nur regional verbreitet sind. Substrateinflüsse von Indianersprachen auf die regionale Phonetik des Spanischen sind trotz aller vorgebrachten Hypothesen kaum schlüssig nachzuweisen (vgl. vor allem die von Rudolf Lenz für das chilenische Spanisch vorgebrachte These, die ernsteren Nachforschungen nicht standgehalten hat). Ebensowenig sind sichere Einflüsse auf Grammatik und Syntax festzustellen. Etwas anders stellt sich die Lage jedoch in zweisprachigen Gebieten dar, in denen das Spanische von der einheimischen Bevölkerung neben ihrer Muttersprache gesprochen wird, also etwa von den Nahua in Zentralmexiko, von den Maya in Yucatán, von den Quechua- und Aimara-Sprechern im Andengebiet, von den Guaraní-Mestizen in Paraguay. Hier sind durchaus Adstrateinflüsse auf die spanische Phonetik und Phonologie sowie auf die Morphologie und Syntax zu beobachten. Im Wortschatz indianischer Herkunft sind naturgemäß vor allem Bezeichnungen der einheimischen Fauna, Flora und Landschaftsformen anzutreffen.

Bei den Indianersprachen, die Einflüsse haben ausüben können, muß man vor allem an die großen, weit verbreiteten Sprachen des Hochlandes und damit der alten Hochkulturen denken, also Quechua im zentralen und nördlichen Andenraum und Nahua (oder, mit nachgestelltem Artikel, Náhuatl, also 'das Nahua'), die Sprache der Azteken und ihrer Nachkommen; außerdem an Sprachen, mit denen die Conquistadores zunächst in Berührung kamen, wie dem früh ausgestorbenen karibischen Taíno, oder dem paraguayischen Guaraní, das der Jesuitenmission seit dem 16. Jh. als Verkehrssprache auch mit anderen Indiostämmen im La-Plata-Gebiet und in Südbrasilien diente (dort in Konkurrenz mit dem ebenfalls als „língua geral" gebrauchten nahe verwandten Tupí). In Chile hat das Mapuche (der zentrale Zweig des Araukanischen) eine gewisse Bedeutung, wenngleich nicht in dem umfassenden Sinne eines das chilenische Spanisch konstituierenden Substrats, das Rudolf Lenz (LENZ 1905/1910) in ihm sehen wollte.

Die Berührung zwischen Eingeborenensprache und Spanisch geschah häufig nicht direkt, sondern durch zweisprachige Mestizen, die in den Häusern der

9. Das Spanische in Amerika

Weißen verkehrten. „Während Ehen zwischen Spaniern und Indio-Frauen selten blieben, waren Mestizinnen als Ehefrauen begehrt, da diese Verbindung die limpieza de sangre nicht beeinträchtigte" (BERSCHIN/FERNÁNDEZ-SEVILLA/FELIXBERGER 1987: 100). In anderer Hinsicht ist aber zwischen dem Spanischen der städtischen Zentren und demjenigen der „criollos" auf dem Lande zu unterscheiden. Die „criollos", also Nachkommen der Einwanderer, hatten und haben in abgelegenen Gegenden häufig ein kaum über den Indios stehendes Zivilisationsniveau und pflegten daher auch häufig besonders engen Kontakt mit den Eingeborenen und ihren Sprachen. Aus dem Blickwinkel der Städter ist jedoch dieser ländlich-vulgäre Sprachgebrauch immer kritisiert worden. Auffällig ist in der ganzen Kolonialgeschichte, daß sich eher die Weißen um die Kenntnis der Indianersprachen — wenn auch nur einiger und häufig in pidginisierter Form — bemüht haben als die Indios sich um das Spanische. Erst heute gibt es kaum noch einsprachige Indios.

9.4.2. Die großen amerindianischen Sprachfamilien, deren Hauptvertreter im Kontakt mit dem Spanischen überregionalen Einfluß gehabt haben und z. T. noch haben, sind in Zentralmexiko das **Nahua** (Nahuatl), auf der Halbinsel Yucatán das **Maya**, im Nordwesten Südamerikas die **Chibcha**familie, in Venezuela und den Guayanas die Familie des **Caribe**, im westlichen Amazonasraum von Venezuela bis Ostbolivien das **Arawak** (span. *arahuaco*), im gesamten Amazonasraum von Franz. Guayana bis Nordargentinien und Paraguay das **Tupí-Guaraní**, im Andenraum **Quechua** und (im nördlichen bolivianischen Altiplano) das **Aimara**, in Chile **Mapuche**. Indianersprachen finden sich häufig unter verschiedenen, jeweils von (meist verfeindeten) Nachbarn gegebenen Namen; die Eigenbezeichnung entspricht meistens 'Menschen' oder 'wir'. Allein in Südamerika zerfallen die Indianersprachen in mindestens 500 verschiedene Sprachen, von denen sich die meisten im zentralen und östlichen Tiefland befinden, bzw. befanden. Die kleinen und kleinsten Sprachen haben naturgemäß keinen Einfluß auf das Spanische haben können, da deren Sprecher Kontakt mit den Eroberern vermieden und von diesen auch nicht als Menschen mit eigener Kultur akzeptiert wurden.

9.4.3. Die Wörter der einzelnen Sprachen, die große Verbreitung erlangt haben und auch im peninsularen Spanisch bekannt sind, sind z. B. (nach DIETRICH, Wolf (1998), „Amerikanische Sprachen und Romanisch", *LRL*, Bd. VII, 428—499):

a) aus dem Taíno, einer ausgestorbenen Arawaksprache der Antillen:
canoa 'Kanu', *cacique* 'Kazike, Häuptling', *maíz* 'Mais', *batata* 'Süßkartoffel', *hamaca* 'Hängematte' (im Dt. volksetymologisch umgedeutet < ndl. *hangmat* < *hangmak* < frz. *hamac* < span. *hamaca*), *huracán* 'Hurrikan, Orkan' (vom

IV. Etappen der spanischen Sprachgeschichte

Quiché aus Yucatán ins Taíno entlehnt), *sabana* 'Savanne', *tabaco* 'Tabak', *yuca* 'Yucca';

b) aus karibischen Sprachen stammen:
caimán 'Kaiman (Krokodilart)', *caníbal* 'Kannibale', *loro* 'Papagei(enart), Sprechpapagei', *piragua* 'Piroge, Einbaum', *butaca* 'Lehnstuhl';

c) aus dem Aztekischen (Náhuatl):
aguacate 'Avocado(frucht, -baum)', *cacahuete* 'Erdnuß', *cacao* 'Kakao', *coyote* 'Coyote', *chicle* 'Kaugummi', *chocolate* 'Schokolade', *nopal* 'Opuntie(art)', *petaca* 'Zigarettenetui', *jícara* '(kleine) Schokoladenschale, Kaffee-, Teetasse', *tiza* 'Kreide (zum Schreiben, Markieren usw.)', *tomate* 'Tomate';

d) aus dem Quechua:
alpaca 'Alpaka (domestizierte Form des Vicuña', *cóndor* 'Kondor', *guano* 'Guano, (Vogel-)Dung', *llama* 'Lama', *mate* 'Matetee', *papa* 'Kartoffel' (europäisch-span. *patata* 'Kartoffel' ist dagegen eine Kontamination aus *batata* und *papa*), *pampa* 'Grasebene' (erscheint auch als *-bamba* in zusammengesetzten Ortsnamen, z. B. Riobamba), *vicuña* 'Vicuna (Lamaart)';

e) aus dem Guaraní sind nur wenige Wörter direkt in das Spanische entlehnt worden, z. B. *mandioca* 'Maniok', viele über das brasilianische Portugiesisch (*ananá* 'Ananas', *jaguar* 'Jaguar', *tapir* 'Tapir') oder über das Französische (*petunia* 'Petunie').

f) Eine Reihe von Wörtern ist nicht mit Sicherheit auf eine bestimmte Eingeborenensprache zurückzuführen. Hierzu gehören so bekannte Lexeme wie *gaucho* und *poncho* (< Mapuche?).

9.4.4. Andere in Hispanoamerika verbreitete Entlehnungen sind in Spanien nicht allgemein bekannt, so z. B. aus dem Guaraní *tucán* 'Tukan', *ñandú* 'Ñandú (Straußenart)', *yaguareté* 'Jaguar'; aus dem Quechua *chacra* 'Acker, Nutzgarten', *china* 'Indiofrau', *choclo* 'Maiskolben', *poroto* '(Schmink-)Bohne', *puma* 'Puma', *puna* 'öde Hochebene', *quena* 'Flöte(nart)', *yuyo* '(unnützes) Gras, Gestrüpp', *zapallo* 'Art eßbarer Kürbis'; aus dem Arawak *ají* '(am.) Pfeffer', *iguana* 'Leguan', *nigua* '(Art) Sandfloh', *tuna* 'Opuntie'; aus dem Nahua *guajolote* 'Pfau(enart)'; unsicherer Herkunft *mucama* 'Zimmer-, Dienstmädchen' (< Guaraní?).

10. Zum heutigen Spanisch

Werfen wir zum Abschluß des sprachgeschichtlichen Teils dieser Einführung noch einen Blick auf das kastilische Spanisch, so wie dieses sich uns heute darbietet, so befinden wir uns an dem Punkte, an dem die Diachronie in die aktuelle Synchronie einmündet. Eine Beschreibung der heutigen spanischen Sprache kann im Rahmen dieser Arbeit selbstverständlich nicht geleistet wer-

10. Zum heutigen Spanisch

den. Was uns hier besonders interessieren soll, sind auffällige sprachliche Entwicklungen des Spanischen, die sich in der Gegenwart vollziehen, die wir beobachten können, da sie sich sozusagen vor unseren Ohren abspielen. Genauer gesagt: es handelt sich um Fälle von Sprachwandel, dessen „Innovationen" sich in der Phase der „Adoption" befinden (Terminologie von Coseriu). Wenn wir prognostizieren, daß sich bestimmte sprachliche Veränderungen über das aktuell feststellbare Maß hinaus weiter verbreiten und sich schließlich auf dem gesamten Territorium der 'historischen Sprache' und in allen soziokulturellen Strata verallgemeinern werden, so extrapolieren wir die Sprachwandelprozesse der jüngsten Vergangenheit über die Gegenwart hinaus in die Zukunft und betreiben somit Futurologie in der Sprachwissenschaft, welche aus theoretischen und methodologischen Gründen abzulehnen ist. Prinzipiell kann ein Sprachwandelprozeß auch wider Erwarten zum Stillstand kommen, ja sogar 'den Rückwärtsgang einlegen'.

Solche evolutiven Prozesse des heutigen Spanisch können wir auf phonischem, grammatischem und lexikalischem Gebiet konstatieren; nur eine Auswahl dieser neueren Entwicklungen kann im folgenden angesprochen werden.

Überblicksliteratur in Auswahl

LORENZO, Emilio (^{3}1980), *El español de hoy, lengua en ebullición*, Madrid.
LAPESA, Rafael (1977), „Tendencias y problemas actuales de la lengua española", in: LAPESA, Rafael (Hrsg.), *Comunicación y lenguaje*, Madrid: 203—229.
SECO, Manuel (1977), „El léxico de hoy", in: LAPESA, Rafael (Hrsg.), *Comunicación y lenguaje*, Madrid: 181—201.
STEWART, Miranda (1999), *The Spanish language today*, London/New York.

10.1. Phonischer Bereich

1) Die Expansion des Yeísmo

Im Normkastilischen existiert die Opposition /ʎ/ — /j/; so wird z.B. das Minimalpaar *se calló/se cayó* unterschiedlich ausgesprochen und somit auch semantisch verschieden interpretiert. In ausgedehnten Gebieten Spaniens funktioniert diese Opposition jedoch inzwischen nicht mehr, das Phonem /ʎ/ wurde aufgegeben, d.h. es herrscht dort Yeísmo, also /ʎ/ > /j/, wie weitgehend im Spanischen der Kanarischen Inseln und Amerikas (vgl. IV.9.3.1.). Der Yeísmo war zunächst ein Charakteristikum südspanischer — nicht nur andalusischer — Dialekte, breitete sich dann aber auf der Pyrenäenhalbinsel in Richtung Norden auf die spanische Verkehrssprache aus und dominiert inzwischen in der südlichen Hälfte des spanischen Sprachgebietes,

Madrid inbegriffen, und darüber hinaus. Der Yeísmo dringt bereits in Regionen Nordspaniens ein, die bis dahin als Bastionen der Unterscheidung zwischen den beiden Phonemen galten wie beispielsweise Altkastilien. Er breitet sich zunächst in den größeren Städten aus, in den Städten früher als auf dem Lande, und findet besonders bei den jüngeren Spanischsprechern Akzeptanz. Die Massenmedien und die Binnenwanderung fördern die Expansion des Yeísmo, von der gesagt wird, daß sie wachsende Tendenz aufweise.

2) Die Realisierung des Phonems /d/ im Morphem *-ado*

Das Spanische kennt eine ganze Skala von Aussprachevarianten für das Morphem *-ado*: -['aðo], -['a^ðo], -['ao], -['au̯]; diese Abstufung wird traditionell im Sinne eines abnehmenden Grades der Formalität des Sprechens oder der soziokulturellen Position oder als unterschiedliche regionale Einordnung betrachtet. Während in anderen phonischen Kontexten (immer intervokalisch) -/d/- nach der kastilischen Norm als -[ð]- realisiert wird, akzeptiert man gerade und nur beim Morphem *-ado* (z. B. in *cantado*, *abogado*) heute die sehr übliche 'gelockerte' (*relajado*) Aussprache von /d/ bis hin zu seinem Verstummen (also bis [kan'tao], [aβo'ɣao])[28]; die Aussprache -['au̯] gilt dagegen als südspanisch und nach kastilischem Standard als 'vulgär'. Sehr viel seltener verstummt der Dental in der phonischen Realisierung der Morpheme *-ada*, *-ido* und *-ida*, wobei ein solcher Schwund eben nicht der kastilischen Norm entspricht.

10.2. Grammatischer Bereich

1) Regelunsicherheiten bei der Pluralbildung bei Lehnsubstantiven

Die hier zu besprechende Erscheinung bildet einen passenden Übergang vom phonischen zum grammatischen Bereich. Die wachsende Aufnahme von Lehnwörtern, v. a. aus dem Angloamerikanischen, und ihre Adaptation im Spanischen stellen ein Problem dar, denn die lautliche Konstitution dieser Lehnwörter entspricht sehr häufig nicht den restriktiven spanischen Regeln der Phonemdistribution insbesondere am Wortende, wo nur wenige Einfachkonsonanten und überhaupt keine Konsonantennexus zugelassen sind. Diese Situation kompliziert sich noch bei der Pluralbildung, die bei diesen Wörtern meist einfach durch Anfügung von -[s] an die Singularform erfolgt und nur selten, wie die Pluralbildungsregel es eigentlich fordert, durch Anfügung von -[es], vgl. z. B. *jets, jeeps, slogans* (aber auch *esloganes*), *snobs, sandwichs,*

---

[28] Vgl. dazu auch: DÍAZ CASTAÑÓN, Carmen (1975), „Sobre la terminación *-ado* en el español de hoy", *RSEL*, 5: 111—120.

*tests, records, westerns.*²⁹ Nun kann die Konsonantenhäufung am Wortende im Schriftbild (graphischer oder skripturaler Code) leichter akzeptiert werden als in der phonischen Realisation (phonischer oder oraler Code), die durch die Distributionsregeln für die Phoneme unmittelbar bestimmt wird. Dies führt dazu, daß hinsichtlich der Pluralmarkierung zumindest bei den Lehnwörtern der skripturale Code und der phonische Code im Spanischen sich auseinanderentwickeln. Im phonischen Code werden die im Auslaut nicht zugelassenen Konsonanten abgeschwächt artikuliert oder häufig getilgt und Konsonantengruppen werden vereinfacht, während sie im skripturalen Code durch den Einfluß des Schriftbildes der Herkunftssprache üblicherweise toleriert werden; vgl. z. B. skriptural *chalet — chalets* (aus dem Französischen), aber auch in adaptierter Form *chalé — chalés*, phonisch nur [tʃa'le] — [tʃa'les]. Als weitere Möglichkeiten, diese Schwierigkeiten zu bewältigen, zeichnen sich ab: 1º die paradigmatische Invariabilität von Singular und Plural, wobei der Numerus syntagmatisch durch die Determinationselemente signalisiert wird, z. B. *el sprinter/los sprinter, un best-seller/los best-seller,* 2º ein Wandel in den Distributionsregeln, wonach bestimmte Konsonantengruppen am Wortende zugelassen werden, auch in der phonischen Realisierung, z. B. *cóctels* ['kɔktɛls]. Somit können wir erhebliche Schwankungen in der Pluralbildung bei Lehnwörtern im heutigen Spanisch feststellen.

2) 'Tendenzen' im Verbalsystem

a) Veränderungen bei den Verbformen zum Ausdruck des Zukünftigen
Obwohl es keine großangelegten Untersuchungen zur Konkurrenz zwischen dem periphrastischen Futur (Typ: *voy a trabajar*) und dem synthetischen Futur (Typ: *trabajaré*) im Spanischen gibt, wird in zu diesem Thema existierenden kleineren Studien³⁰ von einem Vordringen des periphrastischen Futurs im modernen Spanisch gesprochen. Es wird auch darauf hingewiesen³¹, daß das periphrastische Futur im Amerikanischspanischen häufiger vorkommt als im peninsularen Spanisch und daß es aufgrund der Zukunftsperspektive von der Sprechergegenwart aus in sprechsprachlichen Texten überwiegt, während das synthetische Futur in schriftsprachlichen Texten do-

---

²⁹ Ausführlich dazu: LORENZO (³1980: 80—90, 93—95) und insbesondere KROHMER, Ulrich (1970), „Unregelmäßigkeiten bei der Pluralbildung des Nomens im Spanischen", *Iberoromania* 2: 104—121.
³⁰ So z. B. bei SÖLL, Ludwig (1968), „Synthetisches und analytisches Futur im modernen Spanischen", *RF* 80: 239—248.
³¹ Von BERSCHIN, Helmut (1987), „Empirische Grammatik. Am Beispiel des Spanischen", in: DIETRICH, Wolf/GAUGER, Hans-Martin/GECKELER, Horst (Hrsg.), *Grammatik und Wortbildung romanischer Sprachen*, Tübingen: 29—36; 33.

IV. Etappen der spanischen Sprachgeschichte

miniert. Anzumerken ist, daß auch durch Redebedeutungen des Präsens Zukünftiges bezeichnet werden kann (vgl. IV.9.3.2.2.).

b) Frequenzveränderungen im Verhältnis von *-se-* zu *-ra*-Formen im Konjunktiv Imperfekt

Im zeitgenössischen peninsularen Spanisch, insbesondere in der gesprochenen Sprache, läßt sich eine Frequenzverschiebung beim Konjunktiv Imperfekt von den Formen auf *-se* (z. B. *trabajase*) zugunsten der Formen auf *-ra* (z. B. *trabajara*) feststellen (vgl. LORENZO ³1980: 247—254). Dabei ist aber in Spanien bei weitem nicht der Zustand erreicht, der für Hispanoamerika charakteristisch ist, nämlich die eindeutige Dominanz der *-ra*-Formen über die — außer z. B. in Paraguay — fast inexistenten *se*-Formen.[32]

10.3. Lexikalischer Bereich

1) Neologismen aus der Wortbildung

Lexikalische Neubildungen aufgrund der Wortbildungsverfahren: Suffigierung, Präfigierung und Komposition (vgl. dazu III.4.) finden sich im heutigen Spanisch in großer Zahl; ein anschauliches Bild davon vermittelt die materialreiche Arbeit von Christiane Nord.[33] Es handelt sich dabei um eine Untersuchung auf der Grundlage eines pressesprachlichen Corpus aus Spanien; Auswertungszeitraum war der Monat April 1980.

2) Zunahme der Anglizismen bzw. Angloamerikanismen

Zwei Zitate zur Situierung des Problems:

„La fuente más fecunda de voces españolas en el siglo XX ha sido el inglés."[34]
„La invasión de palabras extranjeras . . . . . . la mayor parte de los neologismos son anglicismos, debido a la potencia política y económica del mundo anglonorteamericano y al influjo de los medios de comunicación. La penetración de anglicismos es 'preocupante' en el español de hoy, como lo es en las demás lenguas modernas, . . ."[35]

Von einigen Autoren wird daher das Gespenst einer Art Mischsprache mit Namen „espanglish" (wohl nach dem Modell von „franglais") an die Wand gemalt.

---

[32] Vgl. dazu auch GECKELER, Horst (1976), „Sigmaphobie in der Romania? . . .", *ZRPh* 92: 265–291, insbes. 287—290.
[33] NORD, Christiane (1983), *Neueste Entwicklungen im spanischen Wortschatz*, Rheinfelden.
[34] RESNICK, Melvyn C. (1981), *Introducción a la historia de la lengua española*, Washington: 142.
[35] DÍEZ, Miguel u. a. (²1980), *Las lenguas de España*, Madrid: 228—229.

10. Zum heutigen Spanisch

LORENZO, Emilio (1996), *Anglicismos hispánicos*, Madrid.

PRATT, Chris (1980), *El anglicismo en el español peninsular contemporáneo*, Madrid.

RODRÍGUEZ GONZÁLEZ, Félix/LILLO BUADES, Antonio (1997), *Nuevo diccionario de anglicismos*, Madrid.

Der Einfluß des Englischen bzw. Nordamerikanischen auf das Spanische zeigt sich am stärksten im Wortschatz, aber auch der phonische und der grammatische Bereich sind davon — wenn auch in geringerem Maße — betroffen, vgl. z. B. unsere obigen Ausführungen zur Pluralbildung; man beachte beispielsweise auch die Auswirkungen auf die Syntax des Spanischen, etwa bei der 'Tendenz' zur ausschließlichen Erstposition des Subjekts im Satz nach englischem Vorbild (LORENZO ³1980: 103—104, 116—117).

Vereinfachend unterscheiden wir bei den lexikalischen Lehnbeziehungen:

1. Direkte Lehnwörter (mit oder ohne phonische bzw. graphische Adaptation) aus den Gebieten:

der Wirtschaft: *dumping, marketing, trust, holding, manager*
des Verkehrs: *jet, vuelo charter, jeep*
der Technik: *rádar, mísil, telex, xerocopia*
des gesellschaftlichen Lebens: *esnobismo, cóctel, lunch, bridge*
des kulturellen Lebens: *best-seller, jazz, happening, western*.

2. Lehnübersetzungen:

z. B. *aire acondicionado* (nach *air conditioned*), (*discos de*) *alta fidelidad, perros calientes, guerra fría, cortina de hierro* oder *telón de acero*.

3. Lehnbedeutungen:

z. B. *agresivo* 'activo', 'dinámico', 'emprendedor', *control* 'dominio', 'dirección', *crucial* 'crítico', 'decisivo'.

Schließlich sei noch auf die aus dem angloamerikanischen Raum kommende „invasión de las siglas" (Dámaso Alonso) in unserem „siglo de las siglas" (Pedro Salinas) hingewiesen; vgl. SECO (1977: 191—196). Unter „Sigel" versteht man eine Abkürzung, bestehend aus den Anfangsbuchstaben der abzukürzenden Wörter, z. B. *ONU* (für *Organización de las Naciones Unidas*), *URSS, UNESCO*; *OVNI* (für *objeto volador no identificado*) u. a. (*RENFE* wird als Sigloid eingeordnet, da *red* wegen der Aussprechbarkeit der Initialenfolge als „Wort" nur zu *RE* verkürzt wurde).

IV. Etappen der spanischen Sprachgeschichte

Aufgabe

Suchen Sie in spanischen Zeitungen und Zeitschriften nach Anglizismen und beachten Sie dabei auch die Pluralbildung.

Zur Umgangssprache:

MORAL, Manuel/BETZ, Manfred (1998), *Diccionario idiomático del español coloquial — Wörterbuch der spanischen Umgangssprache*, Bonn.

RAMOS, Alicia/SERRADILLA, Ana (2000), *Diccionario AKAL del español coloquial*, Madrid.

3) Die Gallizismen im heutigen Spanisch

Literaturhinweis

POTTIER, Bernard (1967), „Galicismos", in: *ELH* II: 127—151.

KROHMER, Ulrich (1967), *Gallizismen in der spanischen Zeitungssprache (1962—1965)*, Tübingen.

GARCÍA YEBRA, Valentín (1999), *Diccionario de galicismos prosódicos y morfológicos*, Madrid.

Der Einfluß der französischen Sprache auf das Spanische war seit dem 11. Jh. bis etwa zur Mitte des 20. Jh. der stärkste aller modernen Sprachen.[36] Inzwischen ist das Englische zur wichtigsten Spendersprache für das Spanische geworden (s. oben), ohne daß dadurch der in erster Linie lexikalische Einfluß des Französischen zum Erliegen gekommen wäre. Bei POTTIER (1967: 138—141) findet sich eine umfangreiche Zusammenstellung neuerer französischer Lehnwörter im Spanischen, in der allerdings die Gallizismen des 19. und 20. Jh. ohne weitere chronologische Differenzierung aufgeführt werden.

Nachstehend einige Beispiele (mit oder ohne Adaptation) aus den Bereichen:

Mode und Kosmetik:	*blusa, vestidos chemisier, loción demaquilladora, gelée a la glicerina; beige, marrón*
Gastronomie:	*souflet sorpresa, croqueta, champiñón, macedoine (macedonia) al kirsch, champán ~ champaña*
Kulturelles Leben:	*reportaje, matiné, doblaje, debutante, tournée*
Technik:	*bobina, bujía, cric, chasis, montaje, camión.*

Die Dissertation von KROHMER (1967) konnte die Vitalität der lexikalischen Gallizismen in der zeitgenössischen spanischen Pressesprache eindrucksvoll nachweisen. Eine Gesamtdarstellung des französischen Einflusses auf das Spanische existiert leider noch nicht.

---

[36] Vgl. in LAPESA (⁹1981: índice de materias) unter „Galicismos".

Register

(zusammengestellt von Frank Jablonka)

Sind einem Begriff mehrere Seitenzahlen zugeordnet, so verweisen die hervorgehobenen Seitenzahlen auf die Stellen, an denen der Begriff definiert bzw. erklärt wird.

abierto (offen) 65
Achse, paradigmatische 60
Achse, syntagmatische 60
Adstrat 109, 112, 138, *140*, 144, 145, 146, 149, 184
Affix 90
Affrikate (africada) *67*, 74, 169
Aimara 184,185
Akzent 70
Alanen 123
Aljamiado 158
Allegroform 70
Allomorph 80
Allomorphie 80
Allophon *72*, 74, 181
Altspanisch (español medieval) 81, 82, 106, *159*, 168—171
alveolar 65, 75
Alveolen (Zahndamm, alvéolos) 65, 66
Amerika 173, 182, 183, 184
Amerikanischspanisch 175, 176
Amerikanismenwörterbuch 183
Amerikanismus 112, 183
analytische Form 82, 170
Andalucismo-These (tesis del andalucismo) 175, 176, 177
Andalusisch 32, 35, *36*, 37, 166, 175, 179, 181
Anglizismus 112, 190, 191
Angloamerikanismus 88, 112, 190, 191
Antonymie (antonimia) *105*
antonymisch (antonímico) 96
Antonymwörterbuch 116
Apex (ápice lingual) 66
apikoalveolar 65, 181
apikodental 65
API-Transkription *67*, 74

Apokope 154
Appell 61
appellativ 61
Appendix Probi 132, 133
Apposition 86
Approximant 75
Äquivalenzwörterbuch 114
Araber 147, 149—152
Arabisch, arabisch 24, 30, 42, 149, 150—153, 157—159
Arabismus 112, *150*
Aragonesisch (aragonés) 31, 35, *38*, 145, 149
Aranesisch 29
Araukaner, Araukanisch 174, 184
Arawak (arahuaco) 185, 186
arbiträr 52
Archiphonem (archifonema) 73
Arealnorm 17
Arianer, Arianismus 148
Artikel 48, 85, 102, 129, 146, 150, 153, 157, 171
Artikelsystem 57
Artikulationsart 65, 67, 72
Artikulationskanal 67, 69
Artikulationsorgan 65, 67
Artikulationsort 65, 75
Artikulationsstelle 65, 67
aspiriert 67, 180
Assibilierung 177
Assimilation 72, 73, 150
Asteriskus 109
Asturer 122, 142
Asturisch-Leonesisch (astur[o]-leonés) 31, 32, 33, 35, *39*, 40,166
Attenuativum 96
Attribut 85, *86*

Audiencia 173, 174
Augmentativ 94, *96*, 182
Ausbauvarietät 31
Ausdruck *50*, 52, 54, 80, 81
Ausgangssprache 114
Auslautverhärtung 73
Äußerung (enunciado) 48, 52, 53, 54, 61, *85*, 86
autochthon 139
Azteken, Aztekisch 173, 184, 186

bable 39
Baetica 32, 33, 35, 43, *123*, 124, 147, 149
Basislexem *90*, 91, 92, 96
Basken 141, 142
Baskisch (euskera) 29, 141, 142, *144*, 145, 156, 166, 168
Bedeutung (significado) 49, *50*, 51, 52, 53, 54, 55, 60, 64, 71, 79, 80, 81, 101, 108
Bedeutung, lexikalische 57, *100*
Bedeutungsbeziehung 57
bedeutungstragend 48, 49, 79, 82
bedeutungsunterscheidend 71, 72
Bedeutungsveränderung 88, 182
Bedeutungswandel 81, 88, 101
Berberisch 30
Betonung (acento) 70
Bezeichnung (designación) 49, 50, *51*, 53, 54, 88
bilabial 65, 75
Bilinguismus (Zweisprachigkeit) 22
Brückensprache (lengua-puente) 14, 27

Cancioneiros 28
cantares de gesta 167
capitanías generales 174
Caribe, Karibisch *185*, 186
ceveo *36*, 179
cerrado (geschlossen) 65
chaîne parlée 60
Chibcha 174, *185*
Code (Jakobson) 61
Code, graphischer 16, 189
Code, phonischer 16, 189
Code, skripturaler 189

Corpus 58
criollos 185

Dauer 70
Definitionswörterbuch 114, 115
defixionum tabellae 134
Deixis 84
Demonstrativum 57, 84, 85
dental 65, 75
Derivat, Derivation 90—97
Derivationsmorphem 79
Determinans (determinante) 97
Determinant (determinante) 85, 146
Determinatum (determinado) 97
diachron (diacrónico) 57—60, 81, 84, 87, 98, 102, 108, 117
Diachronie (diacronía) 57—59, 98
Dialekt 31—43, 86, 145
Dialekt, primärer, sekundärer, tertiärer 31—32, 36
Dialektologie 44, 111
Dialektwörterbuch 115
Dialektzone 178
diaphasisch (diafásico) 45, *56*, 131, 181
diastratisch (diastrático) 45, *56*, 131, 181
Diathese (diátesis) 87
diatopisch (diatópico) 45, *56*, 131
Dichotomie (dicotomía) *54*, 57, 59
Differenzwörterbuch 115
Diminutiv 56, 94, 95, 182
Diphthong (diptongo) 69, 70, 74, 76, 156
Diphthong, fallender (diptongo decreciente) 69
Diphthong, steigender (diptongo creciente) 69
Diphthongierung 33, 38, 39, 41, 42
distinktiv *71*, 72
distinktiver Zug (rasgo distintivo) 71, 72
Distribution *72*, 75, 79, 189
dorsoalveolar 66, 181
dorsolingual 66
Dorsum (Zungenrücken) 66
Druckakzent (exspiratorischer Akzent, acento de intensidad) *70*, 71

Eigenname 49, 87
Elativ 182
Elision 179
emotiv 61
Empfänger 61, 62
Entsonorisierung 36, 41, 73, 169
Enzyklopädie (enciclopedia) 114
enzyklopädisches Lexikon (diccionario enciclopédico) 114
enzyklopädisches Wissen 54
Epiglottis (Kehlkopfdeckel, epiglotis) 66
Espanglish 190
español atlántico 175
estado latente 139
ethnographisch (etnográfico) 44
Etymologie 108, *109*, 110
Etymon 108, *109*, 110
expressiv 61, 75

Fachsprachenlinguistik 54
Fernassimilation 180
flektierende Sprache 81
Flexionsmorphem 79
fonación 64
Fragenkatalog (questionnaire, cuestionario) 44
fränkisch 112
Frequentativum 95
Frequenzwörterbuch 117
Frikativ (Engelaut, Reibelaut, frivativa) 67, 72, 75, 78, 169
fueros (Gesetzbücher) 38, 167
Funktion 31, 53, 61, 62, 71, 72, 79, 81
Funktionalität 64
funktionell 39, 54—56, 59, 60, 71, 84, 85, 103
Futur 81—82, 189

Galicisch (gallego, galego) 14, 15, 28, 31—32, 35, 40—41, 147, 149, 167, 168
Gallaeci 141, 142
Gallizismus 112, 192
Galloromania 17, 27
Gaskognisch 14, 15, 29, 144
Gemeinsprache, überregionale 31, 32, 36, 115
Genealogie 109, 110

General Semantics 101
germanisch 146, 147, 148
Germanismus 112
gerundeter Vokal (vocal redondeada) 66, 67
Gesamtwörterbuch 116
Geschichte, externe 119
Geschichte, interne 119
geschlossener Vokal (voval cerrada) 65
gespreizter Vokal (vocal no redondeada) 66, 67
Gliederung, sprachliche 17, 30, 43
Glosas emilianenses 155—157, 158
Glosas silenses 155—156, 158
Glossar 133, 158
Glosse 155, 156, 158, 167
Glossen, Kasseler 155
Glossen, Reichenauer 133, 155
Glottis (Stimmritze, glotis) 65
Graduierbarkeit 104
graffiti 133
Grammatik 73, 82—83, 102, 103
Grammatik, historische 57, 83, 87, 98, *119*
Grammatikalisierung 89
Graphem 159
Graphie 64
Gräzismus 112
Griechen 141
Guaraní 184, 185, 186
habla (Rede, parole) 52—53, 64
Háček 74
Halbkonsonant (semiconsonante) *69*, 74
Halbvokal (semivocal) *69*, 74, 147
Harǧa (Jarcha, Kharja) 157—159, 167
Hauptton 78
Hiat (hiato) 69, 70
Hispania 121
Hispania citerior 123
Hispania ulterior 123
Hispanismus 113
Hispanoamerika 16, 173, 174, 176, 179, 180, 182, 184, 186
Hochsprache 31
Homiliar 155
Homograph (homógrafo) *107*, 108
Homonym, homonym (homónimo) *107*, 108

Homonymie (homonimia) *107*, 108
homonymie gênante 179
Homophon, homophon (homófono) *107*, 108
hybride Bildung 152
Hydronymie (hidronimia) 150, 152
Hyperonymie (hiperonimia) 104
Hyponym (hipónimo) 104
Hyponymie (hiponimia) *104*

Iberer 121, 140
Iberia 15, 17, 121
Iberoromania 15, 17, 27, 42
Imperfekt 53—54, 55, 80, 81, 82
Implikation 104
Implosion *67*
implosiv 67, 181
Indianersprache 23, 24, 184—185
Indigenismus 173, 177
indogermanisch/-europäisch 13, 80, 81, 142
Infigierung 95
Infix 90, 91
Inhalt (contenido) *50*—52, 54, 59, 80 81, 100, 102, 103, 104, 105
Inhaltsrelation *104*, 105, 116
Inklusion 104
inkompatibel 104
Inkompatibilität *105*
Innovation 187
Intensität 67
interdental 65
Interferenz 179
Interfix 90
Interpretament 155
intervokalisch 15, 38, 41, 43, 72, 73, 74, 142, 143, 188
Intonation (entonación) 70
Inversion 60, 87
Isoglosse 44
Italianismus 112

Jarcha (harǧa, kharja) 157—159, 167
Judenspanisch (judeoespañol) 25, 37

Kanarisch 32, 37, 181
Kantabrer 122, 145
Karthager 141
Kastilianismus (castellanismo) 145
Kastilisch 28, 31, 32, 33—37, 38, 41, 125, 143, 144, 145, 149, 158, 166—168
Katalanisch 15, 17, 27, 29, 35, 38, 41, 43, 166, 168
Katalanismus 112
Keltiberer 122, 140
Keltismus 143
Kiefernwinkel 65
Klassifikation 18
Klassifikation, geographische 18
Klassifikation, historisch-genealogische 18
Kodifizierung 31
Ko-Hyponym 104
Kollektivbildung 94
Kolonialdialekt 178
Kommunikation 54, 56, *61*
Kommunikationsmodell 61
Kommutation (conmutación) 71
Kommutationsprobe *71*, 72
komplementäre Verteilung (distribución complementaria) *72*, 145
Komplementarität *105*
Komposition 90, *91*, 97
Kompositum *91*, 97, 98
konativ 61
Konjugationsklasse 55, 81
Konsonantensystem 56, 168
Konsonantismus 77, 168, 175, 179
Kontaktmedium 61
Kontext 54, 61, 108
kontradiktorischer Gegensatz 104
konträrer Gegensatz 104
Konvention, konventionell 52, 72, 73, 74
Konversion *105*
Kopula (copula) 86
Kreolsprache 14, 20, 24, 25—26
Kultismus (cultismo) 112, 154
Kulturadstrat 112, 145, 146, 149, 150
Kunstdialekt 31
labial 71, 73
labiodental 65, 75
labiovelar 147

Register

langage (lenguaje) 52
langue (Sprache, lengua) 50, 52, 54
Larynx (Kehlkopf, laringe) 66
Latein, Lateinisch 18, 32, 33, 35, 43, 46, 57, 76, 77, 81, 84, 85, 109, 110, 139, 143, 144, 147, 148, 154, 156
lateinisch 82, 109, 143, 154
lateral 67, 75
Latinisierung 126
Latinismus 70, 77, 112
Laut 37, 48, 63, *64*, 65, 71, 156
Laut, silbentragender (Sonant) 68
Laut, stimmhafter (sonido sonoro) 65
Laut, stimmloser (sonido sordo) 65
Lautbild (imagen acústica) 49
Lautkette 70
Lautung 31, 33, 37, 44, 107, 142, 157
Lautwandel 57, 139, 145, 154, 169
Lehnbedeutung 191
Lehnübersetzung 191
Lehnwort 88, *112*, 173, 188, 189, 191, 192
lengua general/língua geral 174, 184
lengua-puente 14, 27
Lenition 143
Lentoform 70
Leonesisch (leonés) 32, 35, 37, *39*
Lexem 48, 49, *79*, 80, 85, 91, 99, 100, 103, 104, 105, 107, 110
lexematisch (lexemático) 103
Lexik (léxico) 90, *102*
lexikalisch (léxico) 32, 44, 49, 55, 57, 60, *79*, 80, 88, 90, 92, 100, 102, 105, 112, 154, 182, 190
lexikalisches Element (elemento léxico) 79, 148
Lexikalisierung 56
Lexikographie *114*, 117
Lexikologie 73, 79, *100*, 107, 108, 113
Lexikon (léxico) *79*, 99, 114
linear 52, 60
Linguistik, allgemeine 47
Linguistik, strukturalistische 60
Lippen (labios) 65, 66
Lippenstellung 66
Liquid (líquida) 67
Luftröhre (tráquea) 66
Lusismus 112
Lusitaner 122, 141

Lusitania 32, 123
Mapuche 23, 184, 185, 186
Maya 24, 184, 185
Merkmal 37, 38, 42, *71*, 73, 76
merkmalhaft 71, 72
mestizaje 174
Metalexikographie 113
Metasprache 61—62
Minderheitensprache 40—41, 86
Minimalpaar *71*, 72, 75
Mittelalter 14, 16, 28, 35, 81, 106, 145, 148
Monem (monema) 48, 79, 80
Monophthong 33, 76
moriscos (Morisken) *149*, 150, 158
Morphem (morfema) 48, 49, *79*, 80, 81, 82, 85, 87, 98
Morphologie (morfología) 31, 55, 78, *79*, 81, 82, 83, 89, 90, 139, 150
Morphosyntax (morfosintaxis) 83
mozarabisch (mozárabe) 32, 36, 37, 40, *42*, 43, 149, 150, 153, 157, 158, 166, 167, 168
mudéjares 149
Mundartengruppe (Dialektgruppe) 14, 27, 32, 39, 42, 43
Mundartforschung 43—44
Mundhöhle (cavidad bucal) 64, *66*
muwaššaḥ(a), moaxaja 158

Nachricht 61
Nachton 74
Nahua(tl) 24, 184, 185, 186
Nasal (consonante nasal) 64, 67, 73, 75
nasal 66
Nasalvokal 41
Nasenhöhle (cavidad nasal) 66
Nationalsprache 31, 33, 86
Navarro-Aragonesisch (navarro-aragonés) 32, *38*, 156, 166
Nebenton 78
Neologismus 190
Neuspanisch 59, 77, 168, 170
Neutralisierung/Neutralisation 37, 73, 181
Nexus 35, 39, 40, 41, 43, 75, 143, 147, 158
nomen actionis 94
nomen agentis 93, 94

197

nomen instrumenti 93, 94
nomen loci 93, 94
Nominalsyntagma 86
Norm (norma) 52—57, 59, 64, 74, 80
Nullmorphem (morfema cero) 81, 93
Nullsuffix 94

Objekt (complemento de objeto) 86, 171
Occitanismus (Okzitanismus) 112, 153, 154
offen (abierto) 55, 65, 74
Öffnungsgrad (grado de abertura) 65, 66
Okklusiv (Verschlußlaut, oclusiva) 67, 72, 73, 75
Onomasiologie 101
Onomatopoetika (palabras onomatopéyicas) 52
Opposition 55, 71
oral 66
Organon-Modell 61
Orthographie 35, 48, 79
Ostkatalanisch 27
Ostromania 15, 16, 17, 18
Oxytonon (palabra aguda) 78
palatal 33, 35, 65, 67, 74, 75
palatalisiert 35
palato-alveolar 75
Palatum (harter Gaumen, paladar duro) 65
Paradigma 60
Paradigmatik 60
Parasyntheticum 96, 97
parasynthetisch 96, 97
parole (Rede, habla) 50, 52, 53, 64
Paroxytonon (palabra llana) 78
Pejorativ 94
Periphrase (perífrasis) 82
periphrastisch (perifrástico) 80, 129, 189
Pharynx (Rachen, faringe) 66
phatisch 61, 62
Phon (fono) 64, 71
Phonem (fonema) 64, 71, 72, 76, 169
Phonem(at)ik 71
Phonemdistribution 72, 168, 180, 181, 188
Phoneminventar 74—75, 168
Phonetik (fonética) 63, 64, 68, 74, 76

Phonetik, akustische 64, 68
Phonetik, artikulatorische 64—67
Phonetik, auditive 64
phonisch 16, 18, 168, 179, 187
Phonologie (fonología) 63, 64, 71, 73
phonologisch relevant (pertinente) 72
Pidgin 25
Plosiv (Verschlußlaut, plosiva) 67
poetisch 61
Polarität 104
Polygenese (poligénesis) 129
Polysemie (polisemia) 107, 108
Portugiesisch 14, 17, 20, 28, 41, 166, 168
Postdorsum (hinterer Zungenrücken, posdorso) 66
Prädikat (predicado) 60, 86
Prädikatsnormen (predicado nominal) 86
prädorsal 75
Präfigierung 91
Präfix 90, 91, 96
Prager Schule 71
Pragmalinguistik 54, 86
präpositionaler Akkusativ 171
Präsentativ 152
pretérito compuesto 182
pretérito indefinido 182
produktiv 89, 97, 98
Proparoxytonon (palabra esdrújula) 78
Prosodem (prosodema) 70
Prothese (prótesis) 145
Pyrenäenromania 27

Qualität (calidad) 70, 76
Quantität (cantidad) 70
Quantitätenkollaps 76
Quechua 184, 185, 186
questionnaire 44

Reconquista 32, 33, 149, 160—163, 168
Reconquistadialekt 166
Rede (parole, habla) 52, 53, 54, 64
Redeakt 53, 54, 55
Redebedeutung 53, 54, 108
Redefunktion 54
redundant 80
Referent 50

Regionalatlas, regionale Atlanten 44
Regionalvarianten 183
rehilamiento 35, 36, 180
Reibelaut (Frikativ, fricativa) 67
Reimwörterbuch 116
Rekonstruktion 136, 137
Rektion 87
Rekurrenz 102
Relation 79, 102, 103
revolución fonológica (fonética) 168
Romania nova 173
Romania submersa 124
Romanisierung 120—126

Sachkultur 44, 152
Sachlexikon 114
Sanskrit 152
Satz (oración) 48, 85, 86
Satzbauplan 87
Satzfunktion, Satzteil 86
Satzgefüge (oración compuesta) 86
Satzglied (frase) 48, 87
Schallfülle (grad) 68
Schallgipfel 68
Schnalzlaut 63
seísmo 180
Semantem 79
Semantik (Bedeutungslehre) 50, 89, 100
Semantik, diachrone 108, 111
Semantik, strukturelle 103, 105
semantisch 100
Semasiologie 101
Semiologie (Semiotik) 101
semiotisches Dreieck 50
Sender 61, 62
Sephardisch (sefardí) 37
seseo 36, 107, 177, 179
sevillanismo 177
Sibilant 169
Sigel (sigla) 191
Siglo de Oro 85, 159, 163, 182
Sigloid 191
Signal 49, 61
signifiant (signifcante) 49, 50, 101, 102, 107, 108
signifié (significado) 49, 50, 101, 102, 107
Silbe (sílaba) 68, 69, 70, 78

Silbe, freie/offene (sílaba libre/abierta) 68
Silbe, gedeckte/geschlossene (sílaba trabada/cerrada) 68
Silbengipfel 69
Silbengrenze 67
Sinn (sentido) 51
Sonant 68
Sonorisierung 15, 142, 154
Soziolinguistik 86
Spanisch, amerikanisches 75, 175, 178, 179, 180, 187
Spanisch, europäisches 175, 184
Spanisch, kanarisches 175, 187
Spanisch, kastilisches 186
Spanisch, klassisches 159
Spanisch, mittelalterliches 81, 106, 159, 169
Spanisch, modernes 81, 159
Spanisch, überseeisches 175
Speiseröhre (esófago) 66
Spektrograph 68
Spezialwörterbuch 116
Sprachatlas (atlas lingülstico) 44, 45
Sprachbedeutung 53, 54
Sprachbewußtsein/Sprecherbewußtsein 31
Sprachdenkmal 157
Sprachfunktion 54
Sprachgemeinschaft 25, 47, 52, 88, 103, 140
Sprachgeographie (geografía lingüística) 43, 44
Sprachgeschichte 44, 119, 120, 149
Sprachinsel 23, 28
Sprachkontakt 138
Sprachlexikon 114
Sprachphilosophie 46
Sprachregister 130
Sprachtypologie 18—19
Sprachwandel 57, 59, 132, 168
Sprechapparat (aparato vocal/fonador) 64, 66
Sprechlatein 76, 128, 143
Staatssprache (offizielle Sprache) 22—31
Stammallomorphie 80—82
stimmhaft 65, 68, 72, 73
Stimmlippen (cuerdas vocales) 64, 65, 66

stimmlos 65, 67, 68, 71, 72, 73
Stoiker 108
Stratifikation 112
Struktur 103, 105, 141
Strukturalismus 47
Strukturalismus, Kopenhagener 50
Strukturalismus, nordamerikanischer 58
Strukturalismus, Prager 58, 61, *71*
Strukturformel 90, 91
Strukturmuster (pattern) 88, 89
Subjekt (sujeto) 60, *86*, 87
Substanz 63, 64, 85
Substitution 71, 72
Substrat (su[b]strato) 109, 112, *138—145*, 150, 184
Subsystem 57, 84
Südspanisch 175, 176
Sueben 123, 147
Suffix 56, *90—97*, 116, 142, 144, 148, 150, 182
Superstrat (superestrato) 109, 112, *139—140*, 146—148, 150
suprasegmental 70
Symbol 61
Symptom 61
Synchron *57—59*, 73, 84, 99, 102, 107, 115
Synchronie (sincronía) *57—59*, 99, 136
Synkope (síncopa) 78
Synonym (sinónimo) 103
Synonymie (sinonimia) *104*
Synonymwörterbuch 116
Syntagma (sintagma) 48, *85*
Syntagmatik 60, 85
Syntax (sintaxis) 31, 83, *85—87*, 89, 90, 139
Syntax, strukturelle 86
synthetische Form 82, 129, 170, 171, 189
System (sistema) 18, 52—60, 64, 74, 84, 87, 105
System, phonologisches 58, *74*
Systembedeutung 56

Taino, Taíno 184, 185
Tarraconensis 32, 35, 41, *123*, 125
Tartessier 141
teleologisch 59
Tempussystem 182

Text 48, 51, 86
Textcorpus 58
Textlinguistik 54, *86*
Themavokal 80
Tonakzent (musikalischer Akzent, acento de tonalidad) 70
Tonhöhe 70
Toponymie (toponimia) 150, 152
Transkription 67, 70, 73, 74, 75
Transliteration, Transliterierung 158
Triphthong (triptongo) *69*, 70, 74
Troubadourlyrik 154
Tupí 184
Tupí-Guaraní 185
Typologie 18

Umlaut (metafonía, metafonesis) 40
Umstandsbestimmung (complemento circunstancial) 86
Unterdialekt 29, 36
Uvula (Zäpfchen, úvula) 65, 66

Valenz 87
valeur (valor) 51
Variante 64, 65, 72, 73, 74, 75, *80*, 170, 188
Variation, sprachliche 31
Velar 65, 67, 74, 75, 76
Velum (weicher Gaumen, velo del paladar) 65, 66
Verbalperiphrase 146
Verkehrssprache 20, 22, 23, 24, 26, 27, 31, 139, 184
verlorene Romania (Romania submersa) 124, 136
Vermittlersprache 152
Vetus Latina 135
vibración floja 67
vibración tensa 67
Vibrant (vibrante) *67*, 68, 72, 75
Vokaldreieck 74
Vokalsystem/Vokalismus 56, 74, 76, 168, 179
Völkerwanderungszeit 123, 150
vorromanische Phase *130*, 133, 135
Vorton 74
Vulgarismus 37, 133

Vulgärlatein 76, 85, 87, 112, 127—138, 146, 147
Vulgata 135

Wandalen, Vandalen 123, 147
Weltsprache 26
Werkzeug (órganon) 61
Westgoten 32, 112, 123, 147—148, 155, 156
Westkatalanisch 27
Westromania 15—16, 18
Wort 48, 49, 79, *89*
Wort, gelehrtes (cultismo) 154
Wort, halbgelehrtes (semicultismo) 154
Wortart (pars orationis) 91, 92, 97
Wortbildung (formación de palabras) 31, 56, 79, 88—99, 190
Wortbildungslehre 88, *89*, 90
Wortbildungsverfahren 56, 57, 88—99, 103, 111
Wörter und Sachen 44, 111
Wörterbuch (Lexikon, diccionario) 113, 114
Wörterbuch, begrifflich geordnetes 116
Wörterbuch, diachrones 115
Wörterbuch, einsprachiges 114
Wörterbuch, etymologisches 110, 115, 117
Wörterbuch, fachsprachliches 115
Wörterbuch, gemeinsprachliches 115
Wörterbuch, regionalsprachliches 115
Wörterbuch, rückläufiges (a tergo, diccionario inverso) 116
Wörterbuch, standardsprachliches 115
Wörterbuch, synchrones 115
Wörterbuch, zwei- oder mehrsprachiges 114
Wortfeld (campo léxico) 105, *106*, 111
Wortgeschichte 108, 110, 111
Wortschatz (Lexikon, el léxico) 31, 57, 79, 88, 89, 99, 102—103, 105, 111, 112, 139, 142, 143, 150

yeísmo 35, 36, 37, 177, *180*, 187, 188

Zähne (dientes) 65, 66, 75
Zeichen, diakritisches 69
Zeichen, sprachliches 48—52, 53, 54, 64, 71, 79, 84, 89
Zeichensystem 49, 52
žeísmo 180
Zielsprache 114, 115
Zigeunerisch (romanó, caló) 30
Zunge (lengua) 64, 65, 66, 67, 69, 75
Zungenstellung 65

Bewährte Studienbücher:

GINA BEITSCHER / JOSÉ MARÍA DOMÍNGUEZ / MIGUEL VALLE

Spanische Übungsgrammatik für Anfänger

Teil I, 4., überarb. Aufl. 2006, 209 S.,
Euro (D) 16,80/sfr. 28,–, ISBN 978 3 503 07985 8
www.ESV.info/978 3 503 07985 8

Teil II, 4., überarb. Aufl. 2006, 188 S.,
Euro (D) 16,80/sfr. 28,–, ISBN 978 3 503 07986 5
www.ESV.info/978 3 503 07986 5

Lösungsschlüssel I/II, 4., überarb. Aufl. 2006,
155 S., Euro (D) 12,80/sfr. 21,–,
ISBN 978 3 503 07978 2
www.ESV.info/978 3 503 07978 2

JOSÉ MARÍA DOMÍNGUEZ / MIGUEL VALLE

Spanische Übungsgrammatik für Fortgeschrittene

Mit Lösungsschlüssel

3., überarb. Aufl. 2006, 204 S., Euro (D) 17,80/
sfr. 30,–, ISBN 978 3 503 07978 0
www.ESV.info/978 3 503 07978 0

ERICH SCHMIDT VERLAG
Postfach 30 42 40 • 10724 Berlin
Fax 030 / 25 00 85 275
E-Mail: PHILOLOGIE@ESVmedien.de
www.ESV.info

Weitere Informationen zu unserem
philologischen Verlagsprogramm
finden Sie auf unserer Website.

Grundlagen der Romanistik

CHRISTOPH STROSETZKI

Einführung in die spanische und lateinamerikanische Literaturwissenschaft

2003, 232 S., Euro (D) 19,95/sfr. 33,—,
ISBN 978 3 503 06189 1
Grundlagen der Romanistik, Band 22
www.ESV.info/978 3 503 06189 1

Der Band gibt einen Überblick über Geschichte und zentrale Grundbegriffe der spanischsprachigen Literatur und Literaturwissenschaft und zeigt zugleich die faszinierende Palette gegenwärtiger Forschung.

Vorgestellt werden bewährte Zugänge und Hilfsmittel sowie exemplarische Gattungs- und Epochenbegriffe, dazu Thematologie und Imagologie. Traditionelle Anschauungsformen kommen ebenso wie beliebte neuere heuristische Modelle wie Bachtins Theorie der Dialogizität, Foucaults Diskurstheorie, Geschichte als memoria und Genderforschung mit Blick auf die spanischsprachige Literatur zur Sprache. Als Kontexte interessieren Themen wie der literarische Kanon, Zensur, Schreiben im Exil sowie der Lateinamerika- und Spanienboom der letzten Jahre. Der Blick auf Bild und Text, Film und Literatur, Filmanalyse und Medialität zeigt, wie breit das Spektrum hispanistischer Forschung geworden ist.

ERICH SCHMIDT VERLAG
Postfach 30 42 40 · 10724 Berlin
Fax 030 / 25 00 85 275
E-Mail: PHILOLOGIE@ESVmedien.de
www.ESV.info

Weitere Informationen zu unserem philologischen Verlagsprogramm finden Sie auf unserer Website.